誰的烏托邦

500 年來的反思與辯證

Whose Utopia?

Reflections and Dialectics in 500 Years

陳登武、吳有能 主編

國立臺灣師範大學出版中心

序

　　二〇一六年是烏托邦一書出版五百周年，也分別是國立臺灣師範大學七十周年及香港浸會大學六十周年校慶；兩校文學院於是攜手合作，以烏托邦為題舉辦系列學術活動；本院不但舉辦學術會議，也聯合香港浸會大學圖書館在五月三十一到六月三十日舉辦烏托邦面面觀主題書展；同時，宗教及哲學系也舉辦烏托邦電影分享會，共襄盛舉。

　　我本人並非研究西方哲學及思想史的，一直以中國上古夏商周三代為研究對象，特別是兩周的經典文獻與出土文獻，用力較多。從表面上看來，三代好像跟烏托邦的議題風馬牛不相及，但是，若將烏托邦視為一種人類具有普遍性的理想價值與追求，那麼烏托邦可以說是世界人類文明共通的現象。而中國古代文獻中可以看到從茅茨不翦、采椽未斲的椎輪初製，到晚近年代，烏托邦式的追求與表述，可說無時無地或無。譬如郭店楚簡有〈唐虞之道〉、〈容成氏〉與〈魯穆公問子思〉等等。美國漢學家艾蘭（Sarah Allan）教授、以色列學者（Yuri Pines）教授曾經撰文專門討論〈容成氏〉一篇有關禪讓的烏托邦思想。林毓生教授曾到本校訪問，也發表過其儒家思想與烏托邦的研究，其深刻的見解洞幽燭隱，牖人新知。烏托邦式的思潮，一直影響到近現代中國，譬如無政府主義、形形色色的社會主義，甚至自由主義都有其烏托邦的色彩。而且烏托邦思想在政治、社會、文學、宗教、藝術等各方面可謂影響深遠。所以今天探討烏托邦，不但非常有意義，而且，因議題涉及文學、歷史、哲學、文化研究等範圍，正可以進行跨學科與跨文化的學術探索。

　　是次會議相當成功，所以我們也精選了一些會議上發表的論文，結集

成書。現在此書行將付梓，我希望表達對下列單位的真誠謝意：

國立臺灣師範大學文學院

香港浸會大學圖書館

香港浸會大學宗教與哲學系

此書的梓行是我們兩校兩院共同合作的結晶。當然，我也必須感謝本院辦公室全體職員，他們工作很有效率，認真完成每一項任務。最後，我特別需要感謝臺灣師範大學陳登武院長，不惟領導有方，且凡事皆親力親為，令人感佩。還有本院吳有能博士，從會議的籌備組織到各方的溝通聯絡，皆力行不怠。若非他們的熱誠推動，那麼這本有關烏托邦的論文集恐怕只能停留在烏托邦式的想像中了。

香港浸會大學文學院署理院長

陳致　謹誌

序

　　烏托邦（英語：utopia），原意指理想而完美的社會。這個語彙源自於英國的湯瑪斯・摩爾爵士（Sir Thomas More，1478-1535年）的著作《烏托邦》。該書描繪一個無論是在法律、政治或社會情況，都是最為理想而完美的國度，後來人們因而廣泛使用「烏托邦」，並用來指涉所有追求理想的行動或信念。「烏托邦」一詞因而成為「理想國」的代名詞。

　　《烏托邦》問世於1516年，今年（2016）適逢成書500週年紀念。自成書以來，引起許多學者的討論。這500年來，人類歷史經歷過無數重大事件，也因此累積各種智慧，在實踐理想與追求普世值的工作上，做了各種努力，也付出了各種代價。追求「烏托邦」固然是一種人類嚮往美好世界的心態的投射，但也極容易因而產生兩極化的優缺點。其優點是這樣的信念足以引領人類朝向更理想的社會邁向；其缺點則是過度的理想也極可能成為迫害異己的手段。問題在於：什麼樣的「烏托邦」是讓所有人滿意的？要追求屬於誰的「烏托邦」？正因如此，「反烏托邦」成為另一股思潮，不斷進行各種辯證與討論。

　　本院希望透過《烏托邦》成書500年系列活動，共同思索人類歷史文明的發展軌跡，當然也包括對於台灣歷史的重新檢視與省思，期待對於下一個500年而言，人類可以在更具有「包容」的世界觀之下，朝向更為理想的世界邁進。

　　正當本院在思考以《烏托邦》為主軸，辦理「人文季」系列活動時，本院也正好跟香港浸會大學展開各種合作交流協議。更巧的是本校70週年校慶的同一年，香港浸會大學也是逢60週年校慶。兩院在進行交流的

同時，對於共同合辦以「烏托邦」理念核心的工作坊，馬上就取得共識，兩院分別在各自的學校辦理一個工作坊，並互邀對方學者參與。在陳致院長的積極協助下得以順利推動，並授權該院吳有能教授居中策劃，居功厥偉，使得本次會議得以順利圓滿。

這兩次會議的論文都具有高度反思意義與價值，並且都能叩合大會主題，面向甚廣，且都相當具有深度，與會來賓也都能暢所欲言，相互交換心得。因而會後決議成立出版委員會，並建立送審機制，完成論文修訂後共同合作出版。本次浸大與師大能夠圓滿進學術合作交流，最應感謝浸會大學文學院陳致院長的全力支持與協助；感謝吳有能教授的居中穿針引線，周密策劃。值此出版之際，特此致謝！並以此書共誌兩校之情誼。是為序！

國立臺灣師範大學文學院院長

陳登武　謹誌

目次

1

烏托邦、人權與公民意識：
當代台灣宗教的一側面

吳有能　Dr. William Ng
香港浸會大學宗教及哲學系副教授

一、導言

　　烏托邦是utopia一字的音譯，也有意譯為理想國的；烏托邦原是英國多瑪斯·摩爾（Thomas More）新造的字，一般指理想的世界。對理想世界的想像，一向存在於宗教與政治等領域，而烏托邦，也同時存在於宗教與政治的論述與敘事之中。

　　近代以來，人權是人們追求的夢想，而宗教的烏托邦，也包含政治與人權的成分。事實上，近代社會政治改革，常有宗教涉入，而其中重點之一也就是人權。宗教與人權的關係，千絲萬縷，更是近年學界注意的重要議題；[1]而台灣近幾十年來，從威嚴政治發展到民主政治，其間宗教與政治發展的關係密切，值得注意。[2]雖然論者或認為不同宗教與台灣的民主發展，有很不同的關係，譬如台灣政治大學郭承天教授認為多數宗派並不熱衷政治民主，而長老教會則是特別例外。[3]但是不同宗教，都有部分宗派希望在人間建立的他們所認同的理想世界。

1　譬如2012年牛津大學就曾出版John Witte, Jr. and M. Christian Green ed. (2012), *Religion and Human Rights: An Introduction*. Oxford: Oxford University Press.

2　有關台灣宗教與政治關係，參考Richard Madsen (2007). *Democracy's Dharma: Religious Renaissance and Political Development in Taiwan*. Berkeley: University of California Press. 林國平：《當代台灣宗教信仰與政治關係》，福建人民出版社，頁273-312。鍾思關注佛教與政治，但他不採用社會及人類學的研究法，而專門從歷史角度探討，雖能呈現從日本時期到民國時期的往跡；不過，正因為其史學取向，所以其論著對於台灣最近年的發展，就沒有涉及了。參考Charles Brewer Jones(1999), *Buddhism in Taiwan: Religion and the State, 1660-1990*. (Honolulu, HI: University of Hawai'i Press,). Andre Laliberte, *The Politics of Buddhist Organizations in Taiwan: 1989-2003: Safeguarding the Faith, Building a Pure Land and Helping the Poor*.拉立拔特教授的研究較早，也著眼政治面向，但卻從組織入手，所以對中國佛教會等研究甚深，但對於台灣的公民社會則未有充分的注意。林國平的研究停留在舖陳材料，而論述不足；雖有收集整理資料之功，可惜對公民社會也欠缺論述。其他有關台灣佛教的論著，譬如趙文辭教授談及的研究，也觸及台灣的公民社會，但浮光掠影，未見深入。

3　Kou, Cheng-tian(2008), *Religion and Democracy in Taiwan*. SUNY. 陸達誠教授曾介紹郭教授相關論文的觀點，參考：〈宗教與民主〉，網址：http://www.cdd.org.tw/Costantinian/516/51608.htm；檢索日期：23/5/2016.

郭教授的專書，是近年在這方面具有高度代表性的力作；而且郭教授是台灣政治學方面的權威，所以其立論頗受關注。郭書研究的對象，廣泛地包含人間佛教、道教（含一貫道）、民間信仰（如媽祖）及基督教，特別是四個佛教宗派——佛光、慈濟、法鼓及中台，以及三個基督教宗派——長老會、浸信會及地方教會的研究比較詳細，他要說明台灣宗教在解嚴前後的政治態度以及民主化的問題。

　　郭教授區分「民主神學」（democratic theology）與「民主教會學」（democratic ecclesiology），所謂民主神學指的是宗派對國家的政治態度之民主化，而所謂民主教會學則直指宗派對內部組織和管理方式的民主化。前者涉及人權、政治參予等廣泛的政教關係；後者則特指宗派之中，領導人、對神職人員與信徒之間的權力，以及地方教團自主性等問題。換言之，郭教授從台灣主要宗教的民主理念與實踐的異同，評價這些宗派對台灣民主化的影響。簡單的說，郭教授認為由於台灣的各宗教缺乏民主神學和民主教會學，所以他們也並未對信眾提供民主教育，導致信徒不認識民主。於是台灣雖然已經解嚴，但大家對民主價值與委身，都不感興趣；而基督教，特別是台灣長老教會則一直在台灣民主化的進程上扮演重要角色。[4]

　　本文嘗試以當代台灣宗教為例，側寫宗教理想國的入世取向，以及他們關於民主自由、人權等的政治論述，以檢討郭教授的論斷。由於篇幅所限，本文在基督教方面，主要選析台灣長老會的人權宣言，而在佛教方

4　Kou Cheng-tian concludes that "Religions do matter in Taiwan's democracy. However, their impacts on democracy are affected by the types of religions and religious organizations. Some contributed to the establishment and consolidation of democracy, some retarded it, and others did not matter. The explanations lie in their varying political theology, ecclesiology, and interaction with the state. Taiwanese Christians, particularly the Presbyterians, have made a disproportional contribution to the democracy." See Kou, Cheng-tian, *Religion and Democracy in Taiwan*, p. 115.

面，則選萬佛會、新雨社及佛光山星雲法師的代表性政論；說明在台灣宗教論述中的政治烏托邦，在人權及公民意識方面的面向，並論證台灣佛教在論述上也有民主自由及人權方面的主張，以顯示郭教授的論斷，尚有商榷空間。

二、何謂烏托邦

「烏托邦」（utopia）是英國哲學家多馬斯・摩爾所創，該字包含希臘文οὐ/εὖ及τόπος兩部分，前者包含「不曾存在」以及「美好」兩個意思；而後者則指地方（place）；因此烏托邦的原始意思為「不存在的地方」或「美好的地方」。這一基本意義，在不同百科全書都有類似的表述，譬如：

> 烏托邦是對完美社會的想像或理想的政治/社會目標。[5]

> 烏托邦是對虛構地方的描述，通常是指一比作者身處更好的社會，作用是用以批判作者身處的社會。在某些情況下，它可以作為社會改革的指標，或一個可能達到的目標。[6]

儘管烏托邦一詞由摩爾所創，但他並非唯一一個對理想社會有所想像的人。在各文化中都有不同想像，如古希臘、新舊約，乃至佛教、印度教及儒家等經典都有類似烏托邦的書寫。

世界宗教有不同的宗教性敘事及書寫，分別描寫各宗教的理想世

---

[5] See Doyle, D. M., & Walsh, C. (2003). "Utopia", *The New Catholic Encyclopaedia* (2nd ed., Vol. 14). New York: Thomson Gale, p.359.

[6] See Sargent, L. T. (1998). "Utopianism", *The Encyclopedia of Philosophy*. London: Routlegde, p.557.

界，譬如天國與淨土等等；這些理想世界對信眾而言，自然真實不虛，但對非信徒而言，也可能純然只是虛構想像。但是無論如何，這些世界的性質都是美善的，也就是說，宗教的理想世界雖或不存在，但在宗教書寫中總是美善為質的；就此而言，宗教也有烏托邦。

原先，宗教的烏托邦，往往是跟世俗區隔，甚至是離脫塵俗的世界，譬如天堂、淨土、仙鄉等等。所以對於烏托邦的追尋，也就常表現為從凡俗的人間，走向美善天國的取向。但是由於宗教家的慈悲大愛，往往也就力求轉化世界，為人間帶來美好的世界，人們既希望脫俗，但又不必出塵，於是宗教的書寫，就在這樣的取態下，就轉而進一步求在地上，建立理想世界。

所以所謂烏托邦，其實可以分為兩類，一是對現世美好社會的想像，二是終極美善世界的想像。對現世社會的美好想像，其實是摩爾的說法，他的烏托邦是針對當時的英格蘭社會狀況的不理想，而運用一個不存在的理想鄉諷刺當時的社會。他在《烏托邦》中所描寫的，是一個理想的社會狀態，沒有公民願意發動戰爭，也沒有貧窮、痛苦的社會狀態。因此其主要的描述，都是著眼於社會狀況與制度。而終極美善世界，即屬於宗教性敘事中有關超越世界的想像；以基督教為例，聖經所描寫的伊甸園或天國，雖是烏托邦，但在那處生活的人不需要為食物煩惱，也沒有政治問題要處理，甚至有永恆的生命，是為終極世界的想像。因此烏托邦的種類至少可以分為此兩種，一是俗世的美好社會，一是終極的美好世界。

而隨著人們所追求理想的變化，其心目中的烏托邦成分也漸漸有所改變；特別是世俗化社會日劇，於是人們關心在人間實踐種種美好，而不再僅僅專注於天國的追尋。特別在政治方面，人權更是現代理想政治的重要成分。那甚麼是人權呢？

三、人權的種類與變化

人權並不是一個古已有之，且一成不變的概念；反之，從類型來說，有主動與被動之分，從變化來說，有三代或四代演化之說。本文分別簡述人權分類與變化如下：

根據香港人權監察出版的《人權簡釋》所說，人權大致可分為「主動」及「被動」兩種。

「主動權利」（或稱福利）是政府須要動用資源來滿足國民的，例如免費教育、醫療、全民就業等。[7]

「被動權利」譬如言論、集會結社、人身、宗教等自由，不需花費政府任何資源，因此是每一個政府都能負擔的，這些完全是國民的個人權利，不需政府鼓勵或投資。[8]

主動權利，即政府應該主動給予公民的權利。譬如人有不受傷害的權利，因此政府要派警察保護公民。至於被動權利，則指政府不應干預公民行使他們的權利。例如人有言論自由，只要政府不干預，就等於保障了公民的權利。

而從變遷而言，法學者卡萊爾·華沙於1979年在國際人權機構中發表「三代人權觀」，申述「人權」概念的發展。

第一代人權觀主要是考慮「被動權利」，因為第一代人權保障的是個人自由及權利，如投票權、言論自由、宗教自由等。不過對其他的弱勢群體而言，仍有很多不足的地方，如對貧窮、殘障等族群並未能提供足夠保

---

7 簡英詩、艾寶珣著，香港人權監察譯(1996)：《人權簡釋》，香港人權監察出版。
8 同上。

障。

　　第二代人權觀，則強調人人都能得到平等的待遇。這一代的人權關注的是「經濟、社會和文化」方面的權利，如華沙所言，是屬於「主動權利」，即政府需要主動提供幫助，如工作權、社會安全、醫療保障及失業救濟等。

　　至於第三代人權，與前兩者的個體權利保障不同，是對「集體人權」的保障。即保障生態平衡，世界和平的權利，或在工作上的集體談判權，這些都是集體的共同希望。這些集體權利最後得益的雖然都是每個獨立個體，但這並非能單以個體權利的保障就可以解決問題，如婦女、兒童、殘疾人士等，作為一個社會上弱勢的族群，都能受到保障[9]。

　　但隨社會的演變，人們開始提出「新興人權」，亦稱為第四代人權。傳統人權觀注意的是個人權利，而新興人權則強調集體權利的保障，這包含的內容非常廣泛，譬如發展權、和平權、人類共同遺產權、環境權等概念。其中，特別是環境權，更是近年發達國家都非常重視的議題[10]。

　　下文將以長老會以及人間佛教為代表，闡釋宗教與台灣人權的發展。由於長老會的人權研究頗豐，而佛教方面的研究則仍有待加強；是以本文將略人所詳，側重佛教方面的探究。

9　有關三代人權觀的說明,可以參考李文政：〈人權觀念的演進與意涵〉，發表於《2010年世界公民人權高峰會》，http://www.worldcitizens.org.tw/awc2010/ch/F/F_d_page.php?pid=17028

10　1972年斯德哥爾摩通過的《人類環境宣言》指出「人類負有為現在及將來之世代保護環境之責任。」鍾寶慧(2009)：〈環境人權的探討〉，《國政評論》，2009年12月28日，http://www.npf.org.tw/1/6863

四、長老會的台灣人權宣言

《台灣基督長老教會人權宣言》發表於1977年8月16日，是台灣長老會的重要文獻，它是台灣地區第一份以人權為題旨，而且以宣言形式的公開呼籲：[11]

本教會根據告白耶穌基督為全人類的主，且確信人權與鄉土是上帝所賜，鑑於現今台灣一千七百萬住民面臨的危機，發表本宣言。

卡特先生就任美國總統以來，一貫採取「人權」為外交原則，實具外交史上劃時代之意義。我們要求卡特總統繼續本著人權道義之精神，在與中共關係正常化時，堅持「保全台灣人民的安全、獨立與自由」。

面臨中共企圖併吞台灣之際，基於我們的信仰及聯合國人權宣言，我們堅決主張：「台灣的將來應由台灣一千七百萬住民決定。」我們向有關國家，特別向美國國民及政府，並全世界教會緊急呼籲，採取最有效的步驟，支持我們的呼聲。

為達成台灣人民獨立及自由的願望，我們促請政府於此國際情勢危急之際，面對現實，採取有效措施，使台灣成為一個新而獨立的國家。

我們懇求上帝，使台灣和全世界成為「慈愛和誠實彼此相

11　參見台灣基督長老教會官方網站：http://www.pct.org.tw/ab_doc.aspx?DocID=005；檢索日期：2017-7-12

遇，公義和平安彼此相親，誠實從地而生，公義從天而現的地方。」（聖經詩篇八五篇十至十一節）。

台灣基督長老教會

總會議　長　趙信愊（出國中）

總會副議長　翁修恭（代　行）

總會總幹事　高俊明

一九七七年八月十六日

　　這份宣言敦請政府「使台灣成為一個新而獨立的國家」，台灣以團體形式公開主張台灣獨立的第一次。如果說這是一份對理想世界的期許，那麼我們也可以說這是台灣長老教會所勾勒的烏托邦。在這一烏托邦，我們看到下列幾個重點：

（一）人權的超越基礎

　　除了明顯的台灣人民獨立及自由的主張外，長老會的人權宣言，主要肯定天賦人權的信仰基礎；

（二）人權與民主

　　宣言中，人權與鄉土並舉，這就為台灣人民保有鄉土，以及基本權利奠立基調。猶有進者，宣言更提出住民自決的原則，將民主化與在地化結合起來，這基本上奠立日後此地之民主化與台灣化同步並進的道路。

（三）基督精神的烏托邦

　　分析這份宣言的內容，也勾勒出長老教會的烏托邦，它希望使台灣和全世界成為「慈愛和誠實彼此相遇，公義和平安彼此相親，誠實從地而

生，公義從天而現的地方。」這一引自聖經的話語，帶出慈愛與誠實，和平與公義為內容的理想世界，再再反映出基督宗教的精神取向。

然而，如果參照人權的主動與被動的分類，則長老會的宣言，主要還是側重被動人權，也就是環繞免於所謂中共「吞併」而展開的；至於其中引用美國卡特總統關於所謂「安全、獨立與自由」的主張，基本上還是最基本的第一代人權。這當然有其時代脈絡，就當時而言，長老會在威權時代，以團體方式提出人權的主張，已經可說是走在歷史的前端了。

這份文獻有很重要的歷史地位，所以台灣神學院高金田教授在總結他們在人權方面的貢獻時，還特別提到1977年的人權宣言，他認為宣言「表達台灣的將來應由台灣住民決定，盼望他們支持我們台灣人民獨立及自由的願望」。[12]從他的夫子自道，可知長老會的在爭取人權方面的論述，跟政治上爭取台灣獨立與自由的訴求掛勾。

到了 1998 年的《關懷台灣前途研討會》聲明中，長老會更加進而直接提到建國的主張：「台灣應成為一個『新而獨立的國家』」。[13]從此，長老會的建國主張更明顯，而這種將人權與台獨建國共構的論述，顯示其人權論的突出性色彩；依照這一思路，他們自然也反對一中，所以在2015年的世界人權日，他們表達對「台灣執政當局仍然任令國家定位混淆不清」的擔憂，批判馬英九前總統「藐視民意，在其一中的邪向，於馬習會中連各表都不敢說，台灣人的人權與尊嚴實面臨被出賣的危機，我們在地人必須下更大的功夫來護衛台灣認同與主權。」[14]

12　參考高金田（2016）：〈人權與尊嚴〉，見台灣聯合國協進會, http://www.taiwan-un-alliance.org.tw/document/20160114.pdf

13　參考高金田（2016）：〈人權與尊嚴〉，見台灣聯合國協進會, http://www.taiwan-un-alliance.org.tw/document/20160114.pdf

14　參考高金田（2016）：〈人權與尊嚴〉，見台灣聯合國協進會, http://www.taiwan-un-alliance.org.tw/document/20160114.pdf

回顧長老會在人權方面的工作，確實做了很多：從早年談勞工權益，到近年強調保護環境，甚至同志平權等等；雖然這些立場，在教內也有不同意見，但無可置疑的是，長老會的論述非常豐富，內容也包含不少面向。但其最突出的論述，還是政治上的追求，無論是講自決，還是獨立，基本上都顯出其政治特色。

五、台灣幾個佛教宗派的走向

　　台灣佛教方面，近數十年以人間佛教四大山頭的教勢最為鼎盛；但若論政論之激烈，則以萬佛會及新雨社最為突出。[15]

（一）、獨立自決的理想國度：萬佛會和新雨社的政論

　　萬佛會成立於1980年間，總裁是宗聖法師（1959- ），宗聖法師積極參與黨外運動；[16]該會在1990年成立真理黨，並創設反政府的地下電台「真理之聲」和「台灣國之音」，1994年甚至建立「台灣國」，並以激烈抗爭，街頭抗議的手段，爭取「台灣獨立」。[17]

　　至於新雨社，是張大卿（1959- ）在1987年於美國所成立。1991年明法法師，在台灣設置新雨社，名為「新雨佛教文化中心」。觀察該社的機關刊物《新雨月刊》的政論，足以反映該社的關懷，譬如台灣主權住民自

15　有關萬佛會及新雨社的研究，請參考楊惠南（2002.03）：〈解嚴後台灣新興佛教的現象與特質——以「人間佛教」為中心的一個考察〉，《新興宗教現象研討會論文集》，台北：中央研究院社會學研究所，頁189-238。

16　有關宗聖上師的簡介，可以參考：〈煉獄中盛開的蓮花——宗聖上師簡介〉，網址：http://ttba.org.web66.com.tw/ch60/CH115/115167/U/65305.html，檢索日期：4/22/2016。

17　參鄭志明（1994）：〈台灣萬佛會的政教立場〉，收錄於：《中國政治、宗教與文化關係國際學術研討會論文集》，台北淡水：淡江大學，1994，頁183-202。

決、工人運動、聲援鄭南榕自焚、聲援六四天安門慘案、言論自由與宗教、國會改造、呼籲中共放棄武力解放台灣、反對軍人主政、廢除死刑、關懷二二八等等。雖然工人權益等第二代人權已經被提出來，但爭取政治人權，顯然還是新雨社的社會政治主張的基調。

《新雨月刊》很早就批判戒嚴，公開批判國民黨的警察統治，要求國會普選、總統普選、言論自由等等：[18]

> 四十四年了，台灣還在「戰時」、還在「戡亂」！四十四年了，台灣還沒有台灣全民選出的總統（台灣現在的總統是代表十一億中國人民的國民大會選出來的），還沒有能代表台灣全民的國會，台灣人還普遍地對政治參與帶有很可能面對祕密逮捕、刑求、財產剝奪、林家血案模式、陳文成模式、江南模式等等濃濃的恐懼感。恐懼使台灣人的思想不得自由，對這塊土地關懷和感受不得完全展現，台灣人只能做工賺錢，超長工時的賺，對政治最好不要過問，國民黨的「戡亂」政權，何時才能放下權力壟斷和恐怖的戡亂手段？何時才能讓台灣人參政不受生命和財產的威脅？何時才能讓台灣人發表言論沒有恐懼？

而在題為〈自由・獨立與民主〉的社論中，新雨社主張：[19]

> 懷疑台灣住民自由而獨立的選擇能力，甚至主張由非住民來選擇台灣社會的政治命運與經濟前途，是不著邊際的。人們盡可以宣傳統一比獨立好，也可以宣傳獨立比統一好，甚至還可以宣傳統

18　社論：〈台灣還在戒嚴中〉，見《新雨月刊》26期，1989年8月。http://dhammarain.online-dhamma.net/magazine/magaz26.htm

19　《新雨月刊》18期，1988年11月，頁82。

一、獨立一樣好，但**沒有人有權利主張台灣社會要由非住民來選擇決定**。……

給台灣全體住民選擇自己生命主權的機會，讓每個人的選擇不受某人或某國的強迫，是我們對自由、獨立與民主的信仰。

此外，〈佛教救國救憲宣言〉主張：[20]

建設人間淨土、普渡眾生，乃佛陀慈悲本懷，亦乃佛教徒修行信念。……值此國家多事之秋，佛教徒不再是沈默之一群；值此民主洪流奔瀁世界各國之際，台灣人民不能再充耳不聞。緣於無緣大慈，同體大悲之佛陀本懷，為了建設安和樂利之人間淨土，我們呼籲政府，貫徹實施真正的民主憲政……。

佛教的理想世界就是淨土，而傳統淨土的信仰，其實，是一離世往生的理想世界。但在新雨的筆下，淨土就是安和樂利的人間淨土，從天國到人間，反映來世他生的「生命安頓」，轉化為現實社會的「世界整頓」；而其著力點在民主憲政的追尋。這一取向的佛教派別，實非台灣佛教的主流，而大部分信眾，特別是民間佛教信徒，他們對方面的關注不多；但是，人間佛教的主流，雖不激烈，但影響很大，值得注意；而台灣人間佛教的代表性人物，就是佛光山的開山宗長星雲大師。

（二）星雲法師的政治理想

筆者認為星雲法師的政論，反映出公民社會的性質及元素。有關星雲法師的政論，本文不打算做全面的研究，而只著眼下列幾項，以彰顯其與

20　《佛教文化》4期，1990年4月，頁9。

公民社會的關係：

1. 四代人權觀

星雲大師對於人權發展，有很清晰的掌握，他提出四代人權的觀念：[21]

> 近代人權可分為四個世代：第一代人權，從十六、七世紀至十九
> 世紀，人民為反抗君主壓迫，要求政治上的民主、自由、平
> 等、生存、財產保護等權利，是為「公民及政治權利」世代。第
> 二代人權，從十九世紀到二十世紀初，爭取的範圍擴大至工作
> 權、經濟權、社會福利權、勞動人權、組織工會、醫療保健、教
> 育訓練，是為「經濟及社會人權」世代。第三代人權，從十九世
> 紀末至二十世紀初，兩次世界大戰之後，是以「族群、社會自決
> 與宗教自由」為主的世代。第四代人權，從二次世界大戰後到現
> 在，包括社會權、環境權、抵抗權、隱私權、資訊權等，除了這
> 些，我國憲法中規定保障的新興人權尚有：人格權、弱勢族群
> 權、和平及發展權等。

可見在他心中，很清楚人權的不同型態，也把握了人權在不同世代的
差異。佛光山重視第一代人權（這在其政論中特別容易看出來，本文在下
節會詳細分析），但此處必須指出星雲大師也談勞動權利以及社會福利
等，更觸及環境生態權，這就已經包含華沙教授所謂的第二代以及第三代
人權，也就是兼顧主動與被動兩類型的人權主張了。

值得注意的是星雲大師提出的「生權」，發揮佛教護生的理想，更包
攝環境生態的論述，可說是非常有意義的創造性詮釋。[22]

---

21 星雲（2006.1）：〈佛教對政治人權的看法〉，《普門學報》，31期。
22 同上。

2. 政教關係：僧人應該問政

　　佛教僧人既然出家，在華人傳統中，好像就不應再過問塵俗之事，何況最汙穢的政治呢。但星雲法師質疑說：「想想佛陀頻頻出入王宮，與大臣貴冑說法，豈不也成了『政治佛陀』嗎？而玄奘大師為皇帝建言國事，以及歷代國師的輔弼朝政，又怎麼說呢？」[23]

　　依照這種不迴避政治的態度，星雲法師反對宗教自外於政治，他認為：「宗教與政治都是人類的社會活動，二者自然難以劃清關係，只是過去一般人總秉持宗教的歸宗教，政治的歸政治，認為彼此應該各自獨立、互不相干。實際上，政教分離這是舉世都能認同的思想，但是政治與宗教彼此又能相輔相成，互補互需，這也是不爭的事實，例如佛教能影響帝王的施政理念，輔助帝王修身、治國、平天下；相對的，佛教的弘揚，也要靠帝王的護持，才能普遍推廣。因此自古以來佛教非但未與政治分離，而且一直保持良好的關係。」[24]既然宗教與政治關係密切，且能相輔相成，是則出家人問政的合理性，就必須交代。

3. 公民身分與宗教身分的平衡

　　星雲法師明確宣示：「就是出家者，也是一樣要參與政治，愛國愛民。」對於習慣傳統所謂「政教分離」原則者來說，佛光山出家人的投票行為，好像應該責難，甚至有人將星雲法師標籤為政治和尚。[25]但從現代

23　參考星雲法師：〈談做人該不該被人利用〉，網址：http://big5.xuefo.net/nr/article32/315162.html，檢索日期：2017-07-12。

24　參考星雲法師主講，滿觀法師紀錄：〈佛教對政治人權的看法〉，網址：http://3fo.org/article/article.jsp?index=5&item=24&bookid=2c907d4944d9a3fc0144f6f59b760008&ch=1&se=6&f=1，檢索日期：2017-07-12。

25　有關這一評語，筆者參考的是江燦騰(1997)：《台灣當代佛教：佛光山‧慈濟‧法鼓山‧中台山》（台北：南天書局），頁23。

社會公民身分的視野看，星雲法師除肯定宗教在社會應有的地位與角色外，更能從公民社會的高地，審視佛教與公民社會的關係，並勇敢的實踐他的論政思想，這實在非常不容易。

其實，現代佛教並非主張切斷佛教與政治的關係，譬如從太虛法師開始，就提倡所謂「問政不干治」，這實際上是主張僧人儘管出家，不直接參與實際的政治管理實務，但因仍保有在家的公民身分，僧人應盡公民責任，實踐應有的政治責任，譬如投票。[26]

星雲法師一方面堅守出家不涉入實際政治操作之俗務；但另一方面，又充分肯定出家人身為民主社會的一員，也有責任發揮憲政保障之人民參政權利，[27]所以才鼓勵出家人也參政投票，因為這是愛國，維護民主政治的行為。星雲法師說：「出家人雖然出家了，但是並不意味出國，並沒有遠離自己的國家邦梓，愛國不分你我自他、方內方外，為政不必高官厚位、權力在握，愛國沒有錯誤，沒有國家民族觀念才是罪過。」[28]

總而言之，傳統觀念每每主張出家代表離開社會，切斷一切社會關涉，一意清修。然而現代社會，重視多元社會角色，主張多種身分的共融性。出家是宗教身分的表達，而投票則為公民身分的實踐，所以僧人投票，本即兼重宗教身分與公民身分。這種多元身分的共融，可說是現代公民社會所強調的。

---

26 星雲法師加以引申道：「人在社會上誰也脫離不了政治，佛教徒雖不介入政治，但關心社會，關心政治，問政不干治是佛教徒對政治的態度。也就是說，佛教基本上是超越政治的，但對社會大眾的關懷，仍不失其熱心，只是不直接接觸行政工作，這也是佛門一向主張的問政不干治。」參趙無任[星雲大師筆名] (2015)：《慈悲思路‧兩岸出路──台灣選舉系列評論》。台北：遠見天下文化出版股份有限公司。

27 台灣實行的中華民國憲法，規定「國民年滿二十歲者，有依法選舉之權，除本憲法及法律別有規定者外，年滿二十三歲者，有依法被選舉之權。」

28 參考星雲法師：《人生與社會》，網址：http://www.book853.com/wap.aspx?nid=292&p=5&cp=8&cid=72&sp=12，檢索日期：2017-07-12。

4. 僧人擁有並應善用公民權責

依照星雲法師之見，佛教與政治都是社會活動，除可以分開外，也應發揮相輔相成的力量。星雲法師期待佛教與政治的良性互動，也有其更深刻的公民社會與價值的考慮。星雲法師肯定僧人問政的社會責任的立足點在公民權責的論述上：[29]

> 你說出家人，為什麼要涉足政治？**我是公民呀，我又沒有褫奪公權**，我為什麼不能愛國？我們出家人一樣要去當兵，要去交稅，要去選舉，我為什麼不能表達道義，**選賢與能呢？這是我們的責任**。

公民之行使政府大選的投票權，不但涉及身分權利，更涉及身分權利背後之身分認同；否則空有權利，也未必願意實際行使權利，遑論公開發表政論，宣揚自己的看法。星雲法師的主張及實踐，具體呈現民主社會現代公民理應善盡權責的立場。

5. 普世的公民價值資源

在不少政論短篇中，星雲法師都涉及民主自由，在他心目中，這些都是「普世價值」；早前一六年的台灣總統大選，本來有一點非常特別，就是國民兩黨分別推出女性候選人，星雲法師對此大加肯定，並且從憲法的性別平權，肯定兩位女性的參選：[30]

> 《中華民國憲法》第七條明確揭示，性別平等為國民的基本人

29　參考紀碩鳴專訪：〈佛光山開山宗長星雲大師〉，見《亞洲週刊》，第22卷，第3期，2008年1月30日。

30　參考星雲法師：〈兩位女性競選總統是台灣的榮耀〉，收入趙無任（2015）：《慈悲思路，兩岸出路：台灣選舉系列評論》，頁40-43，引文見頁43。。

權；佛教經典裡有關平等的思想教義，比比皆是；因此，對於這兩位女性候選人出來競選總統，是台灣的榮耀，我們都樂觀其成。誰勝、誰敗不重要，重要的是，女性也能可以出頭。為了時代的進步，為了社會的公平，為了男女的平等，讓這個世間也有柔性的觀世音來救苦救難，這兩位女性勇敢出來承擔領導，為國家，為人民，我們表示讚佩，並寄予期望。

及後國民黨的總統候選人已經改變為朱立倫先生，所以兩位女性候選人的講法已經不符現實；然而值得注意的是類似這種訴諸法治，以及公平等普世價值的論述，在星雲法師的筆下，可說俯拾皆是，這就反映出以法治與普世價值可說是在佛教教理之外，星雲政治參與的核心理念；而民主法治與普世價值，也是西方公民社會的基礎。

從政治思想言，將公民價值連結到普世的高度去設想，可說是西方公民社會的基本想法。但是，法師更有其從中國座標的特殊主張，這一方面的理解，特別表現在其身分認同論述中。

6. 身分認同

身分認同的本質並非僅是個體心理的，更重要是群體的身分界定與歸屬；所以社會身分認同標示個體意識，而個體也以認同來界定自己身分。

從身份認同而言，星雲法師有強烈的中華民族身份之認同：「我們都要呼籲台灣各界精英，普羅大眾，大家要勇敢的站出來，大聲的告訴我們的下一代，我們是出生在台灣的中國人，我們以身為中華民族炎黃子孫為榮。」；又說：「不管你什麼樣子，大家同屬中華民族，總之是改變不了

的事實，就好比居住其他國家的中國人都被稱為華人。」[31]依照星雲法師的發言推斷，他所謂中華民族的身分認同，其實就是華人認同；他談的是血緣關係為基礎的炎黃子孫，而並非從國家政權來理解中國人，所以他舉的例子是跨越國界與超越政權的華人身分；他明確的表示：「我們中華民族散居在全世界……我們有一個共同的地方，那就是大家都是中華民族，都叫做華人，這是不能改變的。」[32]他又說：「我們是中華民族的血統，這是不能改變的事實，民族血緣關係在這個世界上是不能換位的。」[33]在這兩段話中，星雲法師彰顯的是跨國的華裔身分，而非中國的國籍身分。

　　對星雲法師來說，在血緣的華裔認同之外，他更強調的是文化上的認同，他說：「到了今天，台灣保有完整的中華文化，倫理秩序、宗教信仰、風俗禮儀等都有所進步。經過四百多年文化的抉擇、揚棄與創新，台灣像一個人的身體，不能沒有中華文化這顆心臟，否則在世界的舞台上就跳動不起來了。……居住在台灣的大家，我們必須要深思，中國五千年文化，它不是共產黨，不是國民黨，它是我們先民祖輩傳流下來的悠久歷史，我們能把它全部捨棄嗎？無論共產黨、國民黨，都只是一個政黨，不等同於五千年中華文化；中華文化超越地域、超越政黨，它已成為台灣的根本，我們不應該否定它，甚至更應該以保存中華文化為榮。現在舉世都在重視中華文化，連共產黨也在復興中華文化，它是海內外全體中國人的

31　趙無任(2015)：〈台灣能去中國化嗎？〉，見氏著：《慈悲思路‧兩岸出路——台灣選舉系列評論》，頁306。

32　趙無任(2015)：〈甚麼資格才能成為台灣人？〉，見氏著：《慈悲思路‧兩岸出路——台灣選舉系列評論》，頁307。

33　趙無任(2015)：〈關於台灣獨立的我見我思〉，見氏著：《慈悲思路‧兩岸出路——台灣選舉系列評論》，頁322-323。

財富，大家都在保護、復興，我們自己卻要去除它？！」[34]

星雲法師的身分認同，顯然有很強烈的文化中國認同成分；他提出文化超越政黨與地域的限制，中華文化對於台灣而言，就是核心支柱，所以不能捨棄，反而應該重視，進行保護及復興的實踐。當然，這一認同的成分，就很大程度上，反映在他的具體政策論述，他一方面鼓勵兩岸的和平交流，也常常實際從事兩岸佛教文化上的實質交流與互動；另一方面，他也堅決的反對台獨。

星雲法師清楚表達他的立場：「台灣能去中國化嗎？同樣的，台灣能獨立嗎？兩者都不好。」[35]他在〈關於台灣獨立我見我思〉公開反對台灣獨立：「台灣獨立的思想千萬不可以有，那必然是錯誤的、危險的想法。」[36]

綜合而言，認同華裔身分，維護中華文化，堅決反對台獨，堅持民主自由，可說是星雲法師的基本政治取向。然而民主制度不能獨行，而更有待於民主價值與意識的深化，而這方面特別攸關公民意識的優化。

六、公民意識：台灣宗教的政治烏托邦的一個共通點

回顧長老會及上述台灣佛教宗派，雖然在統獨的立場上，可謂南轅北轍，但他們都追求民主政治，重視人權與自由；筆者認為他們的筆下的烏托邦世界，或許難以全部實現，但是他們追求理想烏托邦，爭取人權自由

34　趙無任(2015)：〈台灣能去中國化嗎？〉，見氏著：《慈悲思路‧兩岸出路──台灣選舉系列評論》，頁302-303。

35　趙無任(2015)：〈台灣能去中國化嗎？〉，見氏著：《慈悲思路‧兩岸出路──台灣選舉系列評論》，頁301。

36　趙無任(2015)：〈關於台灣獨立的我見我思〉，見氏著：《慈悲思路‧兩岸出路──台灣選舉系列評論》，頁321。

的努力，確實反映了台灣公民意識的提升。

政治的良窳不能只靠硬體的制度，還需要軟體的配合。而優質的公民意識正是民主政治成功的的必要條件。這些不同宗派的努力，反映出炙熱的公民意識。

所謂公民意識是公民對於公民角色及其價值理想的自覺反映，這包含公民對自身的社會地位、社會權利、社會責任和社會基本規範的感知、情感、信念、觀點和思想，同時也包含隨之而生的自覺、自律、自我體驗；還包括公民對社會政治生活和人們行為的合理性、合法性進行自我價值、自我人格、自我道德的評判，對實現自身應有的權利和義務所採用手段的理解，以及由此而產生的對社會群體的情感與歸屬心理。

（一）公民意識及其在政論中的呈現

一般言之，公民意識包含三大成份——主體意識、權責意識及參與意識；檢視上述各教派的論述，實反映出其在三大成份都有深切的掌握。

1. 公民主體意識

公民意識是指公民對自己在國家政治生活和社會生活地位的認識，而公民意識中的主人意識或主體意識是公民的根本意識。所謂主體意識主要是指認識是主權在民，即認知與認同公民為國家主人的身分；同時，公民既是國家的主體，也是國家主權的所有者與保護者。但既然國家涉及眾人，人人都是主人；所以應依大家共許的憲法之規定，行使主人的權責。

上述的宗教論政，顯示宗教家論政的正當性。在現代社會的認識中，宗教家是宗教的委身方式之一，也是宗教身分的宣示與認定；但宗教委身與認定是私領域的作為，而國家社會並不因而排除其公領域的身分與

權利，所以宗教家也同時是國家公民。就公民身份而言，出家與在家相同，當然宗教家也跟在家眾一樣，享有公民權責。無論是長老會教牧，還是佛教的出家人，他們都能兼顧信仰與政治領域，而以宗教家身分，提出他們的理想國。

2. 公民的權責意識

身分意識的具體表現為身份權利與責任，也就是因擁有身分而帶來具體的權責，譬如擁有大學學生的身分，就有使用大學圖書館權利，也有維護圖書館適當運作的責任，譬如準時還書。所謂公民權責意識，一方面指公民應享受的權利，它包括財產權、自由權、參政權等等法律保障的權利。另一方面，則強調公民對社會的責任。

權利意識可說是公民意識的核心；既然人民是國家主人翁，民主社會必須保障公民應有的權利。無論強調抽象的憲政權利，還是強調具體的問政與參政權，這些宗教領袖實際上都觸及公民的權責意識。就此而言，他們的理想國論述，實際上就是一種「賦權增能」（empowerment）的作法。我們知道優化公民參與，不能只著眼於制度層面，而必須更求在主觀層面的充權。呼籲重視人權，強調住民自決等等，實際產生充權的效應，增益信心，讓民眾有勇氣承擔國家與社會的重責大任。

雖然他們的統獨觀大異其趣，但他們都能發揮公民的權責意識，優化民主政治的出路。

3. 公民的參與意識

公民的主體意識和權利意識是公民的參與意識存在的邏輯前提。公民社會必須依賴人民眾不斷參與，發揮他的功能，才能建立厚實的公民社會。所以公民意識以主體意識為成立基礎，而以參與意識為落實條件。就此而言，上述各教派都強調參與，無論是長老會的宣言，佛教的呼籲，乃

至星雲大師的開路，都希望民眾參與政治，所以筆者認為他們的努力，都反映出強烈的參與意識，也為民眾示範了參與精神，特別是在威權時代的長老會，以及敢於抗爭的新雨社與萬佛會，他們的理想，雖非人人認同，但是他們堅持，卻十足反映強毅的參與精神。

值得注意的是，星雲法師重視公民社會的協商性。也就是說民間不同團體各自代表不同利益，星雲法師要大家充分表達及參與。不過，他很強調理性及和諧的溝通與合作，不流於為反對而反對，要避免無益的撕裂與鬥爭。他強調民主社會的成功，需要大家的和諧合作。這反映出星雲大師的公民意識，更包含了公民的思想道德素質和政治文化素質。他很重視優質的民主參與，以挽救陷入政黨惡鬥的台灣政治。

七、結語

烏托邦一字本來就包含烏有及美善兩層意思。世界宗教有不同的宗教性敘事及書寫，分別描寫各宗教的理想世界，譬如天國與淨土等等；原先，宗教的烏托邦，往往是跟世俗區隔，甚至是離脫塵俗的世界，譬如天堂、淨土、仙鄉等等。所以對於烏托邦的追尋，也就是就常表現為從凡俗的人間，走向美善天國的取向。但是由於宗教家的慈悲大愛，往往也就力求轉化世界，為人間帶來美好的世界，人們既希望脫俗，但又不必出塵，於是宗教的論述，就在這樣的取態下，就轉而更求在地上，建立理想世界。

台灣的宗教也很強調入世，重視在人間建立理想世界。筆者認為就其政治論述中理想國的屬性而言，可知其在宗教性終極美善世界之外，更進而講求現世中的美好社會，而這呼應著摩爾的《烏托邦》思路。從上文的分析，我們知道台灣長老會很早就有系列的宣言，其中台灣人權宣言，更

寄託他們「住民自決，獨立建國」的觀念，所以台南長老會實際上是台獨推手之一。當然基督宗教中，也有不同的政治觀點，就算長老會內部，當年也曾出現反對宣言的聲音與行動。但無論如何，這份宣言的政治理想，現在已經相當高的程度上，代表台灣長老會的主流意見。筆者一六年二月曾帶隊參訪台南神學院，該院院長就曾自行宣示該院是台獨的基地。至於多元的取態，也存在於台灣佛教界之中，上文呈現統獨兩種不同觀點，但他們都主張入世意義的「人間佛教」，而同樣強調民主政治，自由與人權。所以建基於上述討論，筆者認為當代台灣宗教的理想國論述，基本上共同反應重視民主政治與自由人權等主流價值。總之，上文檢視長老會宣言等資料，確認長老會在理念上，實定其有推動民主人權的論述及價值，但上文研究，也顯示我們不能漠視不同宗教，在台灣民主、自由與人權方面的論述與貢獻。僅肯定基督宗教，甚至長老會的貢獻，並不符合歷史事實。

其次，本文呈現出長老會宣言的人權觀，實際上還是以被動人權為主，在第一代人權方面著墨較多，也就是所謂藍權；而後來的人權論述，就涉及同運等等，[37]但其最大特色，則在政治方面，強調的是台灣的自決或獨立。對比來說，新雨社等論述，反映出多元的重視，兼顧主動人權，譬如工人薪資等等；至於星雲大師的論述，則最為晚出，他的社會政治論述，無疑包羅萬有，也兼顧主動與被動人權，也包含環保，生態等所謂綠色權利，也就進入廣義的新興人權，或第四代人權的領域。至於在政治取態方面，長老會的人權論述連著獨立自決來談的多，而人間佛教，特別是星雲大師，則表達統一的立場，兩者涇渭分明。而從中我們也得到一

37　當然台灣長老會在宣言後，還有其他爭取主動人權的行動與論述。但在同運方面，台灣教會領袖的意見不一，有同意，也有反對的。Chen Yu-Rong and Wang Ping (2010), "Obstacles to LGBT Human Rights Development in Taiwan", in *Positions: Asia Critique*, Volume 18, Number 2: 399-407.

個初步的觀察，台灣的宗教界，在陳構其理想世界時，愈來愈能包含不同的人權類型，反映台灣人權的逐步發展，邁向成熟。

再者，本文認為儘管台灣不同宗教，甚至同一宗教的不同教派在理想國與人權方面，都沒有全然一致的共識；但通過上文分析，筆者認為他們都呈現出公民意識，具體而言，在公民主體意識、權利意識及參與意識三方面的覺識（Civil awareness），都顯示出成熟的表現。

參考資料

1. Chen Yu-Rong and Wang Ping (2010), "Obstacles to LGBT Human Rights Development in Taiwan", in *Positions: Asia Critique*, Volume 18, Number 2: 399-407.

2. Cohen, Jean and Andrew Arato (1992). *Civil Society and Political Theory*. Cambridge: MIT Press.

3. Doyle, D. M., & Walsh, C. (2003). "Utopia", *The New Catholic Encyclopaedia*. 2nd ed. Vol. 14. New York: Thomson Gale.

4. Laliberte, Andre (2004). *The Politics of Buddhist organizations in Taiwan, 1989-2003: Safeguarding the Faith, Building a Pure Land, Helping the Poor*. London: New York: Routledge Curzon.

5. Madsen, Richard (2007). *Democracy's Dharma: Religious Renaissance and Political Development in Taiwan*. Berkeley: University of California Press.

6. Sargent, L. T. (1998). "Utopianism", *The Encyclopedia of Philosophy*. London: Routlegde.

7. Shils, Edward (1997). *The Virtue of Civility*. Indianapolis: Liberty Fund.

8. Tsai, Yen-zen (2013). *Religious Experience in Contemporary Taiwan and China*. Taipei: Chengchi University Press.

9. Vasak, Karel (1977). *A 30-year Struggle: The Sustained Efforts to Give Force of Law to the Universal Declaration of Human Rights*, Universal Declaration of Human Rights, pp. 28-29, 32. On Line: http://unesdoc.unesco.org/Ulis/cgi-bin/

ulis.pl?catno=48063&set=4A516CB0_0_13&gp=0&lin=1&ll=1

10. Witte, John Jr. and Green, M. Christian ed. (2012), *Religion and Human Rights: An Introduction*. Oxford: Oxford University Press.

11. 江燦騰(2003)。《臺灣近代佛教的變革與反思：去殖民化與台灣佛教主體性確立的新探索》，初版。臺北：東大圖書股份有限公司。

12. 江燦騰(2009)。《臺灣佛教史》，初版。台北市：五南圖書出版股份有限公司。

13. 李文政：〈人權觀念的演進與意涵〉，發表於《2010年世界公民人權高峰會》，http://www.worldcitizens.org.tw/awc2010/ch/F/F_d_page.php?pid=17028

14. 林國平：《當代台灣宗教信仰與政治關係》，福建人民出版社，頁273-312。

15. 高金田（2016）：〈人權與尊嚴〉，見台灣聯合國協進會, http://www.taiwan-un-alliance.org.tw/document/20160114.pdf

16. 楊惠南（2002.03）：〈解嚴後台灣新興佛教的現象與特質——以「人間佛教」為中心的一個考察〉，《新興宗教現象研討會論文集》，台北：中央研究院社會學研究所，189-238。

17. 趙無任(2015)。《慈悲思路‧兩岸出路——台灣選舉系列評論》。台北：遠見天下文化出版股份有限公司。

18. 鄭志明（1994）：〈台灣萬佛會的政教立場〉，收錄於：《中國政治、宗教與文化關係國際學術研討會論文集》，台北淡水：淡江大學，1994，頁183-202。

19. 鍾寶慧(2009)：〈環境人權的探討〉，《國政評論》，2009年12月28日, http://www.npf.org.tw/1/6863

20. 簡英詩、艾寶珣著，香港人權監察譯(1996)：《人權簡釋》，香港人權監察出版。

2

「鄉土」論述中的
烏托邦想像

林巾力

臺灣師範大學臺灣語文學系副教授

一、「鄉土」概念在台灣

　　台灣1930年代「鄉土文學」一詞在黃石輝〈怎樣不提倡鄉土文學〉發表之後，一時成為文壇中最受矚目的話題，並進一步擴大形成一場台灣文化界空前規模的有關語言與文學的論爭。這場論爭大約是發生在1930而至1934年初之間，儘管「鄉土文學」頻繁地出現在各種討論之中，但它對當時的台灣知識分子來說，畢竟是一個新鮮的詞彙，其意義與實質的內涵，也仍有待被賦予、想像、並填補。在論戰期間，反對陣營的代表作家廖毓文對此提出疑問：

> 鄉土文學是發生於十九世紀的末葉建立在德國文壇的。當時的有自覺的鬥士──如主倡者的F.Lienhard、代表作家的Frenssen, A. Bor-tela. Worpaueder、奧國的人R.H. Bartsch等，把「街耀新舍、尊重都會之餘，把歷史和國家過去和國民過去和國民忘掉」看做是當時文壇的弊病而提倡起來的。他們給他叫做Heimatannst──鄉土藝術……但不知道先生所要提倡的「鄉土文學」究竟屬那一種樣式呢？[1]

　　無獨有偶，戰後1970年代後期同樣也是引發了一場以「鄉土」為名的大型論戰，它的後續效應甚至促成了「台灣意識」與「台灣文學」的崛起。支持鄉土文學的侯立朝，也是將「鄉土文學」回溯至德國，他強調，「鄉土文學」這個詞彙本身並不是一個本土的詞彙，而是不折不扣的

1　廖毓文：〈給黃石輝先生──鄉土文學的吟味〉，《昭和新報》（1931年8月1，8日），收於中島利郎編，《1930年代台灣鄉土文學論戰資料彙編》（高雄：春暉，2003年），頁65-66。按，A. Bor-tela應為A. Bartels，Heimatannst應是德文Heimatkunst之誤。

外來語，也即來自德文的Heimat Kunst。[2]進一步，他又連結德國鄉土文學的精神於中國的詩經：

> 中國的詩經，整個表現了鄉土精神。風是小鄉土文學。雅和
> 頌，是大鄉土文學。風，表現了個人的喜怒哀樂。雅，表現了社
> 會的清濁榮枯。頌，表現了祖德的禮讚崇拜。有了這一整個的鄉
> 土精神傳統，中國人才能活得像中國人。[3]

於此，侯立朝為「鄉土文學」這個外來詞彙賦予了中國的內涵，也因此他認為：「不必模仿外來的形式，因為我們自己就有正宗的鄉土文學的精神和形式」。[4]以上雖僅提出兩個較具代表性的案例，但無論是戰前或戰後的鄉土論戰，類似於廖毓文與侯立朝的談法其實並不罕見，職是，這裡有兩個層面值得我們注意：首先，「鄉土文學」這個看似本鄉本土的詞彙其實是一個外來的概念；其次，「鄉土文學」的源起有其特定的社會脈絡，也就是傳統社會在受到現代化的「入侵」之後而開始對於過去生活的美好與純樸所產生的一種「回歸鄉土」的嚮往。

然而，即使沒有所謂的外來影響，源於人們對於故鄉與土地的特別情感，每個人或每個地方都可能衍生出具有其自身意義的鄉土精神，因此當然也可能從中發展出自己的鄉土內容，並據此建立獨特的鄉土藝術與鄉土文學。但話說回來，儘管每個地方都有自身的「鄉土」意識與內容，但這

2　侯立朝：〈七〇年代鄉土文學的新理解〉，收入尉天驄編，《鄉土文學討論集》（台北：遠景出版社，1980年），頁432。

3　同前註。

4　同前註，頁434。此外，將詩經比為鄉土文學也可見於戰前的鄭坤五〈就鄉土文學說幾句〉：「中古時孔子所刪的詩經與屈原所作的離騷，這樣代表的作品，本原也是一種的鄉土文學。」見鄭坤五，〈就鄉土文學說幾句〉，《南音》1卷2號（1932年1月15日），收於《1930年代台灣鄉土文學論戰資料彙編》，頁229。

仍然不足以激化為一股文化上的運動，因此，恐怕還是必需等到社會型態由農村走向工業化之後，或是在來自現代化的衝擊，工商業的發達與大都會的快速膨脹造成城市與鄉村的矛盾，並且也只有在舊有的社會秩序受到嚴厲挑戰的情況下，所謂的「鄉土」或「鄉土文學」才能顯示出它的特殊意義，進而吸納足夠的能量並引起廣泛的迴響。因此，說到底，對於「鄉土」的追求，是對於人與自然、或人我之間和諧關係的嚮往，是安適生活於共同體的願望，也可能是對於沒有異化的人類生存狀況的烏托邦想像。因此，本文以前述台灣鄉土文學論戰為思考的起點，追溯「鄉土文學」的思想源頭，目地在於了解鄉土文學與鄉土概念的生成背景、其所關懷的面向及其可能的限制進行探討。

二、赫爾德：文化共同體「鄉土」概念的先驅

十八世紀末期以來，Heimat（鄉土、家、鄉、本土）這個詞彙與德文 nation（民族、國家）的概念一樣，在民族的身份認同上一直是扮演著重要的角色。然而Heimat究竟所指為何？布理克（Peter Blickle）在其著作《鄉土：有關德語之鄉土概念批判理論》中指出，儘管Heimat很難在英語或法語中找到相對應的翻譯詞彙，卻可以在斯拉夫語系中的dómovina、以及俄語的rodina（母土、俄羅斯母親）中找到類似的語意，之所以如此，則與斯拉夫地區長久以來受到德語的影響有關。而在俄語方面，德語的Heimat並不像俄語的rodina那般有著明顯的女性意涵。[5]但是無論如何，在德語中，Heimat的概念歷經十八世紀而至今日的漫長歲月，再加上它一直

---

5   Peter Blickle, *Heimat, A Critical Theory of the German Idea of Homeland* (New York: Camden House, 2002), pp.2-3.

以來總是與民族有著千絲萬縷的複雜關聯，換句話說，Heimat在歷史之中所建構起來的自身脈絡，是使得它很難被等值地通約成另一種語言的主要原因。

　　儘管Heimat在德語圈內是一個使用頻度很高的詞彙，但這並不代表它的意義是透明而可以讓人明白掌握的，倒不如說，它是一個隨敘述脈絡的不同而不斷滑動的、擁有多層次意涵的字彙。它撲朔迷離的面貌，使得若要為之概括出一個明確的定義幾乎是不可能的事情，而德國學者波雅（Elizabeth Boa）與保海曼（Rachel Palfreyman）在《鄉土：一個德國之夢》書中對於Heimat的闡釋或許可以提供些許參考。他們認為：

> Heimat是透過對於一個「指涉空間的隱喻」的認同過程，將自我（the self）連結於較大的範疇（something larger）。因此，Heimat可以是指一個具體的地方、某個社會空間、或是任何可以提供安全感或歸屬感的有界環境。也因此，作為一個圍繞的環境，鄉土往往藉由激發對於家族、地方、民族、民眾、種族、本土方言的認同，或其他任何可以激發足以滿足或維持認同感的定義與支撐過程而來填補Heimat這個空白符號，以保護自我。[6]

　　若就如上的定義來看的話，Heimat所指涉的第一個層次首先必定是與「空間」相關的，並且這樣的空間同時也是一個以「自我」為中心而延伸擴展開來的特殊空間。更進一步來說，自我與空間之間所牽扯或互動的是一個「認同」的過程，如此一來，Heimat在空間概念之外，更還指向了想像與情感的層次。並且，啟動認同機制的因素除了實質的地理空間之

6　Elizabeth Boa; Rachel Palfreyman, *Heimat, A German Dream, Regional Loyalties and National Identity in German Culture 1890-1990* (Oxford: Oxford University Press, 2000), p.23.

外，還可能包括了這空間界內集體的「人群」或人群之間所分享的賴以溝通、聯繫的「語言」或「文化傳承」等等因素在內。也因此，Heimat概念未必僅僅侷限於某人的家鄉或其所居住的社會環境，它還擴及到自我與特定族群以及文化等等之間的特殊關係，故而其多層次意義的延展特性，使得它像是一個可供人們不斷釋義、讓人填入各自想像的符碼。

然而這個擁有多層次意涵的Heimat最終成為一股文藝風潮，或者說，Heimat成為藝術或文學上的專有名詞，則是大約具體呈顯於十九世紀的末期。此時也正值德國政治情勢的更迭與社會的變化最為劇烈的時期，而Heimat的概念之所以走入文學藝術的領域，則與當時的社會背景息息相關。根據統計，德意志帝國成立的1871年到第一次世界大戰為止的1914年，其人口從原本的四千一百萬，急遽上升到六千七百七十萬，比起鄰近法國僅僅從三千六百萬增加到四千萬人口的數目，其成長速度可以說是十分的驚人。[7]另外，伴隨著工業化的崛起，也迫使這些急速增長的大批人口為了謀得工作機會而必需朝向都市集中，這也使得舊有的農村社會有了很大的改變。也就是說，德國雖然是在1871年從各邦統治的分裂狀態走向了統一之路，但是當時的德國也正因快速的工業化與都市化，而造成了城市與鄉村、以及地方與國家之間的緊張關係。[8]當然，都會的興起所標誌的不僅僅是鄉村地位的附庸化，同時也意味著人們的舊有生活秩序與價值

---

7   Mary Fulbrook, *A Concise History of Germany* (Cambridge: Cambridge University Press, 2004.New York, 2nd ed.), p.138.

8   若以數字來看城鄉變化的情形：從1840年代到1900年之間，德國逐漸取代英國而成為僅次於美國的工業大國，在都市化方面，1871年當時約有三分之二的人住在人口不及二千的行政區域，但是到了1910年，則是有一半的人居住在人口五千以上的城鎮，五分之一的德國人居住在人口十萬以上的都市，而柏林這個新起的大都會人口，也在1920年達到了四百萬人之多。另外，在1907年左右，則大約有48%的人口是離開自己出生的故鄉而居住在外地的。參考Boa and Palfreyman, *Heimat: A German Dream, Regional Loyalties and National Identity in German Culture 1890-1990*, p.1.

觀的隨之改變。在文化方面，相對於都會逐漸成為人文薈萃的文化重鎮，地方與鄉村卻只能萎縮成為文化邊陲，並且往往被視為守舊消極而被貼上負面的標籤。而這正是鄉土文學崛起的社會背景。

　　儘管狹隘定義下的德國鄉土文學是在十九世紀末期反都會、反現代的呼聲中應運而生，而其所具備的某些特質也的確使得它一度被偏狹的政治目的如納粹所利用，但無論是鄉土文學或Heimat概念的源始卻不必然都是狹隘或排外的。這種將Heimat視為一種文化價值而戮力以求的動向，其實可以見於德國更早的年代，例如，布理克將Heimat的概念往前回溯至赫爾德（Johann Gottfried Herder, 1744-1803）的時代，他認為，儘管赫爾德未曾使用Heimat這個字，但是其畢生的思想軸心，亦即，歸屬感（belonging）──歸屬於某個語言、記憶、同屬於某個存在的風土（climate）──其實正是Heimat的精髓所在。[9]

　　赫爾德與稍早於他的盧梭（Jean-Jacques Rousseau, 1712-1778）一樣，都對於「歸屬」有著熱切的渴望，他們也都將眼光從都會與貴族菁英轉向鄉村以及尋常的老百姓，並且認為文化的發展是逐漸趨向對於質樸純真的破壞，而比起文明化了的都會，鄉村才是未經污染的純樸之地，因此也唯有在農民或一般民眾的身上，才能夠找到最為珍貴而真摯的品質。而儘管兩人在思想上有著很大的相似性，赫爾德絕非盧梭的翻版，赫爾德傾注全力於歷史、人類學與文化等方面的討論，其關於後人在文化論述、民族主義、民俗學或語言學上的啟發無疑是更加突出的。在台灣，尤其是戰前與鄉土論述相關的語言、文化、與民間採集的諸多論述當中，亦不難窺見赫爾德思想的吉光片羽隱於其間。因此，下文將簡單探討有關赫爾德的思想，尤其是著重在他與後起的鄉土相關議題擁有內在關連的文化論述

9　　Peter Blickle, *Heimat, A Critical Theory of the German Idea of Homeland*, pp. 53-54.

上。

　　研究赫爾德不遺餘力的柏林（Isaiah Berlin）將赫爾德思想中與啟蒙
主義相異、且影響後世甚鉅的主張歸納為三大面向：民眾主義
（Populism）、[10]表達主義（Expressionism）以及多元主義（Pluralism）。
這三個思想面向在赫爾德的有生之年，也就是啟蒙主義當道的時代裡毋寧
是十分「新穎」的，[11]也就是說，當時主要的啟蒙思想家們大抵深信一切
現實乃是依據一種普遍的、超越時空的、客觀的法則來運作，並且這種不
變的法則是可以藉由人的理性來加以趨近。當然，啟蒙的理性主義雖然將
人從宗教的桎梏中解放出來，但同時也是在對於理性主義的過度確信底
下，那些實際存在的各種異質性卻面臨被普遍化、抽象化以及同化的危
機，他們甚至進一步將西方文化等同於啟蒙，而這也不啻是提供了種族優
越的合理化依據。然而，赫爾德卻傾向於認為，任何人類活動、處境、或
是文明與歷史的不同階段都各有其**特殊性**，因此各個文化都是不同的，也
都有其自身的價值，而更重要的是，各個文化之間乃是不可通約的
（incommensurable）。[12]如此的主張，在赫爾德所生活的時代裡可以說是
相當具有革命性的，當然，這不但開啟了後來的浪漫主義思潮，直到現
在，也依舊主導著人們對於民族文化的詮釋方式。

　　首先，柏林認為赫爾德的民眾主義主要是表現在「歸屬於某一個團體
或文化的價值信仰」之上，[13]並且認為其民眾主義的基礎，便是對於家

10　Populism一般是翻譯成「民粹主義」，但是此一譯名在台灣的中文脈絡中多少帶有負面的政治意
　　涵，況且在柏林的用法當中，赫爾德的populism較多是在於文化面向上的關注，因此本文避免
　　「民粹主義」的用法而採用「民眾主義」為譯名。

11　Isaiah Berlin, *Vico and Herder: Two Studies in the History of Ideas* (New York: Viking Press, 1976), p.153.

12　參考Gregory Jusdanis, *The Necessary Nation* (Princeton: Princeton University Press, c2001), p.45.

13　Berlin, *Vico and Herder: Two Studies in the History of Idea*, p.153.

族、派別、地方、某個時期或某種風格的歸屬感，[14]而赫爾德畢生所強調的無論是民族性、民族精神或民族特質等等，追根究底就是這種「歸屬」的理念。在柏林的文章脈絡中，其所謂「民眾主義」其實與「民族主義」的概念十分接近，但是柏林之所以使用「民眾主義」來描述赫爾德的第一個思想特點，是在於強調，赫爾德所極力讚美的集體人民或文化歸屬感並不是政治性的，甚至可以說是「反狹義上的民族主義」的。[15]至於赫爾德的「民眾主義」或者說赫爾德形式的民族主義其具體展現究竟如何呢？《近代西方思想史》作家史壯柏格（Roland N. Stromberg）指出，赫爾德歌頌人民（volk），並且相信人民的集體意識裡有一種智慧，那就是傳統。史壯伯格肯定赫爾德對德國民族主義的貢獻遠比歌德、席勒、康德與貝多芬這些天才都要突出，縱使對於民族的過份崇拜可能會帶來危險，但是「至少赫爾德並沒有如此做。他只是相信，民族存在，人民有他們自身的民族文化，而這些應被發展為一種有價值的文學與藝術來源」，[16]而赫爾德也真的在「街道上，在巷尾裡與魚市場、在農民的簡單『迴旋曲』（roundelay）裡尋找人民之歌」。[17]赫爾德對於「人民之歌」的追尋後來成了民俗學的濫觴，也就是說，赫爾德將文化關懷從宮廷貴族轉向一般庶民，而他毋寧更是相信，真正的德國文化不是存在於知識菁英之間，而是在於普通的人民大眾之中的。

值得注意的是，儘管赫爾德十分強調「人民」（volk）的概念，但是他所重視的乃是由複數的人所組成的群體，而非個人。他認為個人只有在作為集合體的民族之中才可能成就其圓滿的境界，而民族若要臻至人道境

14　Berlin, *Vico and Herder: Two Studies in the History of Idea*, p.197.

15　Berlin, *Vico and Herder: Two Studies in the History of Idea*, p.153.

16　Roland N. Stromberg著，蔡申章譯，《近代西方思想史》（台北：桂冠，1993年），頁333。

17　同前註。

界，則必須忠於其**民族性**與民族靈魂。因此，每個民族都可以藉由展現其民族靈魂——亦即，發展其語言、藝術、文學、宗教、習俗或法律等等——來強化自身的力量與內部的團結，而這種對於發展自民族的文化最終必定是有益於全體人類文明。[18]另外，赫爾德對於「民族」的概念在意涵上也不必然與後來結合了國家暴力的民族主義概念相同，也就是說，在這裡有必要釐清的是，在赫爾德的時代，所謂現代意義上的民族國家（nations-state）尚未確立，儘管赫爾德頻繁地使用nation（民族）或nationalcharakter（民族性、國民性）這些字眼，但是赫爾德所謂的民族（nation）其實是與人民（volk）同義的。[19]並且更重要的是，在赫爾德的想法裡，民族是由文化所界定，而非政治力所凝聚。

此外，赫爾德也窮畢生之力再三強調自身民族文化的重要性，並且極力主張將「人民」置於關注的焦點，其主要原因，是當時德國的知識界在法國文化強大的影響下，已然對自己的文化失去信心，尤其是法國的宮廷文化是如此地深入德國中產階級，這不但造成與庶民之間的文化差距，同時也使得過去與現在形成一道斷裂的鴻溝。因此赫爾德呼籲，若要尋回德國的民族精神，便需要回溯至文藝復興這股外來影響進入德國之前的中世紀。但是當提到究竟應該要透過什麼方式來連結過去與現在、或者，該如何重新尋回日爾曼所失落的靈魂時，赫爾德所給的唯一答案就是：透過民間詩歌，來找回最為真摯的日耳曼民族精神。[20]赫爾德認為民間詩歌不但蘊含了歷史，並且累積了人們表達自己的文化模式，因此也是民族精神的

---

18   William A. Wilson, "Herder, folklore and romantic nationalism," Alan Dundes ed., *Folklore : critical concepts in literary and cultural studie*s, v.2 (London ; New York: Routledge, 2005), p.9.

19   例如當時的Nationaltheater指的是「人民的劇場」，是一個用來與Hoftheater（宮廷劇場）分隔、對照的名稱（參考Blickle, *Heimat: A Critical Theory of the German Idea of Homeland*, p.52）。

20   William A. Wilson, "Herder, folklore and romantic nationalism", pp.9-11.

寶庫。由此,赫爾德令當時的德國知識份子了解到,在本土的基礎上建立民族文化是多麼迫切的一件事情。另外,對赫爾德而言,民間詩歌之中還有一個非常重要的價值在裡面,那就是民族語言,根據他的有機文化觀,[21]民族語言之所以如此重要,是因為唯有透過語言,一個人才能夠思考、回應以及表達民族的精神。然而就如同文化是集體心靈的展現一樣,語言也不是來自於個人的創造物,而是集體經驗的表達。而這種對於(民族或本土)語言的重視,也確實可以在台灣的鄉土論戰中看見。

因此接下來就連結到赫爾德思想的第二個面向,也就是所謂的表達主義,柏林雖然是以expressionism來勾勒赫爾德的思想特徵,但這裡所指的並不是興起於二十世紀初期、屬於前衛藝術運動派別的「表現主義」,柏林在這裡所謂的「表達」是指語言的表達與溝通,換句話說也就是人類相互理解的方式。柏林提到,人類的各種活動,特別是藝術,其所表達的無疑就是個人或群體的整體個性,同時也唯有如此才能為人所理解。而所有人類的作品也都是聲音的表達,是人與人溝通無比生動的過程,因此絕對不是疏離或異化於創造者的東西。[22]也因此,作為表達與溝通的「語言」本身,在赫爾德的思想中同樣是占據了一個無比重要的位置。對赫爾德而言,人類的群體,不管它的規模是大或是小,都是風土、地理、物質、生物需要以及相似因素的產物,他們因為相同的傳統與共同的記憶而成為一體。當中,語言扮演著至關重要的角色。赫爾德曾經在他的劇作裡藉由當

---

21 赫爾德認為「所有事物都是相依相生的」,並且相信,每一個歷史時期都會形成一種獨立的文化整體,而整體中不同的部分卻都與整體的形成密不可分」(參考William A. Wilson, "Herder, folklore and romantic nationalism," pp.6.)此外,在赫爾德對歷史的看法中,他將每個民族視為有機的組合,而每一個文化的支流都是更大的文化整體中的有機部份。參考Robert Reingold Ergang, *Herder and the foundations of German nationalism* (New York, Octagon Books, 1976 [c1931], Reprint of the author's thesis, Columbia University), p. 85.

22 Berlin, *Vico and Herder: Two Studies in the History of Ideas*, p.135.

中的一位角色說道：「民族之中有比祖先的語言更加珍貴的嗎？在這樣的語言之中蘊藏著所有的傳統、歷史、宗教、生活原理，以及心與靈魂的整體。」[23]

赫爾德在這裡所強調的當然是母語的重要性，緣於，德語即使到了十八世紀都還一直被認為是粗鄙的語言，當時德國的知識界所崇尚的不外乎是被視為博學之士所必備的拉丁語和時髦的法語，因此早在赫爾德之前便有不少人開始注意到這個問題。但是真正使得德國知識分子體認到使用、研究並改進德語的重要性者，則是始於赫爾德對於德語在理論與實踐上不懈的努力。赫爾德相信，每一個民族都有它自己的語言，語言不但是民族靈魂的展現，並且，本土語言更是民族精神最為純粹的表達。赫爾德認為德國人之所以忽略自己的母語，是因為他們無法以自己的母語為傲，因此他懇求德國人千萬不要鄙視母語，他試圖說服人們應有足夠的理由以母語為傲，因為儘管經過了長年累月的變化，德語依舊是他們最原初的、最獨特的民族語言，並且是「充滿著祖先的生命與血液的。」[24]

赫爾德譴責拉丁文並不能滿足日耳曼年輕人身為市民一份子的實際需求，同時他也高聲抗議法語正在逐漸侵蝕德國人的思想與心靈，也因此，為了提升德語在歐洲的地位，赫爾德不斷強調必須對於母語進行更近一步的耕耘與改進。而為了使得母語更加豐饒，他從日耳曼的歷史汲取養分，也就是試圖從過去來尋求未來的能量。當然他的具體實踐，也就是前文所提及的從民間的詩歌中去尋找，並且鼓吹透過學校的教育，甚至透過宗教生活中的傳教與禱告等等，來作為精鍊並且普及母語的管道。而他自己也著有《論語言的起源》（*Abhandlung über den Ursprung der Sprache,*

23　轉引自 Ergang, *Herder and the foundations of German nationalism*, p.149.

24　轉引自 Ergang, *Herder and the foundations of German nationalism*, p.152.

1772）等書，深切表達語言乃是民族之鏡，是瞭解歷史的關鍵。

　　赫爾德對於母語的宣揚終於在他的晚年獲致了成效，德國文學巨擘歌德（Johann Wolfgang von Goethe, 1749-1832）在語言上的轉變便是最佳的例子，歌德從小接受法語教育，並且為了使自己的法語更臻完美，甚至還選擇了法國境內的史特拉斯堡大學就讀，但是在1770年時受到赫爾德的感召，之後便很快地宣布放棄對於法語的熱情，轉而以德語為主要寫作語言。[25]另外，格林兄弟也在赫爾德的感召下展開了大量的工作，其中的賈可布（Jacob Grimm, 1785-1863）也在他寫於1819年的著作《德語文法》（*Deutsche Grammatik*）中實踐了赫爾德對於母語研究的期待。而赫爾德所喚起的對於語言的起源與發展的相關研究，也在他晚年時成為德國學術成就的驕傲，這股重視母語的動向，後來更在東歐與北歐掀起熱潮，甚至遠播亞洲。

　　當然，赫爾德的思想之所以引起如此之大的迴響，尤其是在相對「後進」的國家之間得到積極的實踐，則是與他的第三個思想特點息息相關，也就是柏林所謂的「多元主義」。多元主義指的是承認不同文化與社會之間不僅存在著多元性，同時也是不可通約的。在赫爾德的思想當中，人類歷史並不是沿著普世的理性真理移動的線性進程，因為每個文化或每個文化當中的每一個歷史階段都有其自身的真理。[26]在如此的思想關照下，無疑是要對於「絕對價值」有所拒斥。赫爾德堅信，人必須在他所感到安適的環境之下才能夠獲得充分的發展，而所謂安適的環境則是一個

25　1770年赫爾德在史特拉斯堡下榻的旅館認識了歌德而成為莫逆之交，赫爾德向歌德大力宣揚民間歌謠之美，受到感召的青年歌德也開始在艾爾薩斯一帶傾聽並收集流傳於販夫走卒兒童婦女之間的歌謠，而這些來自於民間的靈感給他莫大的啟發，也使得歌德逐漸發展出獨特的文學風格。因此世人一般是把赫爾德對於歌德的影響視為「狂飆時代」的開端。參考手塚富雄，《ドイツ文学案》（東京：岩波，1991年），頁64。

26　參考Blickle, *Heimat: A Critical Theory of the German Idea of Homeland*, p. 52.

可以讓人充分融入的自然共同體，這自然共同體必須像植物一樣自然地成長，但卻是無法藉由法律或外力強行結合的。

　　換句話說，赫爾德自始自終都十分強調家族的親緣關係、社會的連帶、民族性（volkstum）以及民族的結合，他將民族視為「自然」（nature）的產物，就像植物一般，它的成長乃是根據自然的法則，因此他反對由外力所強加的壓制與征服，他曾寫道：「因語言、習慣與性格所分離的自然，是無法以人工介入的方式使之結合的。」[27]跟盧梭以及後來的尼采一樣，赫爾德認為國家（state）是最冷酷的怪獸，然而究竟什麼才是人類最理想的生活方式呢？他認為人們應該生活在一種自然的統一體當中，也就是生活在有著共同文化的社會之中。

> 我不認為人是為國家而存在，也不認為國家的體制會帶給人們幸福……住在這地球上的好幾百萬人並沒有國家，但是，那些生活在國家底下的人，即使是生活在所能想像的理想國家形式之中，如果他們渴求幸福的話，畢竟還是要從原始的人們所開始的地方開始著手：他們必需發現、並且維持身心健康的根源、以及個人與家庭的幸福，這必需在他們之中去追尋，因為他們將不會在國家當中找到這些。[28]

　　明顯的，赫爾德是反對像國家這種由外力所強行結合的體制，並且認為人類的幸福必須從族群自身的內部——也就是在自然的結合狀態中去尋求。而他也更進一步將地理環境視作形塑「自然結合」的主要因素：「海洋、山脈以及河流等等，不但是最自然的土地疆界，也是民族、習

27　轉引自Berlin, *Vico and Herder: Two Studies in the History of Idea*, p.159.

28　Johann Gottfried Herder, *J. G. Herder on social and political culture*. translated, edited and with an introduction by F. M. Barnard (London : Cambridge University Press, 1969), p.310.

慣、語言與帝國的界線，甚至在人類最偉大的革命當中，也扮演了世界歷史的指引與限制的角色。」[29]

法國思想家孟德斯鳩（Baron de Montesquieu）曾在他的《論法的精神》（De l'esprit des lois）中闡述民族法則乃是從民族特質與自然環境而產生，但是，既然這些因素都是因地而異的，所以只能說有民族法則而無普世法則。赫爾德受到孟德斯鳩的啟發，因而也非常強調自然與地理環境——他將之統稱在風土（climate）的概念底下——帶給民族文化的影響，並以此作為多元文化概念的主要理論支撐。他認為，不同的風土造成不同的文化，所有的價值都是特殊環境下的產物，而既然每個民族都擁有不同的環境，因此每一個民族都擁有屬於自己的民族性，並且，沒有任何民族是優於另一個民族的。他在〈人性教育的另外一種歷史哲學〉（Aucheine Philosophie der Geschichte zur Bildung der Menschheit）中寫道：「每個民族都有它天賜至福的核心，就像是每個球體都有它引力的中心一樣」。[30]

也因此他反對民族之間的那種以優越的姿態而去征服另一個民族的行為，他在1774年的〈提升人性之書〉（Briefe zur Beförderung der Humanität）中寫道：「對自己的民族自吹自擂，是所有誇耀形式之中最愚蠢的一種。一個民族就像一座花園，裡頭的花草有好有壞，裡頭混和了愚蠢邪惡與高尚良善。」[31]而赫爾德在文中繼續說道：「對於家族、語言、某人的城市或國家的單純依戀是不應該被譴責的」，但是對於侵略性的民族主義的則是視為可憎的。因為，「所有的人類都是兄弟，因此所有

---

29 轉引自Wilson, "Herder, folklore and romantic nationalism," p.7.

30 轉引自Blickle, Heimat: A Critical Theory of the German Idea of Homeland, p. 53.

31 Berlin, Vico and Herder: Two Studies in the History of Ideas, p.15.

2. 「鄉土」論述中的烏托邦想像 · 49

的大型戰爭基本上都是一種內戰，一種兄弟相殘的行為」。[32] 柏林特別強調赫爾德對於後世、尤其是德國浪漫主義、民粹主義以及民族主義等等思潮最大的影響，便是不要以另一個文化的標準來評斷一個文化，不同文明有其自身的成長軌跡，他們追求著不同的目標，實踐著不同的生活方式，並且為不同的生活態度所引導。所以，如果要瞭解不同的文化，便需要具備一種「同情的想像行動」，從文化的內部去瞭解他們，用他們的眼睛看待世界。

　　儘管赫爾德的思想不無烏托邦的過於浪漫，畢竟，現實世界中的權力運作往往是由霸權的一方所決定，然而他所勾勒的那種人與人之間總是可以互相理解的人文主義理想境界、以及他那些訴諸人類自然情感的理念，這些，對於後進或邊緣的國家與民族而言，無疑是提供了一個自我凝聚的理論基礎、以及強而有力的手段，因而赫爾德也被後人視為文化民族主義的先驅代表。而根據民族主義研究奠基者之一孔恩（Hans Kohn）的說法，在政治制度與公民社會發展相對較為後進（相較於英、法）的德國：「由於無法在社會中、或從自由而理性的秩序之中找到團結的中心，因此，轉而朝向自然與過去——並不是在政治行動中，而是在被賦予的自然裡——那由古意盎然的過去所賦形的、並且在後來以史前的生物學式的元素為紐帶的民俗共同體（folk community）之中。」[33]儘管孔恩的理論架構在後來已遭到挑戰與修正，然其二元分類模式仍是相當程度地被沿襲了下來，尤其是對於後起的、西歐以外的國家——那些被視為是現代性或民族國家的「遲到者」——他們試圖從「文化」或「自然」的面向來建

32　Berlin, *Vico and Herder: Two Studies in the History of Ideas*, p.157-158.

33　Kohn, Hans, *The Idea of nationalism: a study in its origins and background* (New York: The Macmillan Company, 1951), p.351.

構自身成為共同體的傾向，卻仍有其相當程度的解釋效力。

其實我們也不難在台灣的鄉土論述中找到類似的時代背景與思考路徑，尤其，當我們將柏林對於赫爾德的「民眾主義」、「表達主義」與「多元主義」三個詮釋概念改以「人民（大眾）」、「語言」與「土地（風土）」來關照發生在台灣的鄉土論述時，便不難發現兩者之間所具有的內在關連性，[34]因而藉由爬梳赫爾德的思想脈絡的同時，應該也可以幫助我們瞭解台灣的文學者們以「鄉土」來關照文學與文化的思想過程。

三、德國的鄉土文學

如前所述，將Heimat視為一種文化價值而戮力以求的動向，其實可以見於德國更早的赫爾德的年代，而十九世紀後期的德國鄉土文學其實也是延續這種對於過去傳統與文化共同體的想望，但是它卻在後來走向很不一樣的道路。如前所述，德國到了十九世紀中後期社會歷經了巨大的變化，傅樂（Steven Nyole Fuller）在一本研究德國鄉土文學代表作家巴爾泰斯（Adolf Bartels, 1862-1945）的專著當中，對其成長背景與思想形成有著詳盡的描述，傅樂指出，形塑巴爾泰斯鄉土論述的社會背景，在當時可以說是整個德國、甚至是所有中部歐洲的一個縮影。巴爾泰斯出生於十九世紀下半葉德國北部的Dithmarschen地區，當時，這個地區在政治方面

34　台灣三〇年代的鄉土論戰主要是聚焦於兩個方向，首先是文學創作的語言問題，贊成派主張所謂白話文運動中「我手寫我口」的「口」應該要以當時一般大眾最為普遍的「台灣話」來寫作；而另一個核心關懷是文學內容的問題，關於這個問題雙方陣營大抵都認為台灣必須有自己的獨特風格的文學，這樣才能夠跟中國與日本文學區隔，但若要建立屬於台灣自己的文學，那就必須放眼台灣，以台灣的風土為題材，以台灣人民的生活為內容。而論戰之後，台灣也興起一股包括了民俗學、民間文學、台語文書寫；以台灣風土為基底的哲學等等在內文藝運動，並且在稍後興起了在殖民的範圍內而尋求多元民族並存的史學書寫。

首先所遭遇到的較大變化是，Dithmarschen在1867年的時候被編制進入普魯士的國家體制當中，這使得這個區域失去了某些長久以來在古老共和制度庇護底下所維持的特權，而成為臣服於普魯士國家體制中某個省分當中的一個小單位。這樣一來，古來各自為政的傳統與生活樣式自此被統一地收編在普魯士國家的官僚體制裡，而人民在生活型態上也從此不可避免地必需與較大的政治、經濟版圖聯繫上關係。[35]

在巴爾泰斯的孩提時代，他所居住的鄉村出現了越來越多大量生產的商品，這些商品低廉的價格深刻地衝擊了地方傳統的手工業，造成鄉村謀生的困難。而工業技術的日新月異，不但使得不同的環境素材得以開發，並且可以有效地壓低價格，好讓民眾們消費得起。如大量生產的磚瓦取代了傳統的木材、蘆葦與麥稈，這不僅帶來了建築外觀與鄉村景觀上的改變，同時也意味著過去以來所長久維持的典型農村景致，不得不從此消失在這不斷變化的新時代之中而走入歷史。不僅如此，鐵路的開通也使得外來的影響長驅直入，同時也更加深了農村對於城市的依賴關係。[36]

當然，機械的使用的確是大幅提升了農業生產的效率，但也造成失業人口的增加，於是這些失業人口為謀求一份穩定的職業而不得不離開家鄉，他們流向城市，甚至是移民國外如美國等等，這造成農村的成長停滯。而另一個危機則是，長久以來所賴以為生並被視為理所當然的人與土

35　Steven Nyole Fuller, *The Nazis Literary Grandfather: Adolf Bartels and Cultural Extremism, 1871-1945* (New York: Peter Lang, 1996), p.20.

36　鄉村之於都會的附庸，在經濟方面若以十九世紀下半葉的Dithmarschen為例，由於城市的勞工階級無法在固定的日常生活中有足夠的金錢購買麵包，因此連帶影響農村改以馬鈴薯的大量栽種來取代穀物。而每逢經濟出現危機，當城市人口減少對於肉品、牛奶及新鮮蔬菜的消費時，首當其衝的，就是對於這些供應城市食品來源的農村地區，也就是說，城市的消費取向連帶影響農村地區本身，不但改變農業種植的內容，並且也轉於與城市相仿的多以馬鈴薯與加工蔬菜為主要食品的消費。參考Fuller, *The Nazis Literary Grandfather: Adolf Bartels and Cultural Extremism, 1871-1945*, p.22.

地的關係也有了很大的變化，土地成了熱門的買賣商品，農業經營的日益困難使得許多擁有農地、世代務農的家庭被迫向那些來自鄰近城市的投機商人出售他們的土地。土地價格居高不下，更使得農業的經營成為一種昂貴的事業，於是，在人口流失、土地價格高騰的情況下，從瑞典或波蘭引進廉價的外勞便成了農業商人的如意算盤，[37]這樣一來，農村也開始移居進來了為數可觀的外國人，因而在人口結構上，再也不是「純粹」地由封閉的血緣關係所組成的共同體了。

　　而這些改變都是在非常短的期間內發生的，於是，鄉村再也無法是一個自給自足、有著固定生活型態的、封閉的社群，相反的，它被迫與遙遠、互不相識的社會或一群人產生聯繫，也不得不面對每日進逼而來的外來影響，甚至在很大的程度上受其控制。這種在很短的期間內所形成的變化，普遍衝擊著德國的鄉村地區，並累積成為一種反彈的情緒，於是，許多在鄉的中產階級便開始鼓吹一種還樸歸真的生活價值，歌頌那實際上正受到威脅的、日益萎縮的田園生活，並且為它古老的過去賦予光榮。然而這些在鄉的中產階級並不贊同馬克斯主義者所主張的激進經濟模式，再加上他們並沒有太多的政治資源，於是他們將眼光投向文化的場域，去建構一種「德國人的」精神與文化。[38]於是，就在如此劇烈的社會變遷所帶來的矛盾之下，Heimatkunst這個名稱於1890年代開始流行。Heimatkunst就字面上的意義來說雖然是指鄉土藝術，但實際上是被廣泛地用在各種文學與視覺藝術當中，所以當然也常常被拿來直接作為「鄉土文學」的稱謂。

37　Fuller, *The Nazis Literary Grandfather: Adolf Bartels and Cultural Extremism, 1871-1945*, p.23.

38　Fuller, *The Nazis Literary Grandfather: Adolf Bartels and Cultural Extremism, 1871-1945*, p.8.

只不過，前述對於田園生活價值進行重新肯定的風潮並不僅僅流行於鄉村之間而已，實際上在都會地區更是瀰漫著這樣的一股氣氛。在十九世紀末期，Heimat論述也已經在都會區域中獲得了相當大的迴響，主要的支持者大多還是那些趨向保守的中產階級，Heimat論述是如此大受歡迎，甚至因而還為此發行了一份名為*Heimat*的雜誌，前述的台灣論者如廖毓文與何欣等人所提及的德國鄉土文學作家萊因哈德（Friedrich Lienhard）與巴爾泰斯（Adolf Bartels）都曾經先後擔任這份雜誌的編輯。

　　然而也正因為德國的鄉土文學乃是針對現代化的諸種現象而發，是對於現代化的一種反動，而其所欲肯定的，正是在工業化與都會的侵襲下所日益萎縮的田園生活與傳統價值，所以鄉土文學對於生活在農村共同體中的德國尋常百姓，以及人與自然景物之間的關係，多是抱持著肯定的看法，因此大多也都是對於鄉村風物或農民有著正面的書寫。就這一點而言，鄉土文學與自然主義在意識型態上可以說是處於相互對立的狀態。兩者的對立主要是緣於，自然主義是興起於法國的文學潮流，它主要是強調以科學的方法描寫都會中下階層人物的墮落，因此被德國鄉土文學家們視為是一股不良的、具有破壞力的外來影響，而前述的學者波雅與保海曼在比較自然主義與鄉土文學時指出：

> 自然主義與鄉土文學二者都是以現實而細節的筆觸描寫平凡人的日常生活，並且也都將個人放在某個環境中來描繪……反都會的鄉土文學，其小說雖然許多在情調上是田園牧歌式的，但他們借用了自然主義的技巧來描繪惡劣的環境與鄉村的貧窮，儘管也致力於描繪環境的苛刻無情，但畢竟比較傾向於描繪在困境中掙扎求生的男女英雄人物。[39]

39　Elizabeth Boa; Rachel Palfreyman, *Heimat: A German Dream, Regional Loyalties and National Identity in German Culture 1890-1990*, pp.31-32.

也就是說，鄉土文學與自然主義文學雖然都是以寫實的筆觸描寫某個環境下的人類生存情境，但是比起自然主義的「環境與遺傳決定論」以及「人的命運為其弱點所左右」的宿命觀點，鄉土文學更多是對於逆境求生存的小人物與環境搏鬥的英雄式描寫。也正是因為德國的鄉土文學藝術在意識型態上是與法國的自然主義相對抗，而其所描繪的，較多是關於鄉間或地方尋常德國百姓的生活、以及土地與人的各種關連與糾結的情感，這使得德國鄉土文學更是熱衷於追尋一種植根於土地的、能夠代表德國精神的人物典型，換句話說，就是那種在外來勢力或動盪變遷入侵德國社會之前仍未遭破壞的德國民族性。也因此凱斯（Anton Kaes）指出，十九世紀末期的德國鄉土文學之所以吸引廣大的讀者群，其原因不僅僅是因為它投合了人們對於（包括自然主義在內的）現代主義文學的不滿心理，更重要的，是因為鄉土文學召喚了建立在非歷史及神話時間中的德國共同體古樸鄉土的形象，鄉土文學所提供給人們的正是秩序、永恆、以及民族的驕傲。[40]

　　總而言之，崛起於十九世紀末期的鄉土文學，其內涵有著對於快速的工業化與都市化現象的反動，以及對於自己的土地受制於陌生外來勢力的抗拒思維，另一方面它也表達了有關田園生活美好回憶的懷鄉愁緒，同時也抒發了對於文化上的、空間上共同體的認同感。[41] 因此鄉土文學乃是帶

40　Anton Kaes, *From Hitler to Heimat: The Return of History as Film* (Mass.: Harvard University Press, 1989), p. 165.

41　值得一提的是，將城鄉問題與社會變遷納入研究範疇的德國社會學家滕尼斯(Ferdinand Tönnies 1855-1936)，其立論基礎，便是以德國十九世紀後半——亦即德國鄉土文學所崛起——的社會為背景的。滕尼斯是將人類群體生活的結合類型分為共同體(Gemeinschaft)與社會(Gesellschaft)兩種型態，在他的界定裡，共同體指的是「所有熟悉、舒適、排外的社會共同存在」，而社會則是「公共領域內的生活，是一種外部的世界」，因此，人在「共同體」之中，是一生下來便與其他的人們聯繫上關係，同甘共苦；但是當人們走進「社會」，則是進入了如同踏入外國土地一樣的情境。 參考Ferdinand Tönnies , *Community and civil society*. Trans. Jose Harris and Margaret Hollis (Cambridge: Cambridge University Press, 2001), p.18.

有著「歸屬」與「排外」兩面一體的特質，這也使得它在1933年以後滑向了國家社會主義（納粹）「土與血」的意識型態，而成為被納粹政權所利用的主流文學，此時，「土」所代表的是強烈的疆域所屬意涵，而「血」，無疑正是種族的概念，也因此，鄉土文學所表達的反猶太人及排斥一切非德國人的主張，在當時已是變得更加露骨而直接了。

不過在第二次世界大戰後，戰敗的德國百廢待舉，數以百萬計的人民流離失所，因此戰後不久的Heimat是以一種故鄉殘破、鄉愁回憶的面貌出現，尤其是1950年代出現了為數可觀的鄉土電影，大量描述了典型的德國鄉村景色，渲染著地方的色彩，並且刻意展現地方風俗、服飾、語言與音樂，力圖塑造一種所有德國人都能夠共鳴與認同的「家鄉」形象。然而時序到了1970年代，鄉土意識逐漸與環保概念結合，尤其是在工業高度發展下所帶來的環境破壞與污染，使得人們的關注眼光從國際動盪局勢轉而凝視本土的現狀與未來，並且在科技的高度開發與生活品質之間進行反省。然而，同時也因為對於未來的不確定感，於是又再度讓人興起乞靈於「過去」的需求，企圖藉此找到現時當下的存在座標。而這些糾葛著恐懼與希望的複雜情緒，在1970年代末期終於激起了一陣「鄉土情感的復興」波瀾，而前述大受歡迎的*Heimat*影集，正是在這股風潮底下所誕生的作品之一。[42]

四、小結

出自人類的本源情感，「鄉土」的意識與概念普遍存在於每個時代的每個地方，但它以文藝潮流與文學運動的形式訇然崛起卻是在「鄉土」面

42　Anton Kaes, *From Hitler to Heimat: The Return of History as Film*, p. 167.

臨威脅並遭到破壞之後，正確來說便是當工業化與都市化逐漸改變人們與土地的關係、而外來文化正挾其優勢取代原有的生活感知與思維觀念之時，「鄉土」往往成為抵抗外來威脅的有效憑藉。因此，「鄉土」意識及其潮流的崛起並非零星出現的個別現象，相反的它與資本主義的全球化腳步俱時而現。而本文爬梳了德國鄉土概念的源起與鄉土文學的發展：鄉土概念更早可以回溯至受到法國貴族文化威脅的十八世紀德國，赫爾德正是在這種環境下展開對於德國本土文化的建構與追尋。而部份地承襲此一理念的德國鄉土文學則是走上了不同的道路。德國的鄉土文學可說是出現於現代化浪潮裡的較早的一波，它是對於「地方」成為附庸與邊陲的文學回應，它一方面是對於日漸凋零的田園牧歌式生活的追慕，而另一方面也是對於（包括自然主義在內的來自於法國影響的）現代主義文學的不滿心理，更重要的，德國的鄉土文學召喚了超越時間的德國古樸鄉土的共同體形象，它為人們帶來民族的驕傲，但也因此在第二次世界大戰期間與納粹合流。總而言之，「鄉土」概念所帶有的烏托邦性質，它既可能成為建構民族文化的重要憑藉，但也可能在人為或政治的操弄下而走上集體主義的歧路，歷史正是很好地為我們提供了借鑑。

參考資料

1. 中島利郎編：《1930年代台灣鄉土文學論戰資料彙編》，高雄：春暉，2003年。

2. 史壯柏格(Roland N. Stromberg)著，蔡申章譯：《近代西方思想史》，台北：桂冠，1993年。

3. 尉天驄編：《鄉土文學討論集》，台北：遠景，1978年。

4. Berlin, Isaiah. *Vico and Herder: Two Studies in the History of Ideas*. New York: Viking Press, 1976.

5. Blickle, Peter. *Heimat: A Critical Theory of the German Idea of Homeland*. New York: Camden House, 2002.

6. Boa, Elizabeth; Palfreyman, Rachel. *Heimat: A German Dream*. New York: Oxford University, 2000.

7. Ergang, Robert Reingold, *Herder and the Foundations of German Nationalism*. New York, Octagon Books, Reprint of the author's thesis, Columbia University, 1976 [c1931].

8. Fulbrook, Mary. *A Concise History of Germany*. Cambridge: Cambridge University Press, 2004.

9. Fuller, Steven Nyole. *The Nazis Literary Grandfather: Adolf Bartels and Cultural Extremism. 1871-1945*. New York: Peter Lang, 1996.

10. Herder, Johann Gottfried. J. G. *Herder on Social and Political Culture*. translated, edited and with an introduction by F. M. Barnard. London: Cambridge U.P., 1969.

11. Kaes, Anton. *From Hitler to Heimat: The Return of History as Film*. Mass.: Harvard University Press, 1989.

12. Kohn, Hans, *The Idea of Nationalism: a Study in its Origins and Background*. New York: The Macmillan Company, 1951.

13. Tönnies, Ferdinand. *Community and Civil Society*. Edited by Jose Harris; translated by Jose Harris and Margaret Hollis. Cambridge: Cambridge University Press, 2001.

14. William A. Wilson, "Herder, folklore and romantic nationalism," Alan Dundes ed., *Folklore: Critical Concepts in Literary and Cultural Studies*, v.2 (London ; New York: Routledge, 2005).

15. 手塚富雄：《ドイツ文学案 》，東京：岩波，1991年。

3

宋代樂土意識與人間桃源

張高評

香港樹仁大學中文系教授

一、前言

　　追求理想之生活環境，憧憬終極之生命安頓，是自有人類以來之共同
關懷。在現實世界中，個人追求的理想，有如《尚書‧洪範》所稱「五
福」：壽、富、康寧、攸好德、考終命；[1]以及《詩經‧魏風‧碩鼠》之
「逝將去汝，逝彼樂土」。[2]儒家追求之理想社會，有如《禮記‧禮運》
〈大同〉章所謂「大道之行也，天下為公。」[3]至於理想國家之追求，則
有如《周禮》之六官，設官分職，不啻為理想之政府組織。[4]當然，也有
道家之理想國，如《老子》八十章所云〈小國寡民〉，[5]《莊子‧山木》
所敘建德之國，[6]《列子‧黃帝》篇所述「華胥氏之國」。[7]除此之外，原
始神話淵藪之《山海經》，〈海外西經〉敘「諸夭之野」，〈大荒西
經〉述「有沃之國」，鳳鳥自舞，天下安寧；資源充足，衣食無憂。體現

1　舊題〔漢〕孔安國傳，〔唐〕孔穎達疏：《尚書正義》（臺北：藝文印書館，1976年，《十三經注疏》本），卷12〈洪範第六〉，「五福：一曰壽、二曰富、三曰康寧、四曰攸好德、五曰考終命」，頁24，總頁178。

2　〔漢〕毛亨傳，鄭玄箋，〔唐〕孔穎達疏：《毛詩正義》（臺北：藝文印書館，1976年，《十三經注疏》本），卷5之3〈魏風‧碩鼠〉，頁12-13，總頁211-212。

3　〔漢〕鄭玄注，〔唐〕孔穎達疏：《禮記注疏》（臺北：藝文印書館，1976年，《十三經注疏》本），卷9〈禮運第九〉，「大同章」，頁1-3，總頁412-413。

4　〔漢〕鄭玄注，〔唐〕賈公彥疏：《周禮注疏》（臺北：藝文印書館，1976年，《十三經注疏》本），〈天官冢宰〉云：「惟王建國，辨方正位。體國經野，設官分職，以為民極。」卷1，頁1-4，總頁10-11。

5　〔戰國〕老子著，〔魏〕王弼注，樓宇烈校釋：《老子道德經注》（北京：中華書局，2011年），八十章〈小國寡民〉，頁198。

6　〔戰國〕莊周著，〔清〕郭慶藩集釋，王孝魚點校：《莊子集釋》（北京：中華書局，1961、2004年），卷7上，〈山木第二十〉：「南越有邑焉，名為建德之國。其民愚而樸，少私而寡欲；知作而不知藏，與而不求其報；不知義之所適，不知禮之所將；猖狂妄行，乃蹈乎大方；其生可樂，其死可葬。」頁671-672。

7　〔戰國〕列禦寇著，楊伯峻集釋：《列子集釋》（北京：中華書局，1979年），卷2〈黃帝篇〉，頁40-42。

先民對生態和諧之追求，以及美好社會之憧憬。[8]佛教東傳，淨土宗標榜彌陀淨土，揭示西方極樂世界，當作往生他界之終極追求。要皆有益於民生，有功於修持。

　　無論身處亂世、治世，亦無論身當富貴、貧賤，更無論廟堂、江湖；塵世、方外，無不期盼今生安和，來世極樂。於是理想國或烏托邦之想像或追求，中國古代文學中，亦不遑多讓。[9]歷年來，學界研究成果十分豐富，尤其因陶淵明〈桃花源記〉延伸之相關探討，為數最多。[10]賦桃花源以神仙化色彩，起於陳隋之際，張正見、徐陵、盧思道、孔德紹、李巨仁之作，蓋受遊仙文學、道教文化所影響。[11]陶淵明始創桃花源意象後，歷經三百年至盛唐，藉由孟浩然（689-740）、王維（701-761）、李

8　袁珂校注：《山海經校注》（成都：巴蜀書社，1993年），卷7〈海外西經〉：「此諸夭之野，鸞鳥自歌，鳳鳥自舞，鳳皇卵，民食之；甘露，民飲之；所欲自從也，百獸相與群居。」頁267；卷16〈大荒西經〉：「有沃之國，沃民是處。沃之野，鳳鳥之卵是食，甘露是飲。凡其所欲，其味盡存。爰有甘華、甘柤、白柳、視肉、三騅、璇瑰、瑤碧、白木、琅玕、白丹、清丹，多銀鐵。鸞鳳自歌，鳳鳥自舞；爰有百獸，相羣是處，是謂沃之野。」頁455。參考傅修延：《中國敘事學》（北京：北京大學出版社，2015年），第二章〈《山海經》中的「原生態敘事」〉，頁52-53。

9　孟二冬：〈中國文學中的「烏托邦」理想〉，《北京大學學報》第42卷1期（2005年1月），頁41-50。

10　程千帆：〈相同的題材與不相同的主題形象風格──四篇桃源詩的比較〉，《文學遺產》1981年第1期，頁56-67。齊益壽：〈「桃花源記并詩」管窺〉，《臺大中文學報》1期（1984年12月），頁285-319。廖炳惠：〈領受與創新──〈桃花源并記〉與《失樂園》的譜系問題〉，陳國球編：《中國文學史的省思》（臺北：書林出版公司，1994年），頁199。劉中文：〈異化的烏托邦──唐人"桃花源"題詠的承與變〉，《學術交流》第6期（總第147期，2006年6月），頁145-150。廖珮芸：〈唐人小說中的「桃花源」主題研究〉，《東海中文學報》第19期（2007年7月），頁61-68。賴錫三：〈〈桃花源記并詩〉的神話、心理學詮釋──陶淵明的道家式「樂園」新探〉，《中國文哲研究集刊》第32期（2008年3月），頁1-40。石守謙：〈桃花源意象的形塑與在東亞的傳播〉，石守謙、廖肇亨主編：《東亞文化意象之形塑》（臺北：允晨文化公司，2011年），頁63。蕭馳：〈問津「桃源」與樓居「桃源」──盛唐隱逸詩人的空間詩學〉，《中國文哲研究集刊》第42期（2013年3月），頁1-50。

11　歐麗娟：《唐詩的樂園意識》（臺北：里仁書局，2000年），第六章第二節〈南朝階段──以仙化為主流而啟山水化之肇端〉，頁276-282。

白（701-762）、杜甫（712-770）諸家創作，桃花源意象展現新創意蘊。下迨中晚唐，韓愈（768-824）〈桃源圖〉、劉禹錫（772-842）〈桃源行〉、〈遊桃源一百韻〉，韋莊（836-910）〈庭前桃〉、章碣（836-905）〈桃源〉諸詩，多紛紛向世俗化發展，宣告桃花源神仙化之幻滅與瓦解。[12]

　　神仙說、避世說，歷代即見仁見智；唐宋詩人同題共作〈桃源行〉，共題〈桃源圖〉，共詠武陵、漁郎、山家者，單就宋代詩人而言，即多達三十餘家。其中，以王安石（1021-1086）〈桃源行〉[13]、蘇軾〈和陶桃花源并引〉最具特色。王安石以為桃源乃「秦人避世」，遂「與世隔」。蘇軾亦以為：逃秦人、避秦亂。漁人所見，似是其子孫，「非秦人不死者」。王安石、蘇軾詩趣，蓋針對唐王維〈桃源行〉[14]、劉

12　同前註，第六章第四節〈盛唐階段——個性化原則的充分實踐〉，頁290-329；第五節〈中晚唐階段——世俗化：桃花源的幻滅與瓦解〉，頁329-346。

13　望夷宮中鹿為馬，秦人半死長城下。避時不獨商山翁，亦有桃源種桃者。此來種桃經幾春，採花食實枝為薪。兒孫生長與世隔，雖有父子無君臣。漁郎漾舟迷遠近，花間相見因相問。世上那知古有秦，山中豈料今為晉。聞道長安吹戰塵，春風回首一沾巾。重華一去寧複得，天下紛紛經幾秦。〔宋〕王安石著，李壁箋注，高克勤點校：《王荊文公詩箋注》（上海：上海古籍出版社，2010年），卷6，〈桃源〉，頁143-144。

14　漁舟逐水愛山春，兩岸桃花夾古津。坐看紅樹不知遠，行盡青溪不見人。山口潛行始隈隩，山開曠望旋平陸。遙看一處攢雲樹，近入千家散花竹。樵客初傳漢姓名，居人未改秦衣服。居人共住武陵源，還從物外起田園。月明松下房櫳靜，日出雲中雞犬喧。驚聞俗客爭來集，競引還家問都邑。平明閭巷掃花開，薄暮漁樵乘水入。初因避地去人間，及至成仙遂不還。峽裏誰知有人事，世中遙望空雲山。不疑靈境難聞見，塵心未盡思鄉縣。出洞無論隔山水，辭家終擬長遊衍。自謂經過舊不迷，安知峯壑今來變。當時只記入山深，青溪幾度到雲林。春來遍是桃花水，不辨仙源何處尋。〔清〕康熙御製：《全唐詩》（北京：中華書局，1960、1979年），卷125，王維〈桃源行〉，頁1257-1258。

禹錫〈桃源行〉[15]、韓愈〈桃源圖〉[16]三詩所稱：成仙、仙源、仙子、仙家、神仙，而作翻案立意。

宋代詩人所作桃源詩，經王、蘇二家定調，大抵不能出此範圍：或辯證神仙之有無，或討論物外世間，較具代表者，如王令〈桃花源〉、胡宏〈桃花源〉、李綱〈桃源行并序〉、薛季宣〈夢仙謠〉、姚勉〈桃源行〉、趙蕃〈桃川行〉、董嗣杲〈漁郎〉、宋自遜〈山家〉、胡仲弓〈題桃源圖二首〉。由此觀之，有關桃源題詠，南宋多於北宋；宋元之際，又多於南宋。游仙、山水、隱逸主題，多與桃源詩相融相通。另外，如梅堯臣、黃庭堅、郭祥正、汪藻、梅詢、陳傅良、胡寅、陸游、樓鑰、趙如淳、陳著、陸文圭、錢選、吳芾、戴表元、孫銳、謝枋得、釋居簡、釋文珦等，亦多有歌詠桃源之作品，學界同道多已撰文述說，[17]今不再贅。

目前學界討論樂土仙境，以宋代文學為研究文本者較少。以文體而論，詩歌較多，辭賦、寓言、小說最少。司馬遷〈報任少卿書〉提出聖賢

15　漁舟何招招，浮在武陵水。拖綸擲餌信流去，誤入桃源行數里。清源尋盡花綿綿，踏花覓徑至洞前。洞門蒼黑煙霧生，暗行數步逢虛明。俗人毛骨驚仙子，爭來致詞何至此。須臾皆破冰雪顏，笑言（一作語）萎曲問人（一作世）間。因嗟隱身來種玉，不知人世（一作間）如風燭。筵羞石髓勸客餐，燈熱松脂留客宿。雞聲犬聲遙相聞，曉色蔥蘢開五雲。漁人振衣起出戶，滿庭無路花紛紛。翻然恐失（一作迷）鄉懸處，一息不肯桃源住。桃花滿谿水似鏡，塵心如垢洗不去。仙家一出尋無蹤，至今流水（一作水流）山重重。《全唐詩》卷356，劉禹錫〈桃源行〉，頁3995。

16　神仙有無何渺茫，桃源之說誠荒唐。流水盤回山百轉，生綃數幅垂中堂。武陵太守好事者，題封遠寄南宮下。南宮先生忻得之，波濤入筆驅文辭。文工畫妙各臻極，異境恍惚移於斯。架岩鑿谷開宮室，接屋連牆千萬日。嬴顛劉蹶了不聞，地坼天分非所恤。種桃處處惟開花，川原近遠蒸紅霞。初來猶自念鄉邑，歲久此地還成家。漁舟之子來何所，物色相猜更問語。大蛇中斷喪前王，群馬南渡開新主。聽終辭絕共淒然，自說經今六百年。當時萬事皆眼見，不知幾許猶流傳。爭持酒食相餽餉，禮數不同樽俎異。月明伴宿玉堂空，骨冷魂清無夢寐。夜半金雞啁哳鳴，火輪飛出客心驚。人間有累不可住，依然離別難為情。船開棹進一回顧，萬里蒼蒼煙水暮。世俗寧知偽與真？至今傳者武陵人。《全唐詩》卷338，韓愈〈桃源圖詩〉，頁3787。

17　謝夢潔：《宋詩中的桃源意象研究》（江西師範大學碩士論文，2014年）。

發憤著述說，以為「此人皆意有所鬱結，不得通其道，故述往事、思來者」；以為論述書策，主要為「以舒其憤」。[18]今參考史公「發憤著述」說，關注宋代懷才不遇者三家，王禹偁、蘇軾、陸游，徵引其辭賦、詩文，以考察其比興寄託、追尋其心靈安頓。其他諸家所作相關之辭賦、詩文，亦順帶略及。宋代士人對仙源、淨土、桃源之空間想像，由此可見一斑。

二、精神家園與樂土追尋

　　政治的紛擾，社會的黑暗，戰爭的殘酷，生命的短暫，帶給人生無限的煩惱和痛苦。於是失落絕望轉為宗教信仰，將生命寓託於福地淨土，此其一。更有顛倒夢想，翻轉現實，將理想世界的憧憬，虛擬為人間淨土，以之安頓生命，以之作為精神家園者。相較於避世桃源、仙境桃源、彌陀淨土、福地洞天，不但未離現實，而且更加莊嚴正大。

　　趙宋開國，承五代亂離之後，隱逸成風；真宗、徽宗崇信道教，於是體現為保身養生之道，福地仙境之思懷，壺中天地之樂園營造，多見諸傳世載籍。黨爭激烈，文字獄繁興，士人為明哲保身，除隱逸山林外，或圖繪江山，興寄樂土，使之可居可遊；或題詠山水，寄興桃源，作為精神家園；或假託海人、醉鄉、睡鄉、壽鄉、君子鄉，以及酒隱、志隱，示現理想社會的藍圖，勾勒人間樂土的勝境。至於作詩寫賦，或尋求道教仙境，懸想洞天福地的景觀；或憧憬佛教淨土，嚮往西方極樂世界的殊勝。宋代雖崇儒右文，注重經世致用，然士人或不滿時政，或遷謫不

18　〔漢〕司馬遷著，〔日〕瀧川資言考證，水澤利忠校補：《史記會注考證附校補》（上海：上海古籍出版社，1986年），〈史記總論〉引〈報任少卿書〉，頁21，總頁2093。

遇，或作賦墨畫，往往神遊物外，追求生命安頓，寄情精神家園。生命為求永續，都會尋找出口！探討宋代對人間樂土的空間想像，可窺士人對政治、社會、宗教、人生的終極關懷。

柏拉圖（Plato, 428-348 B.C.）的《理想國》，托瑪斯‧摩爾（Thomas More, 1477-1535）的《烏托邦》，是西方談論理想社會，美好家國的兩部不朽經典。柏拉圖思想以為：在感官世界之外，另有觀念世界；感官世界中的一切觀念形式，都自觀念世界裏衍生。於是他盱衡時勢，博觀人性，既不能同流合污，則必懸高鵠的，以寄望於未來。於是柏拉圖受其師蘇格拉底（Socrates, 470-399 B.C.）影響，撰寫《理想國》（Πολιτεία, 英譯Republic），探討如何改造社會城邦，使人人都能盡其所能，充分發展。[19]烏托邦（Utopia），由希臘字「無」與「地」構成，近似善地、樂土，是「不存在的」與「幸福的地方」融合而成的名詞。摩爾於1516年完成《烏托邦》，近受十六世紀宗教革命、文藝復興影響，遠承希臘式快樂主義啟發。《烏托邦》的設想，內容全襲柏拉圖《理想國》，只是把城邦改成島嶼，以利隔絕內外而已。《烏托邦》第二卷，描述理想盛世之城市、政治、法律、官員、知識、職業、社交、旅行、奴隸、結婚、戰爭、宗教，一言以蔽之，即是理想的共產主義社會。[20]

在古代東方中國，對於追求理想樂土，多史不絕書。至東晉陶淵明（352-427）作〈桃花源記并詩〉，[21]而集其大成，別開生面。梁啟超曾恭

---

19 柏拉圖撰，卓維德（Jowett, Benjamin）英譯，侯健譯：《柏拉圖理想國》（臺北：聯經圖書出版公司，1979年），〈譯者序〉，頁2-7。

20 托瑪斯‧摩爾著，戴鎦齡譯：《烏托邦》（臺北：志文出版社，1997年），〈托瑪斯‧摩爾的生平和《烏托邦》〉，「關於《烏托邦》」，頁3-5。陳岸瑛：〈關於「烏托邦」內涵及概念演變的考證〉，《北京大學學報》第37卷（2000年1期），頁123-131。李仙飛：〈烏托邦研究的緣起、流變及重新解讀〉，《北京大學學報》第42卷第6期（2005年11月），頁46-49。

21 〔晉〕陶潛著，袁行霈箋注：《陶淵明集箋注》（北京：中華書局，2003年），〈桃花源記并詩〉，頁479-480。

維〈桃花源記〉內容，以為堪稱「東方的烏托邦」。[22]自此之後，因桃花源樂土是世外或世內？是彼岸或此岸？認知不同，遂衍為五派：以為世內此岸者有三：其一，避世桃源，桃源中人自云：「先世避秦時亂」，「不復出焉，遂與外人間隔」。其二，人間桃源，〈記〉云：「阡陌交通，雞犬相聞」；「黃髮垂髫，怡然自樂」。其三，愛情桃源。武陵人既出，復反，遂迷不復得路。劉子驥亦欣然規往，未果旋病終。陶淵明《搜神後記》，亦載劉子驥採藥失道事。後人類比撮合劉義慶《幽明錄》所載劉晨、阮肇入天台山採藥，迷路，邂逅二仙女事。旋歸，亦迷不復得路。[23]

以為彼岸世外者有二：其一，仙境桃源，以為武陵人所見，乃神仙、仙子、仙家，所至為靈境、仙源、世外桃源。日本岡村繁據「桃花林」、「夾岸數百步，中無雜樹，芳華鮮美，落英繽紛」，以桃木為誘入夢幻之甘美果木，能消災去邪；桃林為象徵，基於神仙信仰，[24]可作代表。其二，極樂淨土。唐宋以來三教合流，佛道交融更為熱絡。彌陀淨土信仰，自魏晉歷隋唐，至兩宋而大盛。因此，西方極樂世界之殊勝，信眾因誦習《無量壽經》、《阿彌陀經》遂心嚮神往。[25]於是士人追求他界彼

22　梁啟超：〈陶淵明之文藝及其品格〉，《梁啟超全集》（北京：北京出版社，1999年），頁4733-4743。

23　參考劉中文：〈異化的烏托邦——唐人「桃花源」題詠的承與變〉，《學術交流》第6期（總第147期，2006年6月），頁145-150。

24　〔日〕岡村繁：《陶淵明李白新論》（上海：上海古籍出版社，2002年），〈序章：受人仰慕的隱逸詩人〉，頁7。參考鄧福舜：〈〈桃花源記〉的桃花流水原型〉，《大慶師範學院學報》第30卷第5期（2010年9月），頁64-67。

25　英武正信：《淨土宗》（成都：巴蜀書社，2009年），第一章第一節〈淨土殊勝說〉：佛法所說的淨，是對治雜染的，即《心經》所說的「不垢不淨」。沒染 　，唯有清淨；沒有煩惱，而有智慧；沒有嗔恚，而有慈悲；沒有雜染過失，而有清淨功德。超出輪迴，這是淨的積極內容，幾乎包含了世間所說真、善、美的全部內容。頁22-27。

岸之理想世界，遂跳脫神仙長生，而關注淨土極樂。如李綱（1083-1140）憂國憂民，宦途偃蹇，甚至遷謫南方，心有鬱抑，不得通其道，於是寄寓「清淨之佛土」，沐浴「廣大之法門」，作〈續遠遊賦〉，以灑濯其心。[26]其他，如周必大〈夢仙賦〉、吳儆〈浮丘仙賦〉、舒邦佐〈孫仙賦〉、唐士恥〈遇仙賦〉、戴埴〈群仙賦〉皆是。極樂淨土之嚮往，不必然與桃源有關，然皆屬士人對樂土之追尋，於生命之安頓，故順帶略及。

三、道教仙鄉與心靈安頓

唐朝王室信奉道教，故詩人題詠桃源，多以為神仙世界，如王維〈桃源行〉、劉禹錫〈桃源行〉、包融〈桃源行〉、韓愈〈桃源圖〉諸什，是其例。宋人作詩學唐變唐，回歸原典，翻轉立論，以為武陵漁人所見之桃源，因逃秦避世而與世隔絕，並非不死之仙人。誠如韓愈所云：「神仙有無何渺茫，桃源之說誠荒唐！」如王安石〈桃源行〉、梅堯臣〈桃花源〉詩、郭祥正〈桃源行寄張兵部〉、汪藻〈桃源行〉、吳芾〈和陶桃花源〉、樓鑰〈桃源圖〉、釋居簡〈桃源行〉、趙汝淳〈桃源行〉、姚勉〈桃源詩〉、謝枋得〈桃〉、胡仲弓〈桃源圖〉諸什皆是。宋黃震《黃氏日抄》稱：「淵明〈桃花源記〉，敘武陵人自云『先世避秦亂來此』，則漁人所見乃其子孫，非秦人不死者。特其地深阻，與外人間隔耳，非有神異。」[27]宋人辯證桃源仙凡若是之分明者多，皆值得參考。

---

26 曾棗莊等主編：《全宋文》（上海：上海辭書出版社，2006年），李綱〈續遠遊賦〉，冊169，卷3681，頁15-16。

27 〔宋〕黃震：《黃氏日抄》（臺北：臺灣商務印書館，1986年，文淵閣《四庫全書》本），冊708，62，〈讀文集・蘇文・和陶詩〉，頁551。

宋人雖否決桃源為仙境之說，但士人卻因武陵桃花，追尋另類之仙源仙境。若論道教神仙之說，當胎始於《列子‧黃帝篇》之「華胥氏之國」：

華胥氏之國，……蓋非舟車足力之所及，神游而已；其國無師長，自然而已。其民無嗜慾，自然而已。不知樂生，不知惡死，故無夭殤；不知親己，不知疏物，故無愛憎；不知背逆，不知向順，故無利害。都無所愛惜，都無所畏忌。入水不溺，入火不熱。斫撻無傷痛，指擿無痟癢。乘空如履實，寢虛若處床。雲霧不礙其視，雷霆不亂其聽，美惡不滑其心，山谷不躓其步，神行而已。[28]

　　《列子‧黃帝篇》敘說「華胥氏之國」，言「自然」者再，言「神游」、「神行」者各一。不識不知，順帝之則，亦自然之道。其國無夭殤、無愛憎、無利害、無所愛惜、無所畏忌、無傷痛、無痟癢、乘空而寢虛云云。此等神仙世界，令人匪夷所思，不可思議，是所謂世外桃源、靈界仙境也。趙宋朝廷除崇儒外，亦崇奉道教，真宗徽宗尤甚。上有好者，下必有甚焉。張君房（？-1001-？）編著《雲笈七籤》，其中特提《列子‧黃帝篇》之華胥氏之國，又從而踵事增華，添枝加葉：

華胥國者，非近非遠乎？非人境所知，非車馬所道。此國方廣數萬里，其國無寒熱，無蟲蛇，無惡獸。國內人民盡處臺殿，上通諸天往來。人無少長，衣食自然，不知煙焰勞計之勤，不識耕桑農養之苦。所思甘軟，隨意自生；百味珍羞，盈滿堂殿；甘泉湧

28　〔戰國〕列禦寇著，楊伯峻集釋：《列子集釋》，卷2〈黃帝篇〉，頁39。

溜，注浪横飛；九釀流池，自然充溢。人飲一盞，體生光滑。異
竹奇花，永無凋謝。祥禽瑞獸，韻合宮商。一國人民，互相崇
敬。……洞玄靈界，非凡所知。[29]

華胥氏之國，本《列子》寓言，旨在宣揚老莊思想之自然、清靜、無
為，張君房信仰道教，於是發揮增益而成為神仙世界：其國氣候交通，宜
室宜家；食衣住行，自然隨意；竹花不凋，禽獸合韻；一國人民，相互崇
敬，活繪出樸素、安逸、豐衣足食而又品德高尚之理想家園來。於是李綱
慘遭貶謫，尋求心靈安頓，乃作〈次韻和淵明飲酒詩二十首〉、〈午牕坐
睡〉，而嚮往華胥國之風俗。曾丰〈題李克明依綠園〉、王象晉〈言
志〉，亦皆認定華胥國為隱逸避世，擺脫煩惱之安樂窩。[30]

除藉由華胥國之安樂自然，以佐證道教學說外，宋代士人文學作
品，以書寫仙鄉靈境，作為心嚮神往之樂土者，辭賦居多，詩篇差少。辭
賦之中，舖陳道教仙山者眾，如李南仲之〈羅浮賦〉、李綱之〈武夷山
賦〉、白玉蟾之〈天台山賦〉、〈蓋華山賦〉等皆是。又有題詠仙都洞天
者，如沈與求〈答游玄都賦〉、程珌〈四明洞天賦代壽何中丞〉、蔡渤
〈圓嶠賦〉者是。要皆設身處地，巧構形似，虛擬仙鄉靈府，令人心嚮神
往。如李南仲〈羅浮賦〉，稱瑤臺靈藥、祥雲瑞霧；樂池奏音，雲和仙
籟；列仙下臨，靈族聚會；寶除翠林、海桃瓊漿，盛美璀璨有如此者。[31]
李綱〈武夷山賦〉，狀寫武夷山「洞戶杳然，樓神宅仙；蟬蛻羽化，靈骨
猶傳」；接寫「瑰偉絕特之觀」，「仙聖遊戲之地」；然後再就植物、動

29　〔宋〕張君房纂輯，蔣力生等校注：《雲笈七籤》（北京：華夏出版社，1996年），卷13，〈三洞
　　經教部・經〉，「太清中黃真經（并釋題）」，釋題，頁74-75。

30　參考孟二冬：〈中國文學中的烏托邦理想〉，「小國寡民與華胥國」，頁41-44。

31　〔宋〕李南仲：〈羅浮賦〉，《歷代賦彙》卷20；曾棗莊等主編：《全宋文》，卷2944，頁342-
　　343。

物進行舖寫，結以內外之靈異：「其內，則有瓊樓珠殿，玉圃芝田，創見天地，自開山川，靈仙之所周旋也。其外，則有長松茂草，異卉嘉葩，枕流漱石，朝煙夕霞。幽遐之所考槃也。」李綱因謫遷而遊武夷山，於是「步煙霞之岑寂，仰神仙之有無」；[32]讀之，雖大類司馬相如子虛烏有之浮想聯翩，亦有助於心靈樂土之慰藉。

　　士人作賦，或歌詠道觀而類及仙都，或舖陳靈山而懸想神仙景象，多可見士人羽客對仙境桃源尋訪之一斑。如沈與求〈客遊玄都賦〉，仿司馬相如〈上林賦〉之問對體，借方外毚客、朧長壽老對緇衣公子之夸夸其談：

> ……若予壽者，蓋不知其紀也。一瞬目而千，一舉足而千里。鍊金氣於丹臺之鑪，導玉腴於華池之水。引膍長嘯，聲聞帝庭。……刷騏驥之捷步，輩鸞鳳之翩翎。縹緲碧落，徘徊紫清。羣仙命予以九還之使，持絳節而擁霓旌。……[33]

　　〈客遊玄都賦〉，舖寫瞬目、舉足、鍊氣、導腴、長嘯、聲聞、捷步、翩翎、縹緲、徘徊、羣仙、絳節，多巧構形似，如聞如見，想像力豐富，令人神遊物外。又如白玉蟾（葛長庚）信奉道教，所撰〈天台山賦〉、〈蓋華山賦〉，最可見靈山仙境之空間想像。試舉〈天台山賦〉為例：

> 天台之山，神仙景象。……實金庭之洞天，乃玉京之福壤。霓裳羽節之隱顯有無，天簫雲璈之清虛嘹亮，……琳宮蕊殿而壯麗千載，煙嶠松崖而瑰奇萬狀。雲隨羽客，在瓊臺雙闕之間；鶴唳芝

32　《全宋文》，卷3681，李綱〈武夷山賦〉，第169冊，頁2-3。

33　《全宋文》，卷3855，沈與求〈客遊玄都賦〉，第176冊，頁206-207。

田，正桐柏靈墟之上。丹元真人之身居赤城，左極仙翁而坐斷翠屏。……萬頃碧琉璃之水，千層青翡翠之崖。風響笙響而子晉何在，花香水香而劉郎不回。……丹霞飛華頂之峰，拔天峻極；紫霧鎖方瀛之路，峭壁崔嵬。椿庭檜殿之金磬敲風，竹院松齋之玉琴弄月。翠檻丹楹兮山柰藻梲，碧眼蒼髻兮星冠羽褐。……金漿玉醴兮泉冽石髓，瓊樹琪林兮花開春雪。……仙花靈草而蒼翠無邊，千巖萬壑而森羅目前。……塵襟俗垢俱洗盡，兩袂飄飄身欲仙。我欲駕青龍而呼白鶴，乘風飛去瀛洲之外，方丈之巔。[34]

天台山之神仙景象，並非耳聞目見，客觀寫實，乃出於道士羽客研讀《道藏》福地洞天之感受，而投射於靈山仙境之描寫。設想奇特，多非凡間所有；辭藻華美，引人入勝，仙境桃源之空間想像，大抵類此。就舖陳之景物而言，如宮殿、音樂、酒食、蔬果、丹藥、花草、樹木、珍禽、異獸、霞霧，以及一切靈異；讀之，令人油然而有「塵襟俗垢俱洗盡，兩袂飄飄身欲仙」之感。物外之思，有助於精神家園之寄託，有如此者。

神仙之仙，本作「僊」，漢許慎《說文解字》：「僊，長生僊去。」清段玉裁《注》引劉熙《釋名‧釋長幼》：「老而不死曰仙。仙，遷也，遷入山也。」道教注重保身養生，追求長生不老，故以「仙」為道教之別稱。人生在世，而壽數有盡，故祝壽祈福，多以不老長生為禱詞，宋代士人多行之。如史浩作〈壽鄉記〉，以「出遊人間世三千春」，為夢熊祝壽；程珌作〈四明洞天賦代壽何中丞〉，以千歲萬年為何中丞祝福；蔡渢亦撰〈圓嶠賦〉，借圓嶠仙翁之豐功茂德，為漳守顏頤仲侍郎壽。神仙桃源之空間想像，切於人事之祝壽賦，發揮最為淋漓盡致。

34　《全宋文》，卷6746，白玉蟾〈天台山賦〉，第296冊，頁155-156。

史浩（1106-1194）作〈壽鄉記〉，對神仙世界之空間想像，長於運用巧構形似之辭賦鋪寫法，神靈活現，歷歷如繪，令人有實臨之感受。如：

> 壽鄉去塵世不知其幾千萬里，以樂爲境，以福爲基，以道德爲習俗。其提封之廣袤，又不知其幾萬里。企而望之，則金霄紫房王帝之都；俯而得之，則碧濤翠釜蓬萊之館。東涉青藜之林，則箕張翼舒，霞光萬丈，亙乎蒼龍之尾。傳說成有商之治，上而君乎此也。西歷蠙……銀浪萬頃，極乎金樞之淵，王母感漢氏……。南鄰老人之區，光芒燦爛；北接太微之庭，簪弁旁午，皆目力之所不能窮。紺紼絳綵，聳峙以為門闕；金墉玉阜，周環以為城郭。仙吹動而鈞天鳴，春光融而雲露暖。旌幢憂擊，環珮丁東。涉其津涯而未至其閫奧者，蓋紛紛然。皆是龐眉揚而青瞳方，素髮垂而丹臉渥，手策靈壽，足納飛 。……[35]

　　史浩〈壽鄉記〉，狀寫蓬萊仙境，繪音繪影，有聲有色。稱神仙世界，「以樂爲境，以福爲基，以道德爲習俗」。金闕紫府，琪花千層；素髮丹臉，冰雪道貌，祥煙瑞馥，仙樂飄飄；長生久視，壽考逍遙，以如此之仙境想像，移作人間祈福祝壽話語，誰曰不宜？又如程珌（1164-1241）所作〈四明洞天賦〉：

> ……習習乎如醉露英，飄飄乎如乘赤螭而御剛風。歷十洲，過三島，海王戒嚴，雍觀不怒，舒徐般薄於二千七百里之遠，遂至於三神山之上。於是排雲障、叩丹門、前方壺、後赤城。貝闕龍

35　《全宋文》，卷4415，史浩〈壽鄉記〉，第200冊，頁55-56。

蚩，玉除虎蹲。燦赤岩之木石，紛瑞墼之瑤琨。飲東方之清氣，視太陰之吐吞。仙官佩環，威容甚溫。安期降謁，偓佺導前，……起經綸於一念，去清都於許年。……忽有顧儇，左持朱果，右酌金缸。鼓瑟鳴球，鸞鳳飛旋，白羽一揮，玉虯蜿蜒。子其歸乎，為吾一言：「風雲千歲，上帝隤祉。……然後封泰山、禪梁父、舉萬年之玉扈，相太平之君子。還如傾年，領袖仙官。集真人於斗柄，朝北帝於天闕。」[36]

〈四明洞天賦〉，設想乘龍御風，飛行二千七百里，至於三神山之上。接寫目之所見，耳之所聞，心之所想，無非仙官、真人、仙氣、仙果、仙酒、仙樂，以及鸞鳳玉虯等仙禽神獸。如此浮想他界，終又落實此岸，亦足以洗滌塵襟，淨化俗垢。蔡渢（1188-1262）〈圓嶠賦〉，亦為人祝壽而作，於仙界場景亦歷歷如繪呈現：

……危樓縹緲，偉觀騫翔。南山號揖仙兮，弄虎之跡；西山號得仙兮，化龍之堂。東望……西望……八柱中峙兮……則曰此圓嶠之境界也。繼見夫桃和露種，杏倚雲栽。樹兩兩夸扶日起，花七七兮迎風開。雲旗晝翻，王母下也；玉笙夜響，帝子回也；鳧飛天外，子喬過也；鶴集雲端，令威來也。圓冠珠履兮環列紫府，圓顱素頸兮歌舞瑤臺，則曰此圓嶠之人物也。有美一人，角巾羽衣，青眉紅頰，……則曰此圓嶠之洞主也。……圓嶠群賓舉首而笑曰：「……渤海之東，圓嶠在中。其生意之藏，有不知之潤，生意之發，有不言之功。……方其丹鳥赤翅，如焱如焚，火帝始張，龍師不聞；我於此時，一噓生雲，蒼狗白衣，如峰如

36　《全宋文》，卷6775，程珌〈四明洞天賦代壽何中丞〉，第297冊，頁234。

絮。風伯離之,波神不怒;我於此時,一噓為雨。陰霾不開,四維方墨,風雨如晦,三光如蝕;我則談笑扶桑而浴日。波濤洶湧,山岳摧傾。鰲腳一動,鱗介其腥;我則雍容一柱以擎天。況其一毛一羽,可以為一世之瑞;一草一木,可以為文章之英。得其麟筋鳳髓,亦可以享富貴而長生。信夫圓嶠之豐功茂德,非騷人墨客之所可得而名也。[37]

圓嶠,傳說中之仙山,為神仙群居之地,與方壺並稱。蔡渤〈圓嶠賦〉,認為天地正氣萃為圓嶠,天地游氣萃為方壺。藉東遊圓嶠之鄉,而見圓嶠之豐功茂德不可名狀。〈圓嶠賦〉傳承漢大賦「層面舖寫」法,前半幅先就境界、人物、洞主三層面,狀寫圓嶠仙界之虛實。後半幅師法漢大賦賓主問對套式,總提分疏,進而開展舖敘其「生意之藏」與「生意之發」:為焱焚而生雲,為雨而浴日;因波濤洶湧,而一柱擎天。仙界毛羽草木,可為世瑞文英;麟筋鳳髓,可以富貴長生。列數圓嶠之豐功茂德,令人心嚮神往。世人或知入而不知出,或知出而不知入,皆兩失之,「孰若圓嶠之仙翁,備出入之全德」。文末以「藏為仙,出為相」,曲終奏雅,卒章顯志,道出壽而貴之祝壽本意,切合辭賦之寫作規範。至於李覯(1009-1059)〈麻姑山賦〉、〈疑仙賦〉,[38]以為「仙可得而不可求,道可悟而不可學」,因文中書寫仙境不豐,從略。

《全宋詩》載宋人題詠桃源,凸顯桃源為仙界仙源,而敘述清楚,描繪具體者有兩家:其一,秦觀〈自警〉;其二,胡寅〈和仁仲遊桃源〉。先談秦觀所作:

37　《全宋文》,卷7925,蔡渤〈圓嶠賦〉,第343冊,頁199-200。

38　《全宋文》,卷892,李覯〈麻姑山賦〉、〈疑仙賦〉,第41冊,頁326-328。

古人去後音容寂，何處茫茫尋舊跡。君看草遍北邙山，骼骷猶來丘壟積。那堪此地日黃昏，長途萬里傷行客。只知恩愛動傷情，豈悟區區頭已白。莫嫌天地少含弘，自是人心多褊窄。爭名競利走如狂，復被利名生怨隙。貪聲戀色鎮如癡，終被聲色迷阡陌。休言七十古稀有，最苦如今難半百。聞道蓬宮仙子閑，紅塵不染無瑕謫。日月遲遲異短明，三峰秀麗皆仙格。女蘿覆石蔓黃花，芝草琅玕知幾尺。桃源長占四時春，漾漾華池真水碧。乘槎擬欲扣金烏，巨浪紅波依舊隔。歸來芳舍與誰儔，老鶴松間三四隻。喚天聲動彩雲飛，對我時時振長翮。驂鸞未遇且悠悠，盡日琴書還有適。紛華任使投吾前，爭奈此心終匪石。拜命懷金誰謂榮，低頭未免拾言責。從茲俗態兩相忘，笑指青山歸路僻。同人有志覓長生，運氣休糧徒有益。須佑下手向無為，莫學迷徒賴針灸。[39]

秦觀（1049-1100），有詞名，亦能詩。平生仕進，奇蹇不偶；且情鐘世味，意戀死生。[40]故南遷至雷至藤，遂不能自釋，而卒於藤州。卒前四十餘日，曾〈自作挽詞〉，[41]中有「嬰釁徙窮荒，茹哀與世辭」之句。蘇軾以為「少游齊死生，了物我，戲出此語，無足怪者」；[42]此正所謂戲言近莊，反言顯正。反觀秦觀〈自警〉七古長篇，追尋蓬萊仙宮，寄情紅

39　北京大學古文獻研究所編：《全宋詩》（北京：北京大學出版社，1993年），卷1065，秦觀〈自警〉，頁12136。

40　〔宋〕胡仔著，廖德明校點：《苕溪漁隱叢話後集》（北京：人民文學出版社，1981年），卷3〈陶靖節〉，頁20。周義敢、周雷編：《秦觀資料彙編》（北京：中華書局，2001年），引林機〈淮陰居士文集後序〉，頁93。

41　《全宋詩》卷1063，秦觀〈自作挽詞〉，頁12125。

42　〔宋〕蘇軾著，孔凡禮點校：《蘇軾文集》（北京：中華書局，1986年），卷68〈書秦少游挽詞後〉，頁。

塵不染之他界，猶如屈原之作〈遠遊〉，曹植之作〈遊仙〉，情志相近。秦觀〈自警〉詩，當作於宦海浮沉，飽經憂患之後，詩篇前幅所稱「恩愛動傷情」、「人心多褊窄」；「爭名競利」、「貪聲戀色」云云，後幅所謂拜命懷金之榮，低頭拾言之責，要皆紅塵之怨隙、癡迷與俗態。如何了悟？如何超脫？於是心遊物外，尋訪桃源仙境，何妨嘗試。中幅自「聞道蓬宮仙子閑」以下，為秦觀對仙境桃源之空間想像：紅塵不染，三峰秀麗；日月遲遲，四時長春。蓬宮仙子之悠閑，芝草琅玕之仙格，漾漾華池之水碧，都足以使人笑指青山，利名與俗態兩忘，而有益於長生與無為。由此觀之，向外馳求，或有助於心靈桃源之尋覓。

　　劉子驥採藥，失道能歸；後欲更往，終不復得。後世比附劉晨阮肇天台山豔遇事，而有愛情桃源之主題。宋人穿合為一，益以道教清靜自然與神仙勝境，又自成一仙境桃源之書寫，如胡寅〈和仁仲遊桃源〉詩：

> 桃江穩楫蘭舟渡，記得劉郎有仙路。未能趨海訪神仙，且欲沿溪看紅樹。釣竿已逢慰羈束，平生品得滄洲趣。最欣傲吏輕儻來，擬學淵明賦歸去。與君一問桃花宿，豈得行如武陵暮。伯陽八十有一篇，立教清淨貴自然。神仙之說何所始，虛怪汗漫無中邊。漁郎迷路去家久，雖踐勝境終迴旋。雕辭飾實好事者，至今千載猶漢傳。甯聞自古有仙人，茂陵垂老一語真。豈伊冠履薦紳士，惑溺不異蚩蚩民。誠能御氣友造物，陋彼蟬蛻悲埃塵。想見桃源之野花正開，牧兒模管吹出芳林來。不知人家尚幾許，雲屏玉帳空悠哉。霏紅泛綠竟杳杳，我亦乘興山陰回。不如與君歸種待蕡實成蹊，晝永無地生蒼苔。[43]

43　《全宋詩》卷1871，胡寅〈和仁仲遊桃源〉，頁20936。

胡寅（1098-1156）〈遊桃源〉之詩，首八句隱括〈桃花源記〉始末，以「沿溪看紅樹」始，「淵明賦歸去」終。謂武陵漁郎因夾岸桃花林，無心而得登仙路，遂有緣訪神仙。待出仙源，處處誌之，機心浮現，乃迷不復得路。詮釋原典作為楔子，亦絕妙破題法。東漢末年，魏伯陽撰《參同契》，結合《周易》、黃老、爐火三事，以論述煉丹成仙的方法；強調人為修煉，可以昇華而成神仙。黃老養生為《參同契》的核心思想，故云「立教清淨貴自然」。胡寅〈和仁仲遊桃源〉以為：神仙之說始於魏伯陽《參同契》，武陵漁郎所至桃源，為清淨世界，自然樂土。儘管神仙之說，為好事者之飾實雕辭，虛怪汗漫，渺無中邊，但從漁郎去家迷路，到勝境迴旋，卻仍真信「自古有仙人」：「誠能御氣友造物，陋彼蟬蛻悲埃塵」。對於仙境桃源之空間想像，真實具體如此，寧可信其有，不能疑其無。類比當下遊桃源景象：野花正開、牧兒吹管而已，卻未覩「雲屏玉帳」，未見「霏紅泛綠」，美麗世界無緣相逢。胡寅耿直敢諫，靖康中，曾上萬言札子，忤時相，旋復官。紹興中，又因忤秦檜，外放安置。行有不得，宦海浮沈，因遊桃源，遂興寄世外之神仙桃源，是亦情理之中。

四、天下盡桃源，不必武陵春

　　方外、世間；彼岸，此岸，士人所以出入內外，徘徊兩端者，往往緣於懷才不遇，有志難伸。現實與理想之落差太大，既不屑隨波逐流，與世浮沉，意有所鬱結，不能通其志，生命將如何安頓？為維持心裡平衡，宋代士人多以尋訪心靈樂土，取代坐困愁城：或夢翔華胥，或心嚮淨土，作種種出塵之想，既以之洗滌濁世之污垢，又可以救贖當下之不堪。前文詳述神仙桃源，略言極樂淨土，可見一斑。

不過，人生塵世中，難離世間情。與其神遊物外，不如折回人間，尋覓人間之桃源；猶如屈原不得志於楚，而寫〈離騷〉、〈遠遊〉，終以回歸故土，寄情原鄉作結一般。「虛無求列仙，松子久吾欺」，曹植早作提撕；[44]「神仙有無何渺茫，桃源之說誠荒唐」，[45]韓愈亦曾作斷言。於是宋代士人回歸現實世界，不再向外馳求，邵雍有「安樂窩」，司馬光有「獨樂園」，為其中較著者。翻閱宋代詩、文、辭賦、小說，以為桃源即在此岸世間，不必捨近求遠，此種認知，十分普遍。就閱讀所及，擬分三方面介紹之：其一，宋代散文辭賦之興寄桃源；其二，蘇軾之詩賦與心造桃源；其三，陸游之詩文與吾廬桃源。分別論述如下：

（一）宋代散文辭賦之興寄桃源

　　宋朝右文，尊隆儒術，提倡明體達用之學。影響所及，士人普遍富有淑世之精神。盡心於方內，致力於內聖外王，故多以為神仙不可求，蓬萊不可尋。王禹偁所作〈錄海人書〉、〈君子鄉記〉、〈壽域碑〉三文，以小說寓言寄託理想政治之美好藍圖，設想高遠，絕類離倫，與《禮記・禮運》〈大同〉章所云，可以相得益彰。晁補之作〈睡鄉閣記〉，亦借寓言抒寫隱逸，嚮往道家清淨無為之樂土。士之意有所鬱結，不得通其道，往往借題發揮，寄寓其理想追求，王禹偁、晁補之屬之。

　　王禹偁（954-1001），為人雪冤忤旨，貶移；坐謗訕，罷官；又以直言史事，出守。八年三黜，作〈三黜賦〉，仍堅持「守正直，佩仁義」以終其身。曾作〈君者以百姓為天賦〉，宣稱：「善化民者，以天為則；善

44　〔魏〕曹植著，趙幼文校注：《曹植集校注》（北京：人民文學出版社，1984年），卷2〈贈白馬王彪〉其七，頁300。

45　〔唐〕韓愈著，錢仲聯集釋：《韓昌黎詩繫年集釋》（上海：上海古籍出版社，1984年），卷8〈桃源圖〉，頁911-912。

知天者，以民為先」，[46]自是信奉儒家之道，終身以之者。雖曾作〈崆峒山問道賦〉，亦不迷信神仙，而謂「姑射神仙，只在廟堂之上；華胥舊國，不離尊俎之前」。[47]知王禹偁平生志業，即可見〈錄海人書〉，雖近小說；〈君子鄉記〉、〈壽域碑〉，雖似寓言，亦折衷於儒學。戲言近莊，反言顯正，雖小道亦有可觀者焉，以此。

〈錄海人書〉，即海客談瀛之類，談說一個「不存在的」「幸福的地方」，近似1516年摩爾所作《烏托邦》（Utopia）。敘記一海盜登臨一海上樂園，見居人百餘家，乃秦時徐福所載「童男丱女」輩所組成。其民熙熙怡怡，非人世所能及。此一洲島樂園，有島嶼隔絕內外，既與秦土隔斷，故「不聞五嶺之戍，長城之役，阿房之勞」；當然，也就遠離「太半之賦，三夷之刑」。[48]小說於文末，卒章顯志，突出薄賦、休兵、息役三大政治理念，作為主文譎諫之重點，不改王禹偁「以百姓為天」之一貫政治襟抱。

〈君子鄉記〉，標榜禮與仁，為君子之行。為宣揚「蘊德抱義，畜道載仁」之教化風範，王禹偁形塑一「君子鄉」，作為理想追求。君子鄉之老少、鳥獸、草木、鄉人、鄉禮，確實不同紅塵世界之芸芸眾生：

> 牧豎稚童，綽有夷齊之行；嬰兒耋老，咸遵鄒魯之風。祥麟在郊，威鳳來巢，蟲沙影絕，猿鶴音交，我鄉之鳥獸也。荊棘不生，蘭茝于榮，寒竹挺操，清松梟聲，我鄉之草木也。罾繳不設，置罘不陳，麑卵遂性，飛走全身，鰥寡悍獨，怡怡忻忻，所以我鄉之人；威儀容止，悼悼濟濟，揖讓中規，尊卑有齒，君君

46　曾棗莊等編：《全宋文》，卷141，王禹偁〈君者以百姓為天賦〉，冊7，頁243。

47　《全宋文》，卷142，王禹偁〈崆峒山問道賦〉，頁253。

48　《全宋文》，卷148，王禹偁〈錄海人書〉，頁365-366。

臣臣，父父子子，所以我鄉之禮。唯禮與仁，君子之行也；是知反道敗德，賊義殘仁者，不可入于我鄉矣。[49]

王禹偁之「君子鄉」，實乃儒家之理想國。《論語‧雍也》：子謂子夏曰：「女為君子儒，無為小人儒。」[50]《禮記‧儒行》即申說君子儒之種種美德。[51]人性很難沒有私慾，為人處事很難避免功利，所以君子鄉只能說是儒士的烏托邦。空間想像如此真、善、美，誠所謂「雖不能至，然心嚮往之」，恩情聊勝於無。無獨有偶，王禹偁另作一篇〈壽域碑〉，其人間樂土之追求，不異君子鄉。蓋以天地為其局鐊，春秋為其門戶，仁義道德為其宇宙，人間樂土之空間想像，亦極其美好而理想。由於道德仁義充實，而以之潤身；因此，「是域也，幼者蚩蚩，壯者怡怡，老者熙熙，悉無中絕，咸躋上壽，故謂之壽域焉」。《中庸》云：「富潤屋，德潤身」；故所述壽域，堪稱內聖工夫之天堂，儒學教澤之理想國。理想國之建構，純粹以倫理道德為元素：

（壽域）得非道為土木，德為板築，仁乎城，義乎池，慈乎雉堞，愛乎溝隍，恭乎局鐊，儉乎門戶。使風雨不能毀，矢石不能攻。高低侔老氏之臺，廣狹法華胥之國。崇崇焉，屹屹焉，信善建而不拔者也。[52]

49　《全宋文》，卷157，第7冊，王禹偁〈君子鄉記〉，頁88。

50　〔宋〕朱熹：《四書章句集注‧論語集注》（北京：中華書局，1983年），卷3〈雍也第六〉，頁88。

51　〔漢〕鄭玄注，〔唐〕孔穎達疏：《禮記注疏》，卷59〈儒行第四十一〉，《正義》曰：鄭（玄）目錄云：名曰儒行者，以其記有道德者所行也。儒之言優也，柔也，能安人能服人。又儒者，濡也，以先王之道能濡其身。」頁1，總頁974。

52　曾棗莊等編：《全宋文》，卷159，第8冊，王禹偁〈壽域碑〉，頁137。

以道、德、仁、義、慈、愛、恭、儉為素材，所建構之精神堡壘，門戶結構堅實，可以屹立不拔，千秋萬世而不移，故曰壽域。迨「霸道其昌，皇風不競」，於是壽域之民或以法、以兵而死，或以夭、以橫而死。文末卒章顯志，凸出作意，謂「民之壽夭，繫君之政治，其猶影響耳」，此之謂主文而譎諫。

　　人生在世，有三分之一時間必須睡眠休息，俗所謂進入夢鄉或睡鄉。晁補之（1053-1110）作〈睡鄉閣記〉，蓋借寓言書寫，以嚮往老莊道家清淨無為、恬適安舒之思想。開門見山，即勾勒睡鄉之政俗、空間、心性、農作、交通、衣著、情緒、認知，其言曰：

> （睡鄉）其政甚淳，其俗甚均，其土平夷廣大，無東西南北。其人安恬舒適，無疾痛劄癘，昏然不生七情，茫然不交萬事，蕩然不知天地日月。不絲不穀，侁臥而自足；不舟不車，極意而遠遊。冬而絺，夏而纊，不知其反寒暑；得而悲，失而喜，不知其反利害。以謂凡其所目見者，皆妄也。昔黃帝聞而樂之，……如睡鄉焉。降及堯舜無為，世以為睡鄉之俗也。[53]

　　晁補之〈睡鄉閣記〉所記人間桃源，與《老子》第八十章「小國寡民」、《史記‧貨殖列傳》〈序〉所云「至治之極」，境界相近似，自是道家一派之安適樂土。晁補之，紹興中，坐元祐黨貶官。崇寧中，蔡京為相，辭官還家，慕陶淵明遺風，修「歸來園」，自號歸來子。由此觀之，晁補之心儀隱逸，故〈睡鄉閣記〉所述睡鄉之民，不生七情、不知天地、不絲不穀、不舟不車、不知寒暑、不知利害，自是隱逸山林，清淨無為、情欲不生、不相往來之寫照。故曰：堯舜無為，「世以為睡鄉之

53　《全宋文》，卷2739，第127冊，晁補之，頁27-28。

俗」。無為，故無不為；若有為，則敗之矣。故禹、湯、武王、周公、周穆王、宰予，以及戰國、秦、漢之君王，皆與睡鄉無緣。唯有「山林處士之慕道者，猶往往而至」，則〈睡鄉閣記〉之旨趣可知矣。[54]

（二）蘇軾之詩賦與心造桃源

　　蘇軾（1037-1101）文章，天下獨步，惜道大難容，才高為累。身歷烏臺詩案，謫黃州、貶惠州、遷儋州，集一生無可如何之遇，寄寓於詩、文、詞、賦之中。司馬遷〈報任少卿書〉所謂「意有所鬱結，不得通其道」，故發憤撰述，而體現於詩文之中。尤其謫遷海南時，年已過六十，遍和陶淵明詩文，則其志趣可以知之。其中，〈和陶桃花源并引〉論說武陵漁人所見，乃避世桃源；桃源人家，乃避秦之子孫，並非長生不死之仙人。如云：

> 世傳桃源事，多過其實。考淵明所記，止言先世避秦亂來此，則漁人所見，似是其子孫，非秦人不死者也。又云『殺雞作食』，豈有仙而殺者乎？舊說南陽有菊水，水甘而芳，居民三十餘家，飲其水皆壽，或至百二三十歲。蜀青城山老人村有五世孫者，道極嶮遠，生不識鹽醯，而溪中多枸杞根如龍蛇，飲其水，故壽。近歲道稍通，漸能致五味，而壽亦益衰。桃源蓋此比也。使武陵太守得而至焉，則已化為爭奪之場久矣。常意天壤之間，若此者甚眾，不獨桃源。余在潁州，夢至一官府，人物與俗間無異，而山川清遠，有足樂者，顧視堂上，榜曰仇池。覺而念

54　翟汝文（1076-1141）有〈睡鄉賦〉，《全宋文》卷3205，第149冊，頁2-4。〈睡鄉賦〉以體物瀏亮之筆，寫巧構形似之文，描述睡鄉之虛實，自「據梧而瞑，隱几不應」以下，多達三四百字，與生命安頓無關，可以不論。

之，仇池武都，氏故地，楊難當所保，余何為居之。明日，以問客，客有趙令畤德麟者曰：「公何為問此，此乃福地，小有洞天之附庸也。杜子美蓋云：『萬古仇池穴，潛通小有天。』」他日工部侍郎王欽臣仲至謂余曰：「吾嘗奉使過仇池，有九十九泉，萬山環之，可以避世，如桃源也。[55]

　　唐王維、劉禹錫、包融三家所作〈桃源行〉，韓愈〈桃源圖〉諸詩，皆以為漁郎所見，為世外桃源，神仙所居。蘇軾獨排眾議，明確主張「漁人所見，似是其子孫，非秦人不死者」。其論證採類比推理方式，舉相似個案有三：其一，南陽有菊水，水甘而芳，飲其水皆壽。其二，青城山老人村，「道極嶮遠，生不識鹽醯。而溪中多枸杞根如龍蛇，飲其水，故壽。」其三，仇池，號稱福地洞天，可作避世桃源。以為武陵桃源，蓋即菊水、老人村、仇池之屬。由此觀之，人間亦自有桃源，其條件有四：道極嶮遠，水質甘芳；山環水抱，泉穴通幽。仇池，當是蘇軾夢想之避地天堂，人間樂土，詩集兩及之。除〈和陶桃花源并引〉外，又見〈雙石并敘〉。《道藏‧益州洞庭玄中記》載：仇池，其山四絕，為十二福地之頭，可循此通往「萬靈所都」之崑崙山。[56]據此，則仇池乃道教仙都福地之一。然《宋書‧氐胡列傳》稱：「（仇池）四面斗絕，高平地方二十餘里；羊腸蟠道三十六回，山上豐水泉，煮土成鹽。」[57]由此觀之，

55　《全宋詩》，卷823，蘇軾〈和陶桃花源‧并引〉，頁9531。〔宋〕蘇軾著，〔清〕馮應榴輯注，黃任軻、朱懷春校點：《蘇軾詩集合注》（上海：上海古籍出版社，2001年），〈和陶桃花源并引〉，頁2199-2201。

56　〔宋〕蘇軾著，〔清〕馮應榴注：《蘇軾詩集合注》，卷35〈雙石〉詩，引〔清〕王文誥《集成》注，頁1777。

57　〔梁〕沈約：《宋書》（臺北：藝文印書館，1956年，《二十五史》本），卷58〈氐胡列傳〉，頁1，總頁1158。

其地又如實存在。仇池，山川清遠，「人物與俗間無異」，號稱福地洞天，實為人間桃源。蘇軾雖假託夢中曾至，然杜甫、趙令時、王欽臣卻印證實有其地，堪作避世桃源。仇池之虛實，所以如此迷離惝恍，正印證蘇軾〈地獄變相偈〉所云：「乃知法界性，一切惟心造」。[58]〈和陶桃花源〉詩，正闡明此一哲理：

> 凡聖無異居，清濁共此世。心閒偶自見，念起忽已逝。欲知真一處，要使六用廢。桃源信不遠，杖藜可小憩。躬耕任地力，絕學抱天藝。臂雞有時鳴，尻駕無可稅。苓龜亦晨吸，杞狗或夜吠。耘樵得甘芳，齕齧謝炮製。子驥雖形隔，淵明已心詣。高山不難越，淺水何足厲。不如我仇池，高舉復幾歲。從來一生死，近又等癡慧。蒲澗安期境，羅浮稚川界。夢往從之遊，神交發吾蔽。桃花滿庭下，流水在戶外。卻笑逃秦人，有畏非真契。[59]

《老子》首章稱：「道可道，非常道；言可言，非常言」；然大道不言，不言又不足以明道，此一辯證，乃《老》、《莊》之常談。蘇軾著有《廣成子解》一書，妙悟此理，故於武陵桃源之「一朝敞神界」、「旋復還幽蔽」，〈和陶桃花源〉解讀為「心閒偶自見，念起忽已逝」。蘇軾嫻熟佛學，化用《楞嚴經》六根廢用之佛理，謂廢用眼、耳、鼻、舌、身、意六塵，返璞歸真，乃見真一。所以，蘇軾深信「桃源信不遠，杖藜可小憩」；〈書烟江叠嶂圖〉所謂「桃花流水在人世，武陵豈必皆神

58　〔宋〕蘇軾著，孔凡禮點校：《蘇軾文集》（北京：中華書局，1986年），〈地獄變相偈〉，頁644-645。

59　《全宋詩》，卷823，蘇軾〈和陶桃花源·并引〉，頁9531。馮應榴：《蘇軾詩集合注》，卷43〈和陶桃花源并引〉，頁2199-2201。

仙」。[60]且看「桃花滿庭下，流水在戶外」，當下即是人間桃源，不必向外馳求。蘇軾作〈阿彌陀佛贊〉云：「此心平處是西方，閉眼便到無魔嬈」；〈水陸法像贊〉亦稱：「觀法界性，起滅電速。知惟心造，是破地獄。」[61]萬法惟心，「乃知法界性，一切惟心造」，故心中有桃源、有仇池；法惟心造，當下即見桃源，即至仇池。故蘇軾身處在海南，隔海遠在廣東之蒲澗、羅浮，無異蘇軾心中之桃源仙鄉，自可以「夢往從之遊，神交發吾蔽」了。

　　水墨山水畫，北宋承五代之後，文人畫師多以之興寄懷抱，寓託理想，故又稱士人畫，或寫意畫。[62]江山如畫，為騷人之常言；而山水畫之勝境往往「畫如江山」。郭熙（？1000-1087？）《林泉高致》提出山水畫妙品之意境，為「可行、可望、可游、可居」；進而指出：「可行可望，不如可居可游之為得。」君子之所以渴慕林泉勝境，正取乎可居可游之佳處也。[63]蘇軾因烏臺詩案貶謫黃州，百無聊賴，多藉詩文以遣悶寄興。其中，因題詠山水畫，以之興寄「滄洲趣」、隱逸情者，亦多有之，如〈書王定國所藏〈烟江疊嶂圖〉〉詩：

江上愁心千疊山，浮空積翠如雲煙。山耶雲耶遠莫知，煙空雲散
山依然。但見兩崖蒼蒼暗絕谷，中有百道飛來泉。縈林絡石隱復

60　〔宋〕蘇軾：《蘇軾詩集合注》，〈王定國所藏〈書烟江疊嶂圖〉〉，卷30，頁1526-1527。

61　〔宋〕蘇軾：《蘇軾文集》，卷21〈阿彌陀佛贊〉，頁619；卷22〈水陸法像贊〉，頁634。

62　彭修銀：《墨戲與逍遙——中國文人畫美學傳統》（臺北：文津出版社，1995年），〈緒論‧文人畫的審美本質與藝術特徵〉，頁1-17。張高評：〈墨梅畫禪與比德寫意：南北宋之際詩、畫、禪之融通〉，《中正漢學研究》2012年第1期（總第19期），頁135-174。張高評：〈詩、畫、禪與蘇軾、黃庭堅詠竹題畫研究——以墨竹題詠與禪趣、比德、興寄為核心〉，《人文中國學報》第19期（2013年9月），頁1-42。

63　〔宋〕郭熙：《林泉高致》，俞劍華編著：《中國畫論類編》（北京：人民美術出版社，1986年），〈山水訓〉，頁632。

3. 宋代樂土意識與人間桃源‧85

見，下赴谷口為奔川。川平山開林麓斷，小橋野店依山前。行人稍度喬木外，漁舟一葉江吞天。使君何從得此本，點綴毫末分清妍。不知人間何處有此境，徑欲往買二頃田。君不見武昌樊口幽絕處，東坡先生留五年。春風搖江天漠漠，暮雲卷雨山娟娟。丹楓翻鴉伴水宿，長松落雪驚醉眠。桃花流水在人世，武陵豈必皆神仙。江山清空我塵土，雖有去路尋無緣。還君此畫三嘆息，山中故人應有招我歸來篇。[64]

王定國所藏〈烟江疊嶂圖〉，原件今藏上海博物館。其空間構圖，有高遠、深遠、平遠之散點設計，有明暗、向背、遠近、高低之層次布局，此一立體景勝，無異郭熙所稱「可居可游」之山水畫妙品。畫者既以此經營意造，而「鑑者又當以此意窮之」，故蘇軾題畫山水之餘，有意無意間已神遊畫境，進入畫中。蘇軾貶謫黃州，曾於「武昌樊口幽絕處」幽居五個春秋，過著苦悶而驚怖之歲月。今題詠此畫，讚嘆其可游可居之餘，不覺擬畫境為真境，竟問：「不知人間何處有此境？」進而化心動為行動，「徑欲往買二頃田」。蘇軾〈地獄變相偈〉曾云：「乃知法界性，一切惟心造」，因此，覺悟「桃花流水在人世，武陵豈必皆神仙」。可見，所謂桃源，乃由於心造；浮現心田，只在世間，不在世外。〈烟江疊嶂圖〉之江山清空，儘管「可居可游」，畢竟只是一幅山水畫；落回現實，人居塵世，山水畫「雖有去路」，畢竟尋訪無緣。東坡題詠山水畫，興寄懷抱，嚮往隱逸，自是心造之桃源樂土。

萬法惟心，一切多由心造，包括桃源樂土，不在世外，乃在心中。故蘇軾雖謫居惠州惡地，仍不妨視為仙境桃源，所謂「蓬萊方丈應不遠，肯

64　《全宋詩》，卷813，蘇軾〈書王定國所藏《煙江疊嶂圖》〉，卷30，頁1526-1527。

為蘇子浮江來?」[65]其後貶謫海南,作〈和陶歸園田居六首〉其一,看待人生逆境,身處天涯海角之瘴癘地,亦持「桃源流水在人世」觀點。〈六月二十日夜渡海〉詩所謂「九死南荒吾不恨,茲游奇絕冠平生」;[66]視遷謫流放之旅為「茲游奇絕」,心無罣礙,可以顛倒夢想,滿懷歡喜。因此,即使九死一生、萬里投荒,猶存有心造之桃源,以之消解煩惱,隨遇而安,甚至可以超脫自在。如:

> 環州多白水,際海皆蒼山。以彼無盡景,寓我有限年。東家著孔丘,西家著顏淵。市為不二價,農為不爭田。周公與管蔡,恨不茅三間。我飽一飯足,薇蕨補食前。門生饋薪米,救我廚無煙。斗酒與隻雞,酣歌餞華顛。禽魚豈知道,我適物自閑。悠悠未必爾,聊樂我所然。[67]

蘇軾貶海南,弟蘇轍其後所作〈墓誌銘〉載:昌化非人所居,食飲不具,藥石無有,居住無地,人不堪其憂,而東坡恬然著書以為樂。門人李廌撰文,稱蘇軾「德尊一代,名滿五朝。道大難容,才高為累」;器識才能如此,晚年猶飄零於瘴海,如何安頓生命?如何隨「寓」而安?探索〈和陶詩〉系列作品,可以知之。《東坡志林》卷二載蘇軾〈讀《壇經》〉,曾討論「何謂所見是化身?」謂「根性既全,一彈指頃所見千萬,縱橫變化,俱是妙用,故云『所見是化身』。」[68]「彈指頃刻所見,

---

65 〔宋〕蘇軾著,〔清〕馮應榴注:《蘇軾詩集合注》,卷38〈寓居合江樓〉,頁1966。

66 同前註,卷43〈六月二十日夜渡海〉,頁2218。

67 同前註,卷39〈和陶歸園田居六首〉其一,頁2005。

68 〔唐〕六祖惠能傳,李申合校,方廣錩簡注:《敦煌壇經合校簡注》(上海:上海古籍出版社,1999年),二十,頁40。〔宋〕蘇軾:《東坡志林》,卷2,〈讀《壇經》〉,傅璇琮、朱易安等主編:《全宋筆記》(鄭州:大象出版社,2003年),第一編第九冊,頁42。

千變萬化俱是六根妙用，此即《金剛經》「諸相非相」之說。依據《金剛經》所云：「凡所有相，皆是虛妄。若見諸相非相，即見如來」；「不應住色生心，不應住聲、香、味觸法生心，應無所住而生其心」；「一切有為法，如夢、幻、泡、影；如露亦如電，應作如是觀。」[69]因為「凡所有相，皆是虛妄」；所以，「應無所住而生其心」。〈和陶歸園田居六首〉其一，欣賞「環州多白水，際海皆蒼山」，視如此山水，為無盡之美景，可以「寓我有限年」。蘇軾〈六月二十日夜渡海〉稱：「九死南荒吾不恨，茲游奇絕冠平生。」[70]視九死南荒為「不恨」，視遷謫貶黜為「茲游奇絕」，當是了悟「諸相非相」，「無住生心」；「一切有為法」，皆似夢、幻、泡、影、露、電六如，皆為假相偽妄。有如此領悟，方能揚棄悲哀，體現樂觀曠達。所謂「所見是化身」，境由心造，隨「寓」而安，指此。儋州（今海南），為化外之地，於趙宋領土，已是天涯海角，蘇軾以《金剛經》所云「諸相非相」觀之，以「無住生心」處之，致眼中所見，黎民之好學者終日與蘇軾問學，無非「東家著孔丘，西家著顏淵」。〈六月二十日夜渡海〉詩所云「空餘魯叟乘桴意」，其實已體現行道於海外之無憾。至於儋州商市不二價，稼農不爭田，猶如君子國、華胥國之人間桃源，不欺而禮讓。如此海外理想國，大似王禹偁〈錄海人書〉所云，故贏得「周公與管蔡，恨不茅三間」。凡此，皆蘇軾惟心營造之桃源。雖然經常食薇蕨、廚無煙，仍能「聊樂我所然」。其中妙理，即在蘇軾所謂「我適物自閑」，夫子固已自道之矣。

人生不如意事常多，事與願違事不少。陳師道〈絕句〉有言：「書當

69　姚秦三藏法師鳩摩羅什譯，明成祖朱棣集注：《金剛般若波羅密經集註》（上海：上海古籍出版社，1985年二刷，據明永樂內府刻本影印），頁24，總頁26；頁48，總頁103；頁140，總頁287。

70　〔宋〕蘇軾著，〔清〕馮應榴注：《蘇軾詩集合注》，卷43〈六月二十日夜渡海〉，頁2218。

快意讀易盡，客有可人期不來。世事相違每如此，好懷百歲幾回開。」[71]
宋代士人於此，每作出塵之想，或如周必大作〈夢仙賦〉、吳儆作〈浮丘
仙賦〉、唐士恥作〈遇仙賦〉、戴埴作〈群仙賦〉、李綱作〈續遠遊
賦〉，[72]以寄寓向慕神仙、尋訪淨土之襟抱，藉此沈澱心靈，安頓生命。
或有倦鳥歸巢，迷途思返者，則學陶淵明，賦歸去來以明志，如梅堯
臣、王安石〈思歸賦〉；沈括〈懷歸賦〉、王令〈言歸賦〉、李處權
〈夢歸賦〉、唐庚、楊萬里〈歸與賦〉；王十朋〈歸去來賦〉、張侃
〈歸賦〉諸篇皆是。或慕山林之隱逸，或志隱逸於市朝、或求隱逸於紅塵
俗世，則如周紫芝之〈思隱賦〉、李處權之〈樂郊賦〉、蘇軾之〈酒隱
賦〉，是所謂「不擇山林，而能避世」者。要之，凡此出塵之想，物外之
思，皆士人託物寫意之作。試舉蘇軾〈酒隱賦〉為例，其言曰：

> 爰有達人，泛觀天地。不擇山林，而能避世。引壺觴以自娛，期
> 隱身於一醉。且曰封侯萬里，賜璧一雙。從使秦帝，橫令楚
> 王。飛鳥已盡，彎弓不藏。至於血刃膏鼎，家夷族亡。與夫洗耳
> 潁尾，食薇首陽。抱信秋溺，徇名立殭。臧穀之異，尚同歸於亡
> 羊。於是笑蹶糟丘，揖精立粕。酣羲皇之真味，反太初之至
> 樂。……若乃池邊倒載，甕下高眠。背後持鍤，杖頭掛錢。遇故
> 人而腐脅，逢麴車而流涎。暫托物以排意，豈胸中而洞
> 然。……[73]

就酒徒醉客而言，酒池醉鄉自是其安樂之天堂，心靈之桃源。蘇軾於

71　〔宋〕陳師道：《後山居士文集》（上海：上海古籍出版社，1984年），卷5〈絕句四首〉其四，
　　頁11。

72　曾棗莊等主編：《全宋文》，卷79，頁2398、2404、2406、2408；卷3681，頁15-16。

73　《全宋文》，卷1849，第85冊，蘇軾〈酒隱賦〉，頁151。

熙寧五年（1072），任官杭州時作〈遊金山寺〉，即有「江山如此不歸山，江神見怪警我頑。我謝江神豈得已，有田不歸如江水」之預言，唯歸隱山林之念乍現即消。〈酒隱賦〉，亦當作於黃州遷謫以後。唯有達人，能「泛觀天地」；亦惟達人，可「不擇山林，而能避世」。蘇軾自言，不勝酒力，而「引壺觴以自娛，期隱身於一醉」，自娛或期醉，多有借酒避世隱身之意。體悟「世事悠悠」，猶如「浮雲聚漚」，成敗相尋，禍福相倚，誠如李白〈將進酒〉所云：「古來聖賢皆寂寞，唯有飲者留其名」。〈酒隱賦〉曲終奏雅，卒章顯志，稱隱身於醉酒，不過是「以酒自晦」，「暫託物以排意」而已，胸中自是「洞然」明白的。不逃世遁世，只作短暫隱身，半晌自娛，無異留連安樂窩、獨樂園，自是人間仙源。

蘇軾子過，侍東坡，居儋耳，築室而有終焉之志，於是作〈志隱賦〉「以自廣，且以為老人之娛」，蘇軾覽而欣然嘉許之。[74]蘇過（1072-1123）〈志隱賦〉假主客問答，將儋耳瘴癘遐荒之地，龍蛇委藏之區，說成是「神仙之所宅」，可以「追赤松於渺茫，想神仙於有無」，以為「此天下之至樂」。安身立命，既抉擇若此，為此說「將以混得喪，忘羈旅」，其父蘇軾〈阿彌陀佛贊〉所謂「此心平處是西方」，心造桃源，固無適而不可。

（三）陸游之詩文與吾廬桃源

《詩經‧魏風》〈碩鼠〉，寫不滿現實，於是「逝將去女」，適彼樂土、適彼樂國、適彼樂郊，以期「爰得我所」。陶淵明賦〈歸去來兮〉，尋訪桃花源；作〈歸園田居〉，眼看「眾鳥欣有託」，於是「吾亦

74　《全宋文》，卷3100，第144冊，蘇過〈志隱賦〉，頁131-133。

愛吾廬」（〈讀山海經十三首〉其一）。下至宋代，李處權（？-1155）
有〈樂郊賦〉，寫所見、所聞、所感，「俯仰之間，無不欣欣而樂」；
「凡生物之遂植者，何往而不自得」。[75]南宋陸游亦作〈樂郊記〉，稱美
李晉壽以園林陂池為樂，不以泉石膏肓易鐘鼎世用，眷眷於樂郊，是以樂
郊園廬為人間樂土者。[76]以園廬為桃源，猶陶淵明之「吾愛吾廬」，皆作
為安身立命之樂土樂國。

　　陶淵明〈飲酒〉詩云：「結廬在人境，而無車馬喧。問君何能爾？心
遠地自偏。」「心遠地自偏」句，頗有理趣。地之喧與偏，取決於心之近
與遠。所謂大隱隱於市，不必穴居巖處方為遠。[77]陶淵明〈飲酒〉詩云：
「所以貴我身，豈不在一生？一生復能幾，倏如流電驚。鼎鼎百年內，持
此欲何成？」[78]職此之故，不企慕神仙，不依憑淨土，止將此身此心安立
於人境。淵明〈時運〉詩：「斯晨斯夕，言息其廬」；於是入我廬、息其
廬、愛吾廬，詩中三致其意。淵明根植於園田，安立於人境之吾廬意
識，〈歸園田居五首〉最有體現。[79]《維摩詰經》云：「若菩薩欲得淨
土，當淨其心；隨其心淨，則佛土淨。」[80]所謂「心遠地自偏」，可以類
比。陸游退居山陰會稽後，泛舟遊山，幽居自詠，每言「吾廬已是桃源
境」，亦差堪彷彿。

75　《全宋文》，卷3801，李處權〈樂郊賦〉，頁144。

76　《全宋文》，卷4941，第223冊，陸游〈樂郊記〉，頁91。

77　陶潛著，袁行霈箋注：《陶淵明集箋注》（北京：中華書局，2003年），卷3〈飲酒二十首〉其一，
　　頁247-249。

78　同前註，〈飲酒二十首〉其三，頁243。

79　蔡瑜：《陶淵明的人境詩學》（臺北：聯經出版公司，2012年），第二章、二、〈吾廬意識與虛室
　　境界〉，頁70-77。

80　〔後秦〕鳩摩羅什譯，釋僧肇等注：《注維摩詰所說經（不可思議解脫經）》（上海：上海古籍
　　出版社，1990年），卷1〈佛國品第一〉，頁44，總頁23。

陸游（1125-1209），曾「名動高皇，語觸秦檜」；然「遂戍散關，北防盛秋」。自許才氣過人：「腹容王導輩數百，胸吞雲夢者八九」，然畫策終不見用，只能退隱鏡湖，身老空山。年過六十，所作〈自閔賦〉、〈思故山賦〉、〈放翁自贊〉諸什，可略窺其平生。[81]紹興三十一年（1161），陸游37歲，作〈煙艇記〉，不以一葉扁舟為小，寄其趣于煙波洲島蒼茫杳靄之間，蓋江湖之思即其心靈樂土。[82]淳熙九年，58歲，作〈書巢記〉，稱「老且病，猶不置讀書，名其室為書巢」；謂其書室，「俯仰四顧，無非書者。吾飲食起居，疾痛呻吟，悲憂憤嘆，未嘗不與書俱」，是以書室為生命共同體。書巢不離塵世，猶獨樂園、安樂窩之倫，自是淵明吾廬桃源之屬。開禧元年（1205），陸游71歲，作〈東籬記〉，闢地瀦池，植木蒔花，名曰東籬，日婆娑於其間，取淵明「採菊東籬下」詩境可知。於是考《本草》、探《離騷》、本乎《詩經》、《爾雅》，以觀其比興，窮其訓詁。或作研究，或作吟諷，「蓋非獨娛身目，遣暇日而已」。使老子「得一邑一聚」，真足以「安其居，樂其俗」。[83]由此觀之，是以東籬為桃源。年八十，為寫真〈自贊〉，稱「雖不能草泥金之檢，以紀治功；其亦可挾兔園之冊，以教鄉閭」，[84]人生晚年，以問學奉獻鄉里，得英才而教，又是一大樂境。從徜徉煙波，到坐擁書城，到婆娑東籬，到教學鄉閭，可謂「人間隨處有桃源」，無入而不自得，桃源止在自家心中。

　　考察陸游《劍南詩稿》，於退官歸去山陰三十年之作品，上述所謂

81　曾棗莊等主編：《全宋文》，卷4923，陸游〈自閔賦〉、〈思故山賦〉第222冊，頁169、170-171；卷4946，〈放翁自贊〉二、四，第223冊，頁167-168。

82　《全宋文》，卷4941，陸游〈煙艇記〉，第223冊，頁84-85。

83　《全宋文》，卷4944，陸游〈東籬記〉，第223冊，頁129。

84　《全宋文》，卷4946，陸游〈放翁自贊〉其三，第223冊，頁168。

「吾盧桃源」，有較明確而具體之指陳，如：

西村林外起炊煙，南浦橋邊繫釣船。樂歲家家俱自得，桃源未必
是神仙。[85]

桃源只在鏡湖中，影落清波十里紅。自別西川海棠後，初將爛醉
答春風。[86]

久矣微官絆此身，柴車歸老亦逢辰。阮咸臥摘孤風在，白墮閒傾
一笑新。萬里馳驅曾遠戍，六朝涵養杰遺民。清閒即是桃源
境，常笑淵明欲問津。[87]

南陌歸雖人，東籬興又新。無求覺身貴，好儉失家貧。引水常終
日，栽花又過春。桃源不須覓，已是葛天民。[88]

陸游〈北園雜詠〉稱：「樂歲家家俱自得」，即是人間樂境桃源；
〈泛舟觀桃花〉詩，觀賞「影落清波十里紅」，遂覺「桃源只在鏡湖
中」。〈遣興四首〉之四稱：「清閒即是桃源境」；〈東籬雜題五首〉之
四云：「桃源不須覓，已是葛天民」。由此觀之，清波十里之鏡湖，無求
過春之東籬，都是桃源，已是仙境。自得其樂，清閒涵養，即是桃源
境、葛天民、神仙界。《維摩詰經》所謂「欲得淨土，當淨其心；隨其心
淨，則國土淨。」；陸游晚年，心境清閒自得，是以目見身觸，無非桃
源，故曰「桃源未必是神仙」。北園、東籬、鏡湖，皆無往而非桃源。又

---

85 《全宋詩》卷2188，陸游〈北園雜詠十首〉之一，頁24950。

86 《全宋詩》卷2182，陸游〈泛舟觀桃花五首〉之二，頁24855。

87 《全宋詩》卷2193，陸游〈遣興四首〉之四，頁25034。

88 《全宋詩》卷2215，陸游〈東籬雜題五首〉之四，頁25373。

如：

廢堞荒郊閒吊古，朱櫻青杏正嘗新。桃源自愛山川美，未必當時
是避秦。[89]

素慕巢居穴處民，久為釣月臥雲身。經行山市求靈藥，物色旗亭
訪異人。高枕靜聽棋剝啄，幽窗閑對石嶙峋。吾廬已是桃源
境，不為秦人更問津。[90]

策府還家又五年，心常無事氣常全。平生本不營三窟，此日何須
直一錢！雨霽桑麻皆沃若，地偏雞犬亦翛然。閉門便造桃源
境，不必秦人始是仙。[91]

　　無論幽居、泛舟、出遊，陸游心境清閒，靜觀自得，故所居所行，無
一而非桃源。故〈初夏出遊〉云：「桃源自愛山川美，未必當時是避
秦」；因山川殊絕，而引人入勝，流連忘返，可見「山川美」即是桃源
境。推此而言，舉凡浮生之清閒、自得諸殊勝，皆可看作「桃源境」。因
此，〈自詠〉稱：「吾廬已是桃源境」；〈幽居二首〉其一亦謂：「閉門
便造桃源境」。換言之，桃源清境，良由心造；吾心清閒怡樂，將無往而
不桃源。陸游詩於此，頗多提示，往往一編三致其意，所謂「人間隨處有
桃源」，如：

霏霏寒雨數家村，雞犬蕭然晝閉門。它日路迷君勿恨，人間隨處
有桃源。[92]

89　《全宋詩》卷2219，陸游〈初夏出遊三首〉之三，頁25443。
90　《全宋詩》卷2216，陸游〈自詠〉，頁25397。
91　《全宋詩》卷2224，陸游〈幽居二首〉之一，頁25512
92　《全宋詩》卷2176，陸游〈小舟自紅橋之南過吉澤歸三山二首〉之一，頁24759。

數家茅屋自成村，地碓聲中晝掩門。寒日欲沉蒼霧合，人間隨處有桃源。[93]

秋天近霜霰，吳地少風塵。時駕小車出，始知閑客真。新交孰傾蓋？往事漫霑巾。處處皆堪隱，桃源莫問津。[94]

築室鏡湖濱，於今四十春。放生魚自樂，施食鳥常馴。土潤觀鋤藥，燈清論養真。桃源處處有，不獨武陵人。[95]

在陸游看來，寒雨山村，有桃源；數家茅屋，有桃源，正所謂「人間隨處有桃源」。〈車中作〉所云，堪隱之吳地，自是桃源；〈書屋壁〉所言，自家於湖濱築室三十年，鏡湖更是桃源。誠如陸游所云：「處處皆堪隱，桃源莫問津」；「桃源處處有，不獨武陵人」。

四、結語

西方自柏拉圖《理想國》、托馬斯‧摩爾《烏托邦》以來，提供典範，寄望理想，期待建構一個美麗新世界，人人擁有快樂、幸福、美滿。在東方中國，亦不遑多讓。上古有《詩經‧魏風‧碩鼠》、《老子》的小國寡民，《列子》的華胥氏國、《禮記‧禮運》之大同世界；中古有陶淵明的桃花源、劉義慶《幽明錄‧劉晨阮肇》、王績《醉鄉記》之倫，皆不外世外桃源、人間天堂之追求。六朝以後，佛教淨土宣揚西方極樂世界，更提供芸芸眾生諸多嚮往與追求。

93　《全宋詩》卷2186，陸游〈小舟遊近村捨舟步歸四首〉之一，頁24919。
94　《全宋詩》卷2204，陸游〈車中作〉，頁25214。
95　《全宋詩》卷2228，陸游〈書屋壁二首〉之一，頁25572。

儒家、老莊、道教、佛教，各有其終極追求，極真、至善、絕美的想像空間，提供信眾心靈寄託，生命安頓的幸福選擇，確實貢獻良多，功德無量。尤其是飽經憂患，「意有所鬱結，不得通其道」的懷才不遇之士；不甘心同流合污，又不願意高舉遠去的社會良心；以及屢經貶謫流放、九死其猶未悔之儒士逐臣，高懸一種理想國度，儘管是不存在的幸福樂土，安放在內心深處，作為將來待訪的境界，終生追求的天堂，也算是慰情聊勝於無了。

　　宋人之樂土意識，表現在三大方面：一曰宗教之宣揚，二曰應酬之祝禱，三曰理想之興寄。三者之中，以理想之興寄最具時代特色。《老》《莊》之徒，宣揚其無為而無不為，道教徒宣揚其安樂自然，佛教淨土宣揚「淨土淨心，心淨土淨」。而以道佛之宣教較具傳播魅力，儒學提倡道德仁義，似遜一籌。表現於民生日用，祝壽祈福，則道教之長生久視，千秋萬歲，最受青睞。如史浩〈壽鄉記〉、程珌〈四明洞天賦〉、蔡渤〈圓嶠賦〉可作代表。

　　至於騷人政客，高尚其志、不甘隨波逐流，不願虛與委蛇，雖遭黜退貶謫，猶心繫家國，思有以重建，如王禹偁作〈錄海人書〉、〈君子鄉記〉、〈壽域記〉之類。或心灰意冷，襟懷別抱，追求道家之安適樂土，如晁補之作〈睡鄉閣記〉，曾丰、王象志、李綱等所作詩，多欣羨華胥國之俗尚，可作隱逸避世之安樂窩，是其例。或一時作出塵之想，尋仙界，訪仙源，藉嚮往神仙，尋求淨土，以求短暫解脫，此類文學作品頗多，如秦觀〈自警〉、胡寅〈和仁仲遊桃源〉、李綱〈武夷山賦〉、〈續遠遊賦〉、沈與求〈答游玄都賦〉、李南仲〈羅浮賦〉、白玉蟾〈天台山賦〉、〈蓋華山賦〉等皆是。其中秦觀、李綱、胡寅之辭賦，為「意有所鬱結，不得通其道」之代表。

　　士有不得志於廟堂，不得不漂泊江湖，委身草莽。既不能奮飛，有所

作為，故往往委屈謙退，自我調適，以應世情。蘇軾一生，道大難容，才高為累，「平生功業：黃州、惠州、儋州」。六十歲後，遍和陶淵明詩，學其委心任運，追求心造桃源。所作〈和陶桃花源并引〉，悟「此心平處是西方」；作〈和陶歸園田居〉，悟「境由心造，隨遇而安」；作〈書王定國藏〈煙江叠嶂圖〉〉，興寄可居可遊之畫境，嚮往隱逸可知。蘇軾所〈和陶桃花源并引〉與〈雙石〉二詩，盛稱「仇池」之勝境，山川清遠，所謂福地洞天，實為人間樂土，而非世外桃源。蘇軾中年所作〈酒隱賦〉，稱揚「不擇山林，而能避世」，是為達人。由此可見，蘇軾之樂土追求，不在方外，而在世間；所謂桃源，不在仙境，而在此心之中。

　　陸游雖心懷壯志，然畫策終不見用，自詡「腹容王導，胸吞雲夢」，五十三歲後，只能退隱鏡湖，身老空山。人生至此，也只能「素貧賤，行乎貧賤」了。從陸游所作〈煙艇記〉、〈書巢記〉、〈東籬記〉、八十〈自贊〉，可知從徜徉煙波，到坐擁書城、到婆娑東籬、到教學鄉閭，堪稱無入而不自得，堪稱「桃源處處有」，「人間隨處有桃源」；桃源只在吾心中。所謂「吾廬已是桃源境，不為秦人更問津」，《劍南詩稿》所體現，正指陳此一妙悟。

參考資料

一、古代典籍

1. 〔戰國〕老子著，〔魏〕王弼注，樓宇烈校釋：《老子道德經注》，北京：中華書局，2011年。
2. 〔戰國〕列禦寇著，楊伯峻集釋：《列子集釋》，北京：中華書局，1979年。
3. 〔戰國〕莊周著，〔清〕郭慶藩集釋，王孝魚點校：《莊子集釋》，北京：中

華書局，1961、2004年。

4. 〔漢〕孔安國傳，〔唐〕孔穎達疏：《尚書正義》，臺北：藝文印書館，1976年，《十三經注疏》本。

5. 〔漢〕司馬遷著，〔日〕瀧川資言考證，水澤利忠校補：《史記會注考證附校補》，上海：上海古籍出版社，1986年。

6. 〔漢〕毛亨傳，鄭玄箋，〔唐〕孔穎達疏：《毛詩正義》，臺北：藝文印書館，1976年，《十三經注疏》本。

7. 〔漢〕鄭玄注，〔唐〕孔穎達疏：《禮記注疏》，臺北：藝文印書館，1976年，《十三經注疏》本。

8. 〔漢〕鄭玄注，〔唐〕賈公彥疏：《周禮注疏》，臺北：藝文印書館，1976年，《十三經注疏》本。

9. 〔魏〕曹植著，趙幼文校注：《曹植集校注》，北京：人民文學出版社，1984年。

10. 〔後秦〕鳩摩羅什譯，釋僧肇等注：《注維摩詰所說經》，上海：上海古籍出版社，1990年。

11. 〔後秦〕鳩摩羅什譯，明成祖朱棣集注：《金剛般若波羅密經集註》，上海：上海古籍出版社，1985年，據明永樂內府刻本影印。

12. 〔晉〕陶潛著，袁行霈箋注：《陶淵明集箋注》，北京：中華書局，2003年。

13. 〔梁〕沈約：《宋書》，臺北：藝文印書館，1956年，《二十五史》本。

14. 〔唐〕韓愈著，錢仲聯集釋：《韓昌黎詩繫年集釋》，上海：上海古籍出版社，1984年。

15. 〔唐〕六祖惠能傳，李申合校，方廣錩簡注：《敦煌壇經合校簡注》，上海：上海古籍出版社，1999年。

16. 〔宋〕郭熙：《林泉高致》，俞劍華編著：《中國畫論類編》，北京：人民美術出版社，1986年。

17. 〔宋〕張君房纂輯，蔣力生等校注：《雲笈七籤》，北京：華夏出版社，1996年。

18. 〔宋〕王安石著，李壁箋注，高克勤點校：《王荊文公詩箋注》，上海：上海古籍出版社，2010年。

19. 〔宋〕蘇軾著，孔凡禮點校：《蘇軾文集》，北京：中華書局，1986年。

20. 〔宋〕蘇軾著，〔清〕馮應榴輯注，黃任軻、朱懷春校點：《蘇軾詩集合

注》，上海：上海古籍出版社，2001年。

21. 〔宋〕蘇軾：《東坡志林》卷二，〈讀《壇經》〉，傅璇琮、朱易安等主編：《全宋筆記》，鄭州：大象出版社，2003年，第一編第九冊。

22. 〔宋〕陳師道：《後山居士文集》，上海：上海古籍出版社，1984年。

23. 〔宋〕胡仔著，廖德明校點：《苕溪漁隱叢話後集》，北京：人民文學出版社，1981年。

24. 〔宋〕朱熹：《四書章句集注·論語集注》，北京：中華書局，1983年。

25. 〔宋〕黃震：《黃氏日抄》，臺北：臺灣商務印書館，1986年，文淵閣《四庫全書》本。

26. 〔清〕康熙御製：《全唐詩》，北京：中華書局，1960、1979年。

27. 北京大學古文獻研究所編：《全宋詩》，北京：北京大學出版社，1993年。

28. 曾棗莊等主編：《全宋文》，上海：上海辭書出版社，2006年。

29. 柏拉圖撰，卓維德（Jowett, Benjamin）英譯，侯健譯：《柏拉圖理想國》，臺北：聯經圖書出版公司，1979年。

30. 托瑪斯·摩爾著，戴鎦齡譯：《烏托邦》*Utopia*，臺北：志文出版社，1997年。

二、近人論著（依時間先後）

1. 程千帆：〈相同的題材與不相同的主題形象風格──四篇桃源詩的比較〉，《文學遺產》1981年第1期，頁56-67。

2. 齊益壽：〈「桃花源記并詩」管窺〉，《臺大中文學報》1期（1984年12月），頁285-319。

3. 袁珂校注：《山海經校注》，成都：巴蜀書社，1993年。

4. 廖炳惠：〈領受與創新──〈桃花源并記〉與〈失樂園〉的譜系問題〉，陳國球編：《中國文學史的省思》，臺北：書林出版公司，1994年，頁199。

5. 彭修銀：《墨戲與逍遙──中國文人畫美學傳統》，臺北：文津出版社，1995年。

6. 梁啟超：〈陶淵明之文藝及其品格〉，《梁啟超全集》，北京：北京出版社，1999年。

7. 陳岸瑛：〈關于「烏托邦」內涵及概念演變的考證〉，《北京大學學報》第37卷（2000年1期），頁123-131。

8. 歐麗娟：《唐詩的樂園意識》，臺北：里仁書局，2000年。
9. 周義敢、周雷編：《秦觀資料彙編》，北京：中華書局，2001年。
10. 〔日〕岡村繁：《陶淵明李白新論》，上海：上海古籍出版社，2002年。
11. 孟二冬：〈中國文學中的「烏托邦」理想〉，《北京大學學報》第42卷1期（2005年1月），頁41-50。
12. 李仙飛：〈烏托邦研究的緣起、流變及重新解讀〉，《北京大學學報》第42卷第6期（2005年11月），頁46-49。
13. 劉中文：〈異化的烏托邦——唐人“桃花源”題詠的承與變〉，《學術交流》第6期（總第147期，2006年6月），頁145-150。
14. 廖珮芸：〈唐人小說中的「桃花源」主題研究〉，《東海中文學報》第19期（2007年7月），頁61-68。
15. 賴錫三：〈〈桃花源記并詩〉的神話、心理學詮釋——陶淵明的道家式「樂園」新探〉，《中國文哲研究集刊》第32期（2008年3月），頁1-40。
16. 英武正信：《淨土宗》，成都：巴蜀書社，2009年。
17. 鄧福舜：〈〈桃花源記〉的桃花流水原型〉，《大慶師範學院學報》第30卷第5期（2010年9月），頁64-67。
18. 石守謙：〈桃花源意象的形塑與在東亞的傳播〉，石守謙、廖肇亨主編：《東亞文化意象之形塑》，臺北：允晨文化公司，2011年，頁63。
19. 蔡瑜：《陶淵明的人境詩學》，臺北：聯經出版公司，2012年。
20. 張高評：〈墨梅畫禪與比德寫意：南北宋之際詩、畫、禪之融通〉，《中正漢學研究》2012年第1期（總第19期），頁135-174。
21. 蕭馳：〈問津「桃源」與棲居「桃源」——盛唐隱逸詩人的空間詩學〉，《中國文哲研究集刊》第42期（2013年3月），頁1-50。
22. 張高評：〈詩、畫、禪與蘇軾、黃庭堅詠竹題畫研究——以墨竹題詠與禪趣、比德、興寄為核心〉，《人文中國學報》第19期（2013年9月），頁1-42。
23. 謝夢潔：《宋詩中的桃源意象研究》，江西師範大學碩士論文，2014年。
24. 傅修延：《中國敘事學》，北京：北京大學出版社，2015年。

4

道之鄉：烏托邦與反烏托邦[*]

張穎
香港浸會大學宗教及哲學系副教授

[*] 本文系筆者的研究課題 "Early Daoist Philosophies of War and Peace and Their Contemporary Explications" 的一部分。感謝香港研資局RGC所提供的GRF（HK$ 134,464.00）的資助。

前言

　　「烏托邦」（utopia）一詞來自16世紀英國著名的人文主義學者莫爾（Thomas More）的傳世同名之作《烏托邦》(1516)，該書名從此成為西方「空想社會主義」的代名詞。[1] 作為文藝復興時代的人文學者，莫爾的理想國顯然帶有明顯的世俗和理性向度，與基督教傳統中以「來世」為信仰基礎的「天國烏托邦」（alotopia）有所不同。[2] 現代西方「烏托邦」的概念更是從時間（指向將來的）和空間（指向超越的）的維度分別論述。

　　「烏托邦」原希臘文具有兩層含義：（一）*ou*-topia，即烏有之鄉（a non-place）；（二）*eu*-topia樂土福地（a good place）。這兩層意思意味著烏托邦是一個美好的但虛幻或未知的世界，與之相對的是一個真實或已知的但醜陋的現實。這一弔詭的概念直接影響了西方現代的社會理論、政治哲學與文學中有關「理想國」的想像，即「在時空中存在著的一個不存在的社會體系」，一個「想像的新世界」（the imaginary new world）。[3]

　　中國哲學和文學傳統中是否存在類似西方「烏托邦」的概念呢？在〈烏托邦：世俗理念與中國傳統〉一文中，比較文學學者張隆溪借用印度社會學家庫瑪爾（Krishan Kumar）的觀點指出，中國傳統中的諸如「大

1　摩爾的《烏托邦》以旅行敘事的框架，描繪了一個俗世的、共產公有的城邦國。該書的烏托邦模式明顯地受到古希臘政治思想的影響，其中包括柏拉圖的《理想國》中有關階級等級、公共財產和亞里士多德的《政治學》中有關共善、公民道德的概念。

2　譬如，奧古斯丁（Augustine of Hippo）的《上帝之城》（The City of God）是「天國烏托邦」（alotopia）代表作，作者認為理想的世界是來世而非現世。克雷斯（Gregory Claeys）將《聖經》中上帝所承諾的福地（the promised land）稱之為「天國烏托邦」（alotopia）。參見Claeys編輯的 The Cambridge Companion to Utopian Literature.（Cambridge: Cambridge University Press, 2010），p. 6.

3　Lyman T. Sargent, "Utopia – The Problem of Definition," (*Extrapolation*, 16. 2 . May 1), p.1975, pp. 127-148.

同」和「太平」的概念帶有突出的烏托邦色彩。[4] 張隆溪認為，儘管中國古代的哲學或文學作品缺乏西方那種對烏托邦世界細緻入微的刻畫，但對理想樂土的追求還是有所表達，特別是儒家「仁政」的政治理念以及「隱逸詩」類的文學作品。但張隆溪沒有細分政治之浪漫幻想（即西方意義上的理想國utopia）與文學之樂土幻想（即理想家園或「優托邦」eutopia）的不同，而後者恰恰是中國傳統較為豐富的一面。所謂的「理想家園」可以是外在的，但更多是內在的，即人們常說的「精神家園」。

本文將從四個方面探討道家／道教以及與此相關的文學作品中的烏托邦思想：（一）道家的理想國與桃花鄉；（二）道教中有關「仙境」、「福地」和「太平」的概念；（三）道家（老莊）哲學所體現的「反烏托邦」（anti-utopia）、甚至「惡托邦」（dystopia）的傾向；（四）以當代自由主義學者諾齊克（Robert Nozick）在《無政府、國家與烏托邦》（*Anarchy, State and Utopia*）所提出的「後設烏托邦」（meta-utopia）的概念說明道家「理想國」和「桃花鄉」思想的特色，並以此論述道家文化存在與西方古典的「烏托邦」既相似又有所不同的傳統。

一、道家的理想國與桃花鄉

道家的政治理念在先秦的不同文獻中有所暗示。譬如《老子》的「小國寡民」，《淮南子》的「東方君子之國」，以及《列子》的「華胥國」等等，其共同特徵是構想一個上古時代曾經有過的世外桃源。其中以《老子》中「小國寡民」之說最具有代表性：

4　見張隆溪 <烏托邦：世俗理念與中國傳統>（《二十一世紀雙月刊》1999年2號，51期），頁95-103。有關東西方烏托邦思想之論述，亦見Krishan Kumar, *Utopianism*. Milton (Keynes: Open University Press, 1991)。

小國寡民，使有什伯之器而不用。使民重死而不遠徙，雖有舟
輿，無所乘之。雖有甲兵，無所陳之。使民復結繩而用之。甘其
食，美其服，安其居，樂其俗。鄰國相望，雞犬之聲相聞，民至
老死不相往來。（《老子‧八十章》）5

在老子的理想國度，人們愛好和平，即便兵甲車船齊全，也只是備而
不用。人人能夠隨自己的興趣勞作，樂在其中；即使只是吃著簡單食
物，穿著粗布皁衣，住著土坯農舍，也怡然自得。自給自足、自由自
在，無為無華，享受獨有的鄉野風俗。《莊子‧讓王》中有類似的描
述：「余立於宇宙之中，冬日衣皮毛，夏日衣葛絺；春耕種，形足以勞
動；秋收斂，身足以休食；日出而作，日入而息，逍遙於天地之間而心意
自得。」這裡，莊子提供了相似的自然自在的生活方式。當然，與《老
子》的小國相比，《莊子》的理想社會更近乎於一種無政府的個人主義狀
態，沒有老子那些「取天下」、「治天下」、「莅天下」、「統天下」的
概念。值得注意的是，老子所提倡的理想國並非是一種拒絕技術、簡單的
「原始主義」（primitivism）的農耕文化，而是主張人民無需刻意追求，
無需自我張揚，無需成為工具的奴隸。

《老子》的註釋者蔣錫昌認為，本章乃老子字眼其理想國之治績
也。蓋老子治國，以無為為惟一政策，以人人能「甘其食，美其服，安其
居，樂其俗」為最後之目的，其政策固消極，其目的則積極（劉笑敢
2006，777）。陳鼓應指出，《老子》的作者基於對現實的不滿而在當時
散落的鄉村生活的模式上構想出一個桃花源式烏托邦（陳鼓應，1984，
360）。劉笑敢則認為，〈八十章〉並沒有直接討論國家形式和制度問

5　本文《老子》和《莊子》的引文源於陳鼓應的《老子今註今譯》（北京：商務印書館，2003年）
　　和《莊子今註今譯》（北京：中華書局，1997年）。

題，小國寡民除了提到不用軍隊之外，其他論述「全於國家政權問題沒有必然聯繫」（劉笑敢2006，777-781）。[6] 在這個問題上，也有學者持有與陳鼓應不同的看法。例如史學家許倬雲認為，老子的小國寡民不只是一種空想社會的模式，而是有一定的歷史依據。[7] 換言之，老子的理想國是對遠古社會的嚮往與追述。筆者認為，雖然〈八十章〉沒有詳盡的制度論述，但如果我們將此章與《老子》其他章節聯繫來看，特別是通過自然無為的概念，我們的確可以找到《老子》政治理想的脈絡。

首先，老子的「小國寡民」不是無政府，而是小政府，不是沒有軍隊和武器，而是盡量避免使用軍隊和武器。「小國寡民」的美好生活不是只是因為「小」和「寡」，而是因為人人各安其分、自由自在、無憂無慮；是因為老百姓「我自然」的生活狀態：在這小小的世界裡，沒有政局的紛擾，沒有道德的說教，沒有權力的爭奪，更沒有無窮無盡的私心與慾望。老子烏托邦情懷正在於此。

其次，儘管〈八十章〉、甚至《老子》全書沒有完整的有關國家形式與制度問題的探討，亦缺乏類似亞里士多德式「共善」（common good）的論述，但老子哲學所涵蓋的對上古時代曾經存在過的「黃金時代」嚮往是非常明顯的。與《老子》之後的文學作品相比，〈八十章〉並非是一個「心造桃源」的結果，而是與老子所認同的「理想君王」和「理想國」的概念有關。

對「自然」之理想的描述在《莊子》中也有所體現。在莊子的理想世界中，人與自然和諧相處，無欲無求，各得自然之樂：

---

6   劉笑敢認為《老子》所說的「小國寡民」實際上是「小邦寡民」，「邦」和「國」的意義有所不同，前者更為分封的家族和地域結合的政治實體。參見劉笑敢《老子古今》（上下冊）。北京：中國社會科學院出版，頁779。由於篇幅有限，對此不作論述。

7   詳細論述參見許倬雲《西周史》（增訂本）。北京：三聯書店，2001年。

故至德之世，其行填填，其視顛顛。當是時也，山無蹊隧，澤無舟梁；萬物群生，連屬其鄉；禽獸成群，草木遂長。是故禽獸可係羈而遊，鳥鵲之巢可攀援而闚。夫至德之世，同與禽獸居，族與萬物並，惡乎知君子小人哉！（《莊子・馬蹄》）

莊子認為，在至德的時代，禽獸成群，草木茂盛。人和禽獸混雜而居住，與萬物相處而生活。因為不伐、不奪，所以山間沒有小徑、道路，水澤沒有舟船、橋樑。沒有國家的分別，萬物群生，鄉縣閭里連繫在一起，卻沒有併吞對方的欲望。顯然，與老莊理想國直接呼應的是受到道家思想直接影響的東晉時代陶淵明（365-427）所寫的《桃花源記並詩》「桃花源」，亦是中國文學史上最著名的有關「優托邦」的描述：

「晉太原中，武陵人，捕魚為業，緣溪行，忘路之遠近。忽逢桃花林，夾岸數百步，中無雜樹，芳草鮮美，落英繽紛，漁人甚異之；復前行，欲窮其林。林盡水源，便得一山。山有小口，彷彿若有光，便舍船，從口入。

初極狹，纔通人；復行數十步，豁然開朗。土地平曠，屋舍儼然。有良田美池桑竹之屬，阡陌交通，雞犬相聞。其中往來種作，男女衣著，悉如外人；黃髮垂髫，并怡然自樂。見漁人，乃大驚，問所從來，具答之，便要還家，設酒殺雞作食，村中聞有此人，咸來問訊。自云先世避秦時亂，率妻子邑人，來此絕境，不復出焉；遂與外人間隔。問今是何世，乃不知有漢，無論魏、晉。此人一一為具言所聞，皆嘆惋。余人各復延至其家，皆出酒食。停數日辭去，此中人語云：「不足為外人道也。」

既出，得其船，便扶向路，處處志之。及郡下，詣太守說此。太

守即遣人隨其往，尋向所志，遂迷不復得路。南陽劉子驥，高士也，聞之，欣然規往，未果，尋病終。后遂無問津者。」[8]

這裡，作者為我們勾勒了一個自然、清靜、無為的道家的生活模式：土地平曠，屋舍儼然。良田美池、桑竹之屬，阡陌交通，雞犬相聞。桃花鄉的一切井然有序卻又自然而然。那裡的居民安於現狀，怡然自樂。見到來自異地外人闖入，雖有震驚，卻絲毫沒有敵意，將來客請到家中，設酒、殺雞、作食。在這個遠離外在塵世的地方，無君無臣、人們安康寧靜，享受彼此間的和諧自在，亦不受任何外在亂世的影響，這不正是《老子》中所表達的理想國的美好生活嗎？那麼桃花源是否只是陶淵明內心的虛擬想像，並以此求得心靈的安頓呢？陶淵明在〈桃花源詩〉中自問：「借問游方士，焉測塵囂外！」

傳統對《桃花源記》的詮釋主要有四類：仙境說、現世說、避世說與幻想說。所謂仙境說，即指陶淵明筆下的桃花鄉是對傳統仙道信仰中的仙人（即「秦人不死者」）世界的描述；現世說是指桃花鄉是對「阡陌交通，雞犬相聞」的人間桃源的真實寫照；而避世說則側重於桃花鄉對歷史和現實（即「秦人避難者」）的反映；幻想說著重於作者的寫作意圖，突出「心造桃源」的特質。第三種詮釋在宋代文人中尤為突出，如蘇軾（1037-1101）和王安石（1021-1086）。蘇軾在〈和桃花源並引〉一文中指出：「世傳桃源事，多過其實。考淵明所記，止言先世避秦亂來此，則漁人所見，似是其子孫，非秦人不死者也。」[9] 也就是說，陶淵明身處於一個荒亂無序，動盪不安的時代，因此借文學想像描寫隱逸生活，並抒發關心國事蒼生的情懷和對美好世界的憧憬。換言之，所謂的桃花鄉，其實

8　見袁行霈撰《陶淵明集箋註》（北京：中華書局，2003年），頁479-480。

9　同上，頁489。亦見《蘇東坡全集》（台北：河洛圖書出版社，1975年），卷3，頁86。

不在世外，而在心中。王安石的《桃源行》一詩則是把眼光放在現實，指出，「世上那知古有秦，山中豈料今為晉。」[10] 近代思想家梁啟超認為，陶淵明的《桃花源記》可以稱為「東方的烏托邦」，因為它描寫了「一個極自由極平等之愛的社會。」[11] 毫無疑問，桃花源的消失反映了陶淵明內在生命的失落感以及尋求一種精神上的回歸感，而這種情感長期以來在士大夫文化中產生了共鳴。因此，在老莊之後，對「自然世界」的憧憬成為中國哲學與文學中佔有重要地位的思想。無論是老子的小國寡民，莊子的至德時代，還是陶淵明的桃花源，他們所想表達的都是人們對於社會價值和自我生命的反思。

筆者認為，值得進一步玩味的是桃花源敘事的結構。武陵人不經意的發現與後人經意的尋找形成了一種張力，由此得出另一種道家式的解讀：「桃花鄉」是不可尋找的。這種不可能性（impossibility）並不在於桃花鄉根本不存在，或在一個極為隱秘的地方，或是李白詩中所說的「一往桃花源，千春隔流水。」不可尋求來自道家「大道無印跡」的思想，也就是說，道的理想國與桃花鄉是自然無為的產物，有目的的尋找或設計只會離「道」或「理想世界」更遠，這正是道家烏托邦的悖論。

二、道教的仙鄉與福地

由於仙道追求肉體不死，主張即身成仙，所以形成自身一套道教烏托邦（主要是在eutopia的層面上）的意象和終極想像，如崑崙山、蓬瀛仙

10　見高克勤《王安石及其作品選》。（上海：上海古籍出版社，1998年），頁22-23。

11　見梁啟超<陶淵明之文藝及其品格>《梁啟超全集》。（北京：北京出版社，1999年），頁5733-4743。

境、洞庭洞府。從空間設置而言，道教的仙鄉和福地的地理位置一般會遙遠、偏僻，但同時廣大、深邃、華麗。從《莊子》的「藐姑射之山」到流行於魏晉時期的洞天說無不為道教的烏托邦增添了神秘的色彩。另外，道教政治上的「末世論」思想也形成自身的「太平」觀點。魏晉南北朝時期，道教文化亦受到佛教的影響，使得道教的「烏托邦」概念更為複雜：既有現世的此岸的，也有避世的彼岸的；既有外在的仙境桃源，也有內在精神桃源。

　　《太平經》（又名《太平清領書》）是中國最早的道教經典，為東漢太平道一部包羅萬象的典籍。除了陰陽五行、神仙方術之外，最為突出的就是道教的政治和社會理念，即追求太平與和諧的世間秩序和理想社會。然而這個「太平」社會並非革命性的平等主義，而是社會等級分明的制度。在此制度下，人人都賦予了適當的職業和義務，即太平之世，萬物各得其所，無一受傷。從某種意義上來講，《太平經》裡的理想社會更像摩爾筆下的「烏托邦」，而非老子的「小國寡民」或陶淵明的「桃花鄉」。[12] 此外，《太平經》還把「太平」福地與「末世論」和「救世主」的概念結合在一起，一方面顯示了對社會現實的批判，另一方面反映太平道的神學思想。[13] 與此同時，《太平經》提出治身和治國之道，希望修道之士和有德之君，能奉行道教的教義，令天下太平，讓人民長壽安康，解決當時動蕩和瘟疫橫行的社會危機。

　　當然，道教經典中表現最多還是對仙境和福地的描述，對仙境和福地的想像也大大影響了當時的文學。譬如，「隱逸詩」成為中國詩歌發展中

12　參見古元昭治〈道教與中國醫學〉福井康順等（編）。《道教》卷二.徐遠和譯。上海：上海古籍出版社，1992年，頁200–252。

13　與基督宗教末世論（apocalypse）有所不同的是，道教的末世論和救世主的觀念更體現於現世烏托邦的革命思想，因此,中國歷史上早期的農民起義（如東漢的黃巾起義）常常於道教有關。

一個特殊的題材。「隱逸詩」除了對田園山水的吟詠之外，所表現的「神遊」或「神行」的遊仙詩大多與道教的天堂仙境有關聯，而儒家「邦有道則仕，邦無道則隱」的思想更加深了文人對「隱逸詩」的情趣。如張華（232-300）的《招隱士》和郭璞（276-324）的《遊仙十九首》。值得注意的是，「隱逸詩」詩中的美好世界往往更多的是表現現世的生活，而非一個全然超越的神靈境界，正如德國學者鮑爾（Wolfgang Bauer）所指出的那樣，「隱逸詩」是「將仙境帶到真實世界的生活中。……由此仙境成為普通人居住世界的一部分。」[14] 因此，像東晉詩人庾闡（？-339）〈登楚山詩〉中「回首盼宇宙，一無濟邦家」這樣的詩句更是對現實的寫照。[15]

受老莊與道教影響的「隱逸詩」的另一個特質就是「心造桃源」，即將理想境界內在化。實際上，這種內在化的表現也是道教傳統的一部分。道教修行的存思法就是依靠視覺冥思或意想將美好的東西轉化為修行人自身的思想境界，由此產生樂土福地或仙人桃源的內在化，也就是莊子所說的「神遊」或「無多住而生其心」之狀態。在道教中，這種內在化的烏托邦有時會被看成帶有神秘的玄思，莊子稱這種玄思為「藏」，即「聖人藏於天，故莫之能傷也」（《莊子・達生》）。莊子這裡講的「神遊」或「藏於天」其實就是順自然的意思，只是道教把這一思想稱作「玄之又玄」的義理。

與此同時，類似《桃花源記》的「尋找」主題在道教經典或相關的文學作品中也常常出現。譬如，《靈寶五符經序》（即《太上靈寶五符經

---

14 Wolfgang Bauer, *China and the Search for Happiness: Recurring Themes in Four Thousand Years of Chinese Cultural History* (New York: Seabury Press, 1976), p. 190.

15 同上。

序》或《太上洞玄靈寶天文五符經序》）記載一個尋找神秘符籙的故事。

《靈寶五符經》為道教靈寶派的主要經典；靈寶派為早期道教派別之一，由東晉末年葛巢甫在古《靈寶經》傳授基礎上進一步改造所建。根據傳說，昔禹治水於牧德之出，遇神人授以《靈寶五符》，後藏於洞庭的蒙籠之丘（即包山，今太湖西洞庭山），到一定時候啟示於人間。後吳王闔閭派使者／隱士龍威丈人到洞庭尋找五符。使者找到後獻給吳王，吳王將符籙展示給群臣，但無人能夠讀懂其暗含的意思。據說，靈寶經本是「秘篆文」，世人不可通曉。吳王後又向孔子請教，還是一無所獲。最後，吳王試圖親自解讀，然而所有的符篆轉瞬消失，其他企圖得到「秘文」的人也遭到各種厄運。這個故事似乎也在重複「大道無跡」的說法。

值得關注的是《靈寶經》中大段有關「洞玄」的精細描述，這些描述成為道教仙境文化的重要組成部分，有所謂「三洞」之說[16]。按照道教的解釋「洞」為「虛」，「玄」為「幽怨」。在洞玄福地，人們看到的是鑲嵌龍鳳的宮殿，涓涓細流的泉水，各式奇異的果樹和鮮花以及奇異的精靈。但道教傳統又同時把「洞玄」解釋為「虛化得道」的比喻。

> 包山隱居為使者，號曰龍威丈人，令極洞室之所，深履洪穴之源。包山隱居，得道者也。處於吳山，莫知其名，敖兀不群，高離世榮，時人號曰包山隱居。闔閭數親駕修敬，問以安危。是其時嘗共講此源路之由，故為其暫使乎。隱居於是帶燭載火，晝夜行邁一百七十四日而返。既還具說雲：不知其所極，隱居當步行可七千餘裡，忽遇草孔雜穴，千徑百路，沙道亂來，俱會一

---

16 道教的「三洞」指「天寶」「靈寶」和「神寶」。《太平經》中已有將「洞」與「道」放在一起，如《太平經》卷六十八曰：「夫道乃洞，無上無下，無表無裡，守其和氣，名為神。」漢代典籍中「洞」等同於「通」。見王文成〈道教「三洞」學說的思想淵源〉，《中國哲學史》，2002年，第四期，頁65-73。

處，形象相似，門戶同類。其叢徑之口，有金城玉屋，周回五百里，於眾道中央，明月朗煥，華照逸光，其中惟帷帳床機，窗牖密房，錯以紫玉，飾以黃金，雲廈凌天，莫識其狀。於是顧盼無人，瞻望城傍，見題門上曰天后別宮，題戶上曰太陰之堂。隱居知是神館，不敢冒進門內，乃更齋戒，思真三日，束修而入，看行其內，於玉房之中，北機之上，有一卷赤素書，字不可解。隱居再拜取書曰：下土小臣，為吳王使，請此神文，以為外施真氣信效。既還出外，而見其門戶自閉，聞其中有簫鼓激響，人馬之聲。隱居震懼，不敢久息，又不敢複進前路，恐致迷亂，不知歸向。[17]

上述的是典型的道教洞天福地的描述，展現了不同於現世的另一個空間。道教的仙境文化可追溯到上古的地理博物傳說，以及各式海外仙島的傳說，如《道藏‧洞玄部》所收集的所謂「十洲三島」。道教亦把洞天福地看成一個修行的空間，類似佛教淨土宗對「淨土」的理解。《靈寶經》對「洞玄」承繼了這個傳統，將洞天福地與修行成仙結合起來，以此構成道教的世外桃源。之後，道教迎合魏晉的遊仙之風，將自然之美與心中的仙境之美交融在一起，將自然的風光描繪得如夢如幻、神奇多姿。美國漢學家柏夷（Stephen R. Bokenkamp）指出，陶淵明的《桃花源記》的靈感有可能來自道教《靈寶五符經序》，他甚至認為後者對理想世界的描述高於前者。[18]

[南朝宋]劉敬叔（405-471）所記述的《異苑》的故事與《桃花源

17　見胡孚琛主編：《中華道教大辭典》。北京：中國社會科學出版社，1995年，頁266。

18　見Bokenkamp "The Peach Flower Font and the Grotto Passage," *Journal of the American Oriental Society*, Vol. 106, No. 1, 1986), pp. 65-77.

記》亦有相似異界遊歷的情節。其中說道：

> 元嘉初，武陵蠻人射鹿，逐入石穴，纔容人。蠻人入穴，見其旁
> 有梯，因上梯，豁然開朗，桑果蔚然，行人翱翔，亦不以為
> 怪。此蠻於路斫樹為記。其後茫然，無復彷彿。[19]

與《桃花源記》相比，劉敬叔的描述過於簡單，只是故事所暗含的
發現→追尋→迷失的結構與《桃花源記》雷同。陶淵明的《搜神後記》卷
一中有一篇名為〈穴中入世〉敘述了類似的仙境場景：

> 長沙醴陵縣有小水，有二人乘船取樵。見岸下土穴水逐流出，有
> 新歌木片逐流下，深山中有人跡，異之。乃相謂曰：「可試如水
> 中看由何爾？」一人便以笠自障，入穴。穴纔容入。行數十
> 步，便開明朗然，不異世間。

有意思的是，異界遊歷的同類題材的主角具有相似的身份：捕魚
人、蠻人或樵人。他們的社會地位不高，也不是悟道之人。可以看到的
是，從老子的「復返」到尋找仙境福地的「無復」顯現出一種道家／道教
式的關於烏托邦的弔詭思維，而這種弔詭思維在道家哲學中甚至成為反烏
托邦或惡托邦的元素。

三、道家的反烏托邦與惡托邦

在討論道家的反烏托邦與惡托邦之前，有必要提及一下儒家傳統中的

19　見Lydia Chiang, S. C. "Visions of Happiness: Daoist Utopias and Grotto Paradises in Early and Medieval Chinese Tales" 一文。(*Utopian Studies*, 20, 1, 2009)，pp. 97-120.

「理想國」。孔子生活在禮崩樂壞的動亂時代，卻對理想社會有著堅定的信仰。孔子以「仁」為核心的道德哲學亦是基於其理想國的願景。儒家對「理想國」或「優托邦」的闡述，早見於《禮記》：

> 孔子曰：「大道之行也，與三代之英，丘未之逮也，而有志焉。大道之行也，天下為公，選賢與能，講信修睦。故人不獨親其親，不獨子其子，使老有所終，壯有所用，幼有所長，矜寡孤獨廢疾者皆有所養；男有分，女有歸。貨惡其棄於地也，不必藏於己；力惡其不出於身也，不必為己；是故謀閉而不興，盜竊亂賊而不作，故外戶而不閉，是謂『大同』」。（《禮記》〈禮運第九〉）

這裡，儒家亦描繪了一幅道德高尚、個秩序井然的社會面貌。在孔子看來，社會之理想狀態是「不獨親其親，不獨子其子」，而且貨、力「不必為己」。因而理想社會的道德標準是「天下為公」，即一個以人人利他人為道德義務的大同社會。[20] 從儒家的角度審視，恢復社會秩序的唯一出路是社會道德的構建。美國漢學家費正清（J.K. Fairbank）將儒家的治國理念稱之為「德治的神話」（the myth of rule by virtue）。[21]

雖然儒道兩家皆談「至德之世」，但道家「我無為而民自化」的理念還是與儒家的理想國有所差異。同儒家的理想國，尤其是與摩爾「烏托邦」的概念相比，無論是老子的理想國與還是陶淵明的桃花鄉，它們具有區別於前者的共同特徵，可以概括為以下四點：

20　其實，「天下為公」非儒家獨有的思想。譬如黃老道家著作《　氏春秋》和《　冠子》也分　提出了，「天下為公」以及「四海一家」的社會理想。

21　轉引徐復觀〈美國費正清所提出的德治問題〉一文，《中國思想史論集》（臺灣：學生書局，2002年），頁210。

（一）非井然有序的理性符號

（二）非精心策劃的理想社會

（三）非化整唯一的集體主義

（四）非集權一身的國家機器

　　換言之，從《老子》的「小政府」到桃花源的「無政府」，我們看到道家所強調的是自然／自發之秩序（「我自然」），而非人為設計的一個理想的道德體系或政治體制。從道家的角度看，理想的社會即不是事先預設的，也不是一成不變的。《老子》特別指出物極必反的辯證思想，認為「益生曰祥，物壯則老，謂之不道，不道早已。」（《老子・五十五章》）《老子》又言：「以道佐人主者，不以兵強天下，其事好還。師之所處，荊棘生焉。大軍之後，必有凶年。」（《老子・三十章》）換言之，道家質疑一個完美的、統一的、絕對的理想政治模式。與此同時，道家的「反烏托邦」也反映在老莊對僵化的傳統道德規範的批評。《老子》藉「自然」和「無為」的主張消解以「禮樂」、「仁義」和「聖人」為代表的儒家思想，認為這類道德範疇的概念容易成為束縛人類天性的枷鎖，或演變為掩蓋物自身的偽裝。《莊子》直言道：「聖人不死，大道不止。」由此，道家對「德」採取了層層破除的遞減法，提出「上德不德」的思想：

> 故失道而後德，失德而後仁，失仁而後義，失義而後禮，夫禮
> 者，忠信之薄，而亂之首也。（《老子・三十八章》）

　　這裡，我們看到老子對儒家道德譜系和結構層級的消解過程。所謂「禮」即訴諸於外在的文飾禮節；所謂「仁義」即人偽和人執的道德。顯然，道家挑戰儒家所遵循的倫理規範。《禮記・曲禮上》有云：「夫禮者

所以定親疏，決嫌疑，別同異，明是非也……道德仁義，非禮不成，教訓成俗，非禮不備，分爭辯訟，非禮不決……君臣上下，父子兄弟，非禮不定……是故聖人作為禮以教人，使人以有禮，知自別於禽獸。」然而按照老莊的看法，這種僵化的倫理規範和社會秩序恰恰是人性異化和社會動亂的根源。基於這樣的考量，老子提出了與儒家「天下」有所不同的「無為」、「忘德」的政治理念：

> 大道廢，有仁義，智慧出，有大偽，六親不和，有孝慈，國家昏亂，有忠臣。〈十八章〉

> 絕聖棄智，民利百倍，絕仁棄義，民復孝慈，絕巧棄利，盜賊無有，此三者以為文不足，而令有所屬，見素抱樸，少私寡欲〈十九章〉

由此觀之，與烏托邦的道德教化的傾向相比，老莊之道具有明顯的反道德特質。這裡的「文」即「文／紋飾」與「素」和「樸」相反。對社會現實的反思讓老子提出與儒家不同的政治主張：治理天下不需「聖智」和「巧利」，而是讓人民回到自然本真的狀態，素樸無欲、絕學無憂。而強制的道德教化正是社會亂象的體現，正如《淮南子・繆稱訓》所言：「故道滅而德用，德衰而仁義生。」對自然之秩序的推崇在莊子、楊朱弟子以及魏晉的「竹林七賢」的思想中更為明顯，因此他們對儒家道德說教的批判也就更為直截了當。譬如「竹林七賢」之代表人物阮籍（210–263）在其道家宣言書《大人先生傳》，阮籍借用「大人」、「至人」、「仙人」的概念闡發「越名教、任自然」的道家旨趣，並對世俗「君子」加以無情的譏諷，提出「故至人無宅，天地為客。至人無主，天地為所。至人無事，天地為故。無是非之別，無善惡之異。」顯而易見，莊子

式反道德在此被發揮的淋漓盡致。《大人先生傳》所嘲諷的正是那些被《莊子》一書看作「喪己於物，失性於俗者，謂之倒置之民」（《莊子‧繕性》）的虛偽者。

筆者認為，對道德的質疑必然導致道家對傳統意義上的「烏托邦」概念的否定。譬如，《莊子‧山木》中展示了一個「物自身」的世間樂園：

> 南越有邑焉，名為建德之國。其民愚而朴，少私而寡欲；知作而不知藏，與而不求其報；不知義之所適，不知禮之所將；猖狂妄行，乃蹈乎大方；其生可樂，其死可葬。吾願君去國捐俗，與道相輔而行。（《莊子‧山木》）

上述對「建德之國」的描述與其說是對理想世界的肯定不如說是對儒家「文明」世界的反諷。而《莊子》中所謂的理想國其實都是一種修辭方法，即對「至德」的一種戲擬（parody）之反諷。這裡尤其突出的是以南越為代表的「蠻夷」與以中原為代表的「華夏」之間的對比，莊子對「蠻夷」的讚譽徹底顛覆了儒家對文化的詮釋。除了對文明社會之「烏托邦」的調侃，《莊子》篇章中還有近乎西方「惡托邦」（dystopia）的描述。[22]《莊子》中有一段陳述了聖人因好名而一意孤行，其理想國最終走向反面。莊子認為，所謂的「聖王」或「聖王之治」（儒家式的政教合

22　「惡托邦」（dystopia）原指「烏托邦」的反面，即一個理想國轉變為一個可怕的專制社會，反映對美好想像和社會藍圖的幻滅感。著名的作品有赫胥黎（Aldous L. Huxley）的《美麗新世界》（Brave New World）、奧威爾（George Orwell）的《1984》，扎米亞京（Yevgeny Ivanovich Zamyatin）的《我們》（We）。正如日本學者古川渥所指出的那樣，「從柏拉圖到摩爾，這一脈相承對理性的偏愛，正是構成一切烏托邦文學之基礎的要素。但弔詭的是，這個絕對化的理想秩序逐漸變質為可怕的反烏托邦。」見古川渥《幻想的地誌學》，許菁娟譯。（台北：邊城，2005年），頁26。

一)給人民帶來的惡果與桀紂這樣的暴君給人民帶來的災難沒有本質的區別。《莊子》寫道：

> 且昔者桀殺關龍逢，紂殺王子比干，是皆修其身以下傴拊人之民，以下拂其上者也，故其君因其修以擠之。是好名者也。昔者堯攻叢、枝、胥、敖，禹攻有扈。國為虛厲，身為刑戮。其用兵不止，其求實無已，是皆求名實者也，而獨不聞之乎？名實者，聖人之所不能勝也，而況若乎！雖然，若必有以也，嘗以語我來。（《莊子‧人間世》）

「名」（包括名物和名利）與「實」的衝突是道家哲學中一個重要關注點。「名」「實」不符是產生虛幻價值的主要原因，因此老莊都認為「名」既是公器也是兇器。歷史上的暴君不也號稱「以德授命」、「真命天子」和「家天下」嗎？莊子之所以提出「聖人不死，大道不止」（《莊子‧胠篋》），其原因是「故純樸不殘，孰為犧尊！白玉不毀，孰為珪璋！道德不廢，安取仁義！性情不離，安用禮樂！五色不亂，孰為文采！五聲不亂，孰應六律！夫殘樸以為器，工匠之罪也；毀道德以為仁義，聖人之過也。」（《莊子‧馬蹄》）因此，莊子認為，絕對的「烏托邦」（王道）帶來的有可能是一個絕對的「惡托邦」（霸道）。

> 世俗之所謂知者，有不為大盜積者乎？所謂聖者，有不為大盜守者乎？何以知其然邪？……昔者龍逢斬，比干剖，萇弘胣，子胥靡，故四子之賢而身不免乎戮。

莊子強調「典法無更，偏令無出」（《莊子‧田子方》）、「愚知處宜，貴賤履位，仁賢不肖襲情」（《莊子‧天道》）、「列士壞植散群，長官者不成德，鈇鉞不敢入於四境……侯無二心」（《莊子‧田子

方》）、「老弱孤寡……皆有以養」（《莊子·天下》）。顯然，莊子道家的這些社會理念比起儒家「天下為公」的道德理想，似乎更為務實一些。《莊子》指出，世間的混亂常常與聖人所強調的秩序聯繫在一起，如郭象所言：「言暴亂之君，亦得據君人之威以戮賢人而莫之敢亢者，皆聖法之由也。向無聖法，則桀紂焉得守斯位而放其毒，使天下側目哉！」應該指出的是，莊子之所以反烏托邦是因為他認為自由價值高於社會秩序的原則。因此他的理想世界與摩爾的理想邦國完全不同。在莊子的國度中，沒有從上至下的行為規範、國民教育、集體生活。雖然莊子的自由觀並非現代政治意義上的自由觀，但他的思想涵蓋一定的追求個性解放的政治意義。《莊子》言：

> 今子有大樹，患其無用，何不樹之於無何有之鄉，廣莫之野，彷徨乎無為其側，逍遙乎寢臥其下，不夭斤斧，物無害者，無所可用，安所困苦哉？ 《莊子·逍遙遊》

由此可見，莊子的「烏托邦」就是「無何有之鄉」的逍遙世界。借用法國當代哲學家德希達（Jacques Derrida）「解構主義」的術語來講，莊子的「烏托邦」既非「在場」（place）或「有」亦非「不在場」（non-place）或「無」，而是「在發生」（take place）。[23] 所謂的「在發生」即莊子的逍遙之「道」，即「在路上」。從這個意義上來講，「烏托邦」不是一個固定的理想國或桃花鄉，因為就「道」而言，對完美秩序的實現與對完美秩序的否定是同步進行的。換言之，「烏托邦」是一個自我消解（self-deconstructing）的過程，在其過程中，道家最終需要打破諸如內在

---

23 根據德希達的解構主義，形而上學的肯定（有）和否定（無）都需要被消解，以達到一個「在發生」（take place）的狀態。參見Harold G. Coward和Toby Foshay主編的 *Derrida and Negative Theology* (Albany: State University Press 1992), p. 126.

／外在、實然／應然、世俗／神聖、現實／想像這類的二元的對立。

四、不同的烏托邦模式

自摩爾《烏托邦》傳世以來，西方出現了形形色色有關「烏托邦」模式的論述。但無論是哪一種模式，從現代自由主義的角度來看，「烏托邦」或「烏托邦運動」已經淪為貶義之詞，因為其包含的理性主義、頂層設計、集體主義、平等主義、共善精神，並由此可能產生的獨裁專制是與現代自由主義思想，特別是帶有「反國家」特質的自由主義理念格格不入的。與此同時，經驗主義和實用主義哲學也排斥「烏托邦」觀念，視之為沒有棲身之地的精神虛構。那麼，我們應該如果在現代語境中探討「烏托邦」思想呢？

美國當代自由主義學者諾齊克（Robert Nozick）在《無政府、國家與烏托邦》（*Anarchy, State and Utopia*）提出最低限度國家（minimum state）或守夜人國家（night watchman state）的概念，並以此闡述與羅爾斯（John Rawls）不同的自由主義的正義觀。[24] 諾齊克在書中的第三部分提出「後設烏托邦」（meta-utopia）作為一個烏托邦的架構，試圖以此解決烏托邦思想與自由價值的衝突。諾齊克提出三種烏托邦模式：（一）帝國式的烏托邦（imperialistic utopianism）；（二）傳道式的烏托邦

---

24 諾齊克在書中界定了「正義」的概念，為他所主張的無干涉的市場經濟（laissez-faire market economy）提供了哲學上的理據，其中一個關鍵的思想是"自我擁有權"（the right of self-ownership），這一思想後來成為自由至上（libertarian）的標杆原則。與羅爾斯在《正義論》一書中所說的「正義」（特別是「差異原則」中的再分配正義）不同，諾齊克認為只有三種「正義」的存在：（一）佔用的正義原則（a principle of justice in acquisition）；（二）轉讓的正義原則（a principle of justice in transfer）；（三）對[前兩項]不正義的修正的正義原則（a principle of rectification of injustice）。見 Nozick (1974), *Anarchy, State and Utopia*。中文相關資料可參見周保松《相遇》（2008），頁153-155。

（missionary utopianism）；（三）存在式的烏托邦（existential utopianism）。諾齊克所肯定是第三種，即存在式的烏托邦，而這一烏托邦的框架中的理想國不是單一的，而是多元的。與傳統的「共善」理念不同，諾齊克認為，自由主義的「烏托邦」必須建立於一個可以容許每個個體根據其自身所認定良善的生活觀，去追求他／她自己的烏托邦之烏托邦架構。換言之，烏托邦應是一種追求「各種烏托邦的架構」（framework for utopias），亦即任由人們自由地自願結合，嘗試尋求在一個理想的社群中，去實現他們自己良善的生活觀。於此，不容任何人將他自己的烏托邦觀點，強加諸他人之上。很顯然，個人主義與個體人權是諾齊克自由主義理論的基石，因此他強調限制政府的權利，反對將任何人當作手段或工具，主張在個人自願條件下的協調合作。在諾齊克看來，自我擁有（self-ownership）和自由選擇（freedom of choice）才是一個真正理想的烏托邦架構。諾齊克從認為「烏托邦」是指「一切可能的世界中最好的世界」，在這種社會中，所有人都快樂的、按照自己向往的理想生活而生活著。由此推論，維繫社會正常的秩序最佳方案是依賴於自發性的秩序，其規範的對象只能是個體行為而不是事態。相反，所謂的「全能政府」（an omnipotent state）和它的設計理論（design theories）只是一個美好的幻想，而強制這一幻想的實現就會產生惡托邦，正如奧威爾（George Orwell）筆下的「1984式」的極權政府。

澳大利亞政治學學者庫卡薩斯（Chandran Kukathas）與美國政治學學者貝悌（Phillip Pettit）在他們二人合作的《羅爾斯——正義論及對它的批評》（*Rawls: Theory of Justice and Its Critics*）一書中指出，自由主義可以被看作對塑造現代世界之多元主義的一個重要的哲學回應。現代社會賦予宗教與道德價值的多樣性，使得不同的善之觀念並存，因而對普遍的共善論表示絕望。對此自由主義的回應是，儘可能地寬待人們對不同生活方

式的選擇。[25] 為了維繫多元價值，自由主義強調自由國家的價值中立（liberal neutrality of state）的主旨，而諾齊克的烏托邦架構同樣基於這一邏輯。因此，諾齊克對烏托邦最終的解釋是：在烏托邦中將不是只有一種共同體，也不是只有一種生活方式的存在。其實，諾齊克與他的精神導師哈耶克（Friedrich A. von Hayek）的自由主義思想十分相近。[26] 在哈耶克的思想體系中，我們經常會看到一系列與自由相關的詞彙，如個體自由、人身自由、自由社會、自由選擇等等。根據哈耶克對自由的定義，自由即一個人不受制於另一個人或另一些人專斷意志（arbitrary will）而產生強制的狀態，亦被稱之為個體自由（individual freedom）或人身自由（personal freedom）的狀態（Hayek 1960, 11）。由此推論，自由的本質是免於強制。所謂「強制」（coercion）即「一個人的環境（environment）或處境（circumstance）受到他人的控制，以致為了避免更大的災難，他被迫不能按照自己的慣性方式做事，而是要為他人的目的去服務。」（Hayek 1960, 20-21）由此觀之，諾齊克的烏托邦框架恰恰是避免哈耶克所說的那種「被迫不能按照自己的慣性方式做事，而是要為他人的目的去服務」的那種狀態。在自由主義的詞典裡，強制就是不公義。換言之，一個自由的社會（a free society）意謂著其經濟、政治、法

---

25 Chandran Kukathas and Phillip Pettit, *Rawls: Theory of Justice and Its Critics* (Stanford: Stanford University Press, 1990), pp.139-141.

26 哈耶克是20世紀古典自由主義的代表人物，亦是上世紀最著名的政治經濟學家和道德哲學家之一。哈耶克是1974年諾貝爾經濟學獎的得主，但他的學術貢獻卻遠遠超出經濟學領域。他畢生發表了130篇文章和25本專著，涵蓋經濟學、心理學、政治哲學、法律哲學、道德哲學等等，是20世紀最傑出的公共知識分子。哈耶克的思想主要是兩個來源：一是奧地利經濟學派（the Austrian School of Economics），二是英國古典自由主義（British classical liberalism）。前者影響他以自由為基礎的對"自由市場"的研究，後者影響他對接受用普遍性的法律限制政府權力的思想以及對17世紀法國理性自由觀（rational liberalism）和19世紀英國效益主義（utilitarianism）的批判。諾齊克的思想深受哈耶克和另一位美國自由派經濟學家弗裏德曼（Milton Friedman）的影響。

律、道德諸體系對於人們的強制狀況皆降至最低程度，由此人們可以依照自己的計畫來安排個人於社會中的生活，而不是被一個大有所為的典章制度和道德規範所控制。

那麼我們是否可以在諾齊克的「後設烏托邦」的框架下來審視道家的烏托邦思想呢？筆者認為，雖然老子的小政府與莊子的無政府都不是嚴格的現代意義上的政治理論，道家也沒有有關人權和財產權的論述，但道家不強求於人自由思想，既關乎一般的人際關係，也關乎政治制度的問題。[27]《莊子》中的「齊物論」觀點實際上是基於物之間的「差異性」，並以此反對絕對的單一化傾向。莊子的哲學甚至可以被看作一種主張「差異的哲學」（a philosophy of difference），而對這一差異的認同並不是提倡價值的相對性，而是強調價值的多元性。與諾齊克所強調的「人之差異性」相似，道家反對外在的統一的強制，「無為」的主要涵義就是「非強制性的作為」（non-coercive action），以便順應萬物的自然之秩序，而不受任何（先驗）教條的約束。這一點對統治者尤為重要，因為老子認為一個好的統治是老百姓不感受到任何的統治。所以司馬談在〈論六家要指〉說，「道家使人精神專一，動合無形，贍足萬物……與時遷移，應物變化……指約而易操，事少而功多。」《漢書‧藝文志》亦言：「清虛以自守，卑弱以自持，此君人南面之術」。由此推論，在道家眼中，制度性安排絕非出自強權意志的設計，而是在具體實踐中根據情境不斷地調試和改變。與此同時，在一個理想的團體中，每個人可以自由地按照自己的生活理念而生活，而不是把自己的烏托邦／理想觀念強加給他

---

27 劉笑敢認為莊子、楊朱所表現的「無政府」思想與戰國後期的隱士文化有關聯，他認為《莊子》外篇中的28，29，31章中的無政府主義主張皆為莊子和楊朱弟子所言。但無論如何，魏晉時期的無政府思想可以追溯到莊子時期。見劉笑敢《莊子哲學及其演變》（北京：中國社會科學院出版社，1993），頁18。

人。

　　西方有些學者試圖用自由主義，包括自由至上主義（libertarianism）的框架詮釋《老子》的政治思想。譬如美國卡圖智庫（Cato Institute）研究所的波阿茲（David Boaz）在他所著的《自由至上主義簡介》（*Libertarianism: A Primer*）一書中把《老子》視為東方自由主義思想的代言人，認為老子的自然無為與西方古典的自由思想有相似之處（Boaz 1998，27-28）。雖然波阿茲的觀點過於誇張，但不能否定《老子》中「小政府」、「低稅率」的主張以及漢初「文景之治」的政治立場，即老子所說的「為者敗之，執者失之」（《老子》29章）的思想與當代自由主義政治主張有一定的相似性。道家明確指出，社會秩序的混亂除了制度的因素之外，封建君主的統治方式起很大作用。因此，老子強調統治者的「虛」與「靜」，指出「我好靜而民自正」，希望給人民更多的自由空間。由此觀之，老子的理想國顯然與儒家具有核心價值的「大同世界」以及「內聖外王」的「仁政」有所差異，更與現當代中國的形形色色的烏托邦革命運動（如大躍進、文化大革命）大相徑庭。中國現當代的烏托邦革命運動具有一個共同的特質：利用國家機器來控制和鞏固集體意識。「惡托邦」讓人們看到，人類追求平等、和諧、幸福、效率等種種理想的努力之後，卻帶來了始料未及的結果。

　　從另一個角度來看，道家的平等思想不是大同世界中所提倡的經濟上的再分配的正義原則。無論老子還是莊子，都沒有明確的經濟上的均等主義（economic egalitarianism），也不是諾齊克的自由經濟的放任觀念。相反，老子的無慾、無爭的思想似乎更接近反市場經濟的思想。但拋開這個問題，老莊哲學中反對一切教條主義的預先設計這一觀點無疑區別於絕對化的古典烏托邦理論。老莊哲學所提倡的自我意識、自我決斷、自我創造更近於諾齊克的多元的烏托邦模式。也就是說，如果我們還想保留烏托邦

的理念，它一定不是單音平調的，而是多音複調的。然而在當今社會，烏托邦理想如何更好地與自由理念結合，個人主義與集體主義是否一定是非此即彼的對立關係，這些還是有待進一步探討的問題。

結語

　　本文探討道家／道教以及與此相關的文學作品中的烏托邦思想。筆者認為，道家的理想國與桃花鄉以及道教中的「仙境」、「福地」和「太平」等概念表達了對理想世界或「應然世界」的想像，對境界（內在化或精神化世界）的描述，以及對現實社會的反思和批判。與此同時，文章指出了道家（老莊）哲學中所體現的「反烏托邦」、甚至「惡托邦」的傾向，指出道家反烏托邦的思想是道家哲學中「物極必反」的辯證思維以及反道德教條相一致的。最後，筆者以當代自由主義學者諾齊克的「後設烏托邦」的概念說明道家「理想國」和「桃花鄉」思想的特色，並以此論述道家文化存在與西方「烏托邦」既相似又有所不同的傳統。

　　庫瑪爾在討論西方古典主義烏托邦概念時說道，這些概念「都是對激進的原罪論發動的攻擊。烏托邦永遠是人只靠他自然的能力，『純粹借助於自然的光芒』而所達到的道德高度之衡量。」（張隆溪1999，99）[28] 其實，庫瑪爾這裡暗示了人文主義在評判基督教神學的同時自身不能避免的思想局限。在今天的21世紀，儘管反烏托邦政治和惡托邦文學仍然流行於世，但各式的烏托邦信仰依然存在，如全球化的烏托邦、消費主義的烏托邦、福利社會的烏托邦等等。烏托邦既可能是幻想像世界中令人嚮往的美好生活，也可能是現實中令人恐懼的夢魘惡魔；烏托邦主義的產生是為了

28　亦見Kumar (1987), *Utopia and Anti-Utopia in Modern Times*, pp. 108-109.

人類的徹底解放和自由，而烏托邦的實現又有可能使人類徹底地喪失了解放和自由——這正是烏托邦的弔詭之處。或許這一切，恰恰反映了人文主義自身（特別是理性至上的人文主義）所存在的困境。或許正因為如此，老莊言變，乃至懷疑任何絕對理想主義和至善主義的存在。

參考資料

1. 陳鼓應，2003年。《老子今註今譯》。北京：商務印書館。

2. ＿＿＿ 1997年。《莊子今註今譯》。北京：中華書局。

3. 高克勤，1998年《王安石及其作品選》。上海：上海古籍出版社。

4. 胡孚琛主編，1995年。《中華道教大辭典》。北京：中國社會科學出版社。

5. 梁啟超, 1999年。〈陶淵明之文藝及其品格〉《梁啟超全集》。北京：北京出版社。

6. 劉笑敢, 2006年。《老子古今》（上下冊）。北京：中國社會科學院出版。

7. ＿＿ 1993年。《莊子哲學及其演變》。北京：中國社會科學院出版社。

8. 吉元昭治，1992年。〈道教與中國醫學〉福井康順等（編）。《道教》卷二. 徐遠和譯。上海：上海古籍出版社。

9. 蘇東坡，1975年。《蘇東坡全集》。台北：河洛圖書出版社。

10. 王文成，2002年。〈道教「三洞」學說的思想淵源〉，《中國哲學史》，第四期，頁65-73。

11. 徐復觀，2002年。〈美國費正清所提出的德治問題〉，《中國思想史論集》。臺灣：學生書局。

12. 許倬雲，2001年。《西周史》（增訂本）。北京：三聯書店。

13. 袁行霈撰，2003年。《陶淵明集箋註》北京：中華書局。

14. 張隆溪，1999年。〈烏托邦：世俗理念與中國傳統〉。《二十一世紀雙月刊》1999年2號，51期，頁95-103。

15. 周保松，2008年。《相遇》。Hong Kong: Oxford University Press.

16. Bauer, Wolfgang. 1976. *China and the Search for Happiness: Recurring Themes*

in Four Thousand Years of Chinese Cultural History. New York: Seabury Press.

17. Boaz, David. 1998. *Libertarianism: A Primer*. New York: Free Press.

18. Bokenkamp, Stephen R. 1986. "The Peach Flower Font and the Grotto Passage." *Journal of the American Oriental Society*, 106, 65-77.

19. Chiang, S. C. Lydia. 2009. "Visions of Happiness: Daoist Utopias and Grotto Paradises in Early and Medieval Chinese Tales." *Utopian Studies*, 20, 1, 97-120.

20. Claeys, Gregory (ed.). 2010. *The Cambridge Companion to Utopian Literature*. Cambridge: Cambridge University Press.

21. Coward, Harold and Toby Foshay. Eds. 1992. *Derrida and Negative Theology*. Albany: State University Press.

22. Hayek, F. A. 1960. *The Constitution of Liberty*. London & New York: Routledge.

23. Kumar, Krishan. 1991. *Utopianism*. Milton Keynes: Open University Press.

24. _____ 1987. *Utopia and Anti-Utopia in Modern Times*. Oxford: Blackwell.

25. Nozick, Robert.1974. *Anarchy, State and Utopia*. 1974. Oxford: Blackwell.

26. Rapp, John A. 2012. *Daoism and Anarchism: Critiques of State Autonomy in Ancient and Modern China*. London/New York: Continuum.

27. Rawls, John. 1971. *A Theory of Justice*. Cambridge, Mass: Harvard University Press.

28. Sargent, Lyman Tower. 1975. "Utopia – The Problem of Definition." *Extrapolation*.16.2 (May 1st), 127-148.

烏托邦、惡托邦，和其他的托邦：以《羚羊與秧雞》和《嗜血法醫》為例

梁孫傑

臺灣師範大學英語學系教授

自從湯馬斯・摩爾的鉅著《烏托邦》（*Utopia*）在1516年出版以來，迭經歷代鴻學大儒不斷用心的詮釋和激烈的討論，希冀能以此為基礎打造一個完美的理想國度。然而到了五百年後二十一世紀的現代，烏托邦似乎已和原先在政治上所設定的人間樂土背道而馳，完全不是其副標題《關於最完美的國家制度和烏托邦新島的既有益又有趣的全書》所勾勒出的美好景象。綜觀近百年來所謂的烏托邦文學，假如把書名改成《惡托邦：關於最完美的極權暴力國家制度和惡托邦新島的既無益又有害的全書》，似乎還比較名符其實些。其實，摩爾的《烏托邦》所描繪的原本就不是我們所認知的桃花源，而是以國家機器運作的順利與否做為最大福祉的政治理念，對內實施嚴格人口控管，以峻刻制度掌握人民動向，對外採取賄賂、投毒、暗殺等間諜活動，以最低資源的犧牲維護最大利益的和平為最終目的，和我們現在所熟知的集權主義下的政治算計和軍事策略，在操作層面或有精粗優劣之差別，但在本質上卻是大同小異，無分軒輊。「烏托邦」的理想國度，不僅從一開始就是個不曾存在過的地方，而且也不是後來美其名的「優托邦」（eutopia）。「優」，就個人修身而言，或許是「止於至善」，就政治體制而言，或許是「天下為公，世界大同」。然而兩相比較，在實體空間上，在政治運作上，在抽象精神上，假如烏托邦從來都不曾存在過，那麼根本就無從「優」起。或許我們可以說，摩爾所呈現的烏托邦，是一個政治現實早已謀殺了政治理想，政治理想早已扼殺了基本人性的世界。死亡成了烏托邦開始和結束的宿命。

　　在加拿大作家阿特伍德（Margaret Atwood）的科幻小說《羚羊與秧雞》（*Oryx and Crake*）中，有一段描述頗符合這樣的場景。小說的敘述者吉米畢業於當時已經破敗的瑪莎·格雷厄姆學院，對文字修辭比較在

行，主修「問題導向'」，在安諾優生物科技藥品公司擔任廣告撰寫員的
職務。他的工作「就是描繪，讚頌，去展現那些產品所能達到的效果」
（258）；有時他會在藝術情懷驅使之下，自己創造一些字根字尾隨易亂
湊念起來似乎頗具邏輯含意但其實毫無意義的字詞，竟然獲得主顧大加讚
賞：「他本應為成功杜撰出這些詞語而高興，但這卻使他鬱鬱寡歡。從上
面傳下來的備忘錄誇他幹得好，可這對他毫無意義，因為備忘錄都是些半
文盲口授的；這些備忘錄只能證明安諾優上上下下無人能賞識他的聰
明。他開始懂得為什麼連環殺手會把有用的線索寄給員警」（259）。

　　吉米把自己獨創字彙的嘔心瀝血過程比喻成連環殺手的精心謀殺佈
局。創造字彙和毀滅生命之間，到底有何共通之處？是什麼樣的情愫把這
兩種似乎風馬牛不相及的元素謀合在一起的呢？假如我們把美國電視影集
《嗜血法醫》（Dexter）的連環殺手德克斯特的殺人動機納入考量，就會
發現兩者的交集點正就是實施烏托邦理念到達極致的必然結果。《羚羊與
秧雞》嚴厲批判跨國企業全球資本主義藉由科技和媒體對現代社會進行全
面的掌控和監視，並以知識生產科技掛帥的模式進行大規模政治操控，從
外在自然環境、人類社會和動物世界，到內在生命樣態和基因圖譜，無不
被全面滲透完全監控。事實上，阿特伍德旨在暴露人類中心主義善於分門
別類，製造二元對立，致使烏托邦和批判性的惡托邦（dystopia）相互滲
透，互為表裡，早以失去超然批判之客觀性。反觀《嗜血法醫》，是以極
端血腥暴力的連續殺人模式對人道主義提出的控訴，對人性中的動物性進
行撲殺毀滅棄斥之後，企圖建立一個沒有殺戮沒有邪惡的烏托邦社會，卻
反而讓人淪為僅具獸性的動物。本論文從探討批判式惡托邦主義、後末世

1　這門學問主要研修「應用邏輯學、應用修辭學、醫藥倫理學及術語學、應用語義學、相對論及
　　高等錯述學、比較文化心理學及其他」（195）。此處中文翻譯主要參考韋清琦和袁霞的中譯本
　　《羚羊與秧雞》（南京：譯林，2004年）。

惡托邦主義，和生態後人類主義出發，參照阿特伍德所提出吾托邦（ustopia）的概念——以吾人述說故事的可能性來創造無所不在卻無可定位之畛域，來討論《羚羊與秧雞》和《嗜血法醫》中反烏托邦之所以變成返烏托邦的成因，主張「去人」是吾托邦推展到極致邊緣所必須仰賴的必要媒介。

一、回顧烏托邦

我們如何談論一個從來就不曾存在的國度呢？從十九世紀末跨越二十世紀到了二十一世紀，就文學作品所呈現的趨勢而言，從原先對於烏托邦的深情嚮往轉而強調烏托邦在本質上的不可能存在，以及潛藏蓄勢的極權思維。1890年莫理斯（William Morris）出版《來自烏有鄉的消息》（*News from Nowhere*），而貝拉米（Edward Bellamy）的《回溯過去》（*Looking Backward*）在七年後面世。兩本小說都是以極大的熱情，一方面匡正褒貶當時社會制度，另一方面滿懷期盼地描繪人類未來完美社會的降臨。然而二十世紀接連兩次的世界大戰，把人類的生存推到空前未有的劫難，俄羅斯的薩米爾欽（Yevgeny Zamyatin）的《我們》（1920），英國的赫胥黎（Aldous Huxley）的《美麗新世界》（1932）和另一位英國作家歐威爾（George Orwell）的《1984》（1949），是惡托邦三部代表作品。我們所看到的是一個原先構想的美麗新世界全面的潰爛和崩解。集權政體挾帶國家機器的優勢和科技媒體的操控，無孔不入地深入個人生活和生命裏層，從外部的監視企圖掌握內心的思想。到了1970年代，乘著女性主義勢如破竹的潮流，「批判性惡托邦」如雨後春筍般大放異彩，拉思（Joanna Russ）、皮爾希（Marge Piercy）、勒瑰恩（Ursula Le Guin）、德雷尼（Samuel Delaney）等，直接挑明棄決烏托邦的虛幻理想，也否定

集體努力會帶來甜美的果食。根據莫爾（Dunja Mohr）的觀察，這些作家敘述的重點從關懷國家命運社會福祉等巨大宏觀視野轉變成「角色發展，非線性時間，以及多重觀點」（8）。烏托邦不再是個本質亙古不變的存在，而是更加貼近個人在時代變遷世界潮流趨勢的大環境中所真正經歷的存有現狀。烏托邦從一個理想政治體制不曾存在的空間，轉變成在可預見的未來內，人類經由努力或許可以達到的優托邦（eutopia）。但是這樣的努力，在科技發展日新月異，資本主義全球蔓延越演越烈的情況，似乎還是脫離不了幾世紀以來的魔咒，這或許就是貝吉斯（Olivia Burgess）所指出的二十世紀以來烏托邦在文學傳統，「最顯著的現象是瀰漫著惡托邦的思維和無法迴避的末世論述」（130）。

　　雖然優托邦並沒能完全解決原先的困境，但卻指出一條較為實際可行的方向。也就是將理想的適用性從古往今來無盡的永恆時間裡拉近到可預見的未來，這個就是阿特伍德所倡導的幻設文學（Speculative Literature）所代表的精神。阿特伍德長期以來一直強調她的《使女的故事》（*Handmaid's Tale*）和後來的末世三部曲《羚羊與秧雞》、《洪荒年代》和《瘋狂亞當》是屬於幻設小說，而不是所謂的科幻小說。阿特伍德作品產量豐富，屢屢奪得文學大獎，其中包括英語小說界最重要的布克獎。在1986年她的《使女的故事》曾進入科幻小說最高榮譽星雲獎的最後決選名單，雖然失之東隅，但在隔年立刻收之桑榆，奪得同樣在科幻小說界享有盛名的克拉克獎，評選為當年度最佳科幻小說。阿特伍德成就非凡，幾乎眾望所歸。所謂「幾乎」，是因為雖然《使女的故事》為她奪得科幻小說的至高榮譽，但她始終不認為她寫的是科幻小說，也難怪勒瑰恩語帶抱怨的說，阿特伍德只是不想把她的作品擺在如同文學貧民窟的科幻小說文類裡（qtd. in Atwood 2011）。我們聽聽阿特伍德本人針對《羚羊與秧雞》的文類歸屬所提供的說法：

如同《使女的故事》一樣，《羚羊與秧雞》是一本幻設小說，並不是所謂的科幻小說。故事內容並沒有跨越星際的太空旅行，沒有以量子傳輸物體的設備，也沒有火星人。和《使女的故事》一樣，這本小說並沒有發明出到現在我們所沒有發明的，或是還沒開始發明的東西。小說都是從「假如是如此」開始，然後循此建立寫作原則鋪陳故事。《羚羊與秧雞》的「假如是如此」頗為單純，假如我們是如此繼續循著我們現在的路走下去呢？下坡路會有多滑溜？什麼會是拯救我們的恩典？誰有意志可以阻止我們？（Atwood）

在這些看似冷冰冰的邏輯推論之中，似乎瀰漫著一股巨大的憂慮。說穿了，就是長此以往沿著現在的發展毫無遲疑的走下去的話，下坡的路會越來越陡，越來越滑，越來越煞不住腳，而這是一條陡降到斷崖的絕路，最後的結果，必然是前頭煞不住，後頭向前推，一個個如集體自殺般都墜落到絕谷深淵，摔個屍骨無存。

真確感受到人類滅絕迫在眉睫恐怕隨時會爆發的潛藏威脅，阿特伍德不是唯一一人。依據卡納凡（Gerry Canavan）觀察近年來科幻小說的整體發展趨勢，尤其是烏托邦思想所處理的未來性挑戰時，他認為我們現在所真正面臨的威脅，已經不是反烏托邦、惡托邦、優托邦，或批判性烏托邦的問題，而是「實實在在徹頭徹尾的末世」；卡納凡指出，「人類滅絕現在似乎已是科學上確切的真相……而我們已經習慣於把大災難想像成早就發生過了」（2）。人類歷史的進程，跌跌撞撞的，似乎一直都充滿了難以理解的矛盾和弔詭。烏托邦的理想竟然演化成人類滅絕的致命武器。美麗的外表下，難道一定暗藏蛇蠍的禍種？《羚羊與秧雞》所描繪的大災難發生前的世界，有錢有勢的社會名流政商要人科學菁英全都住在烏

托邦式門禁森嚴的封閉式社區（gated community）。吉米的父母都在高科技基因工程公司工作，身居要職，他們住的地方是「一座佐治亞式集中規劃的大房子裡，擁有室內泳池和一間小健身房……房子、游泳池、傢俱，一切都屬於奧根農場大院，這是公司高層人員的住宅。漸漸地中層行政人員和初級科研人員也住進來。吉米爸爸說這樣更好，因為誰也不願從那種預製房社區搭車過來上班。儘管有經過消毒的交通走廊和高速子彈列車，但在穿越城市時總還存在危險」（28）。秧雞，吉米的好朋友，也是直接造成人類空前大滅絕的理想主義科學家，在大學唸書時，自己擁有「一個套房，傢俱多為木制，有觸鈕式軟百葉窗簾和能真正運轉的空調套房包括一間大臥室，一間封閉式帶蒸汽浴功能的淋浴房，一間配有可拉出沙發床的客廳……以及一間裝備了嵌入式音響系統和一整套電腦設施的書房。還有女傭來收拾房間，她們把髒衣服拿走，洗好了再送來」（207-208）。他們的居住空間簡單、乾淨、健康、舒適、安全、美好。「美好的事物是永恆的喜悅」，英國浪漫時期詩人濟慈在《恩迪米恩》（Endymion）的詩集開宗名義第一行就寫下這樣千古傳頌的詩句。不過美好事物假如只是金玉其外，那可能就會成為永恆的夢魘了。

二、嗜血烏托邦

美國電視影集《嗜血法醫》（Dexter）的連環殺手德克斯特就是住在類似這樣的社區內。德克斯特（Dexter Morgan）是一位在警局工作的血液分析專家，但暗地裡是個連環殺手。他的受害者都是逃脫或超越法律制裁的罪犯。德克斯特是我們一般所理解的動用私刑的正義使者。他殺人是因為本能上具備一股無可壓抑的殺人衝動，只有在儀式般的殺完人後，才能得到暫時的解脫。他深知自己內心的獸性，常把自己視為妖怪或動

物，但努力奮發「要變成人」。他相信殺死和他同具動物獸性的罪犯是他「變成真正的人」的必要儀式，然而在八季裡總共謀殺了272名罪犯後，德克斯特卻從一開始整潔乾淨陽光形象的專業人員，到了第八季片尾，變成一個只剩動物殺戮生存本能形象的伐木工人。《嗜血法醫》是以極端血腥暴力的方式對人道主義式的烏托邦情懷提出的控訴，對人性中的動物性進行撲殺毀滅棄斥之後，反而讓人淪為僅具獸性的動物。

就表象而言，德克斯特絕對是個現代烏托邦的理想代言人。他的衣著鮮明但不奢華，為人謙恭有禮，時常面帶微笑，男同事信任他，女同事喜歡他，工作認真，專業負責，似乎全身上下找不出任何一點瑕疵，是個陽光型的好男人。他的居住環境就如同吉米的父母和秧雞的社區一般，也反映出烏托邦美好的一面。就算以連環殺手這個身份而言，我們姑且將倫理道德法律規範先擺置一邊，他算得上是一位盡職認真負責具有高度職業情超的角色。他事前規劃詳盡，辦事井然有序，事後乾淨俐落，絕對不是像德州電鋸殺人狂那樣把場面搞得既骯髒又邋遢。德克斯特是個有極度潔癖的連環殺手。他的潔癖，來自於以毒剋毒的烏托邦理想。德克斯特天生就具備無法壓抑的殺人慾望，每隔一陣子非得殺個人才能消解那份遏止不了的內在衝動。因此他最理想的下手對象就是危害社會的壞人，尤其是連環殺手。他自認為像個有潔癖的清道夫，為了替善良老百姓清除社會污垢，必須不怕髒不怕亂。不過，自我感覺良好是一回事，內在實際情況又是一回事。我們就以《嗜血法醫》的片頭作為例子，來解釋極權暴力如何架構烏托邦的理想社會。

近年來的影視片頭早已成為劇情主題的迷你濃縮版，而早晨起床到出門這段期間的活動更是不約而同選定的呈現橋段[2]，《嗜血法醫》尤其是

2　另外比較明顯的實例，包括《美國心玫瑰情》（*American Beauty* 1999）、《危險關係》（*Dangerous Liaison* 1988）、《爵士春秋》（*All That Jazz* 1979）、《楚門的世界》（*The Truman Show* 1998）等（Brylla）。

個中翹楚。如同布里拉（Catalin Brylla）所指出的，這些看似十分通俗平凡的家庭瑣事，其實是每天生活真正開始前的重要儀式，為即將到來的艱辛挑戰做好暖身準備，在「意識型態，美學鑑賞，現象詮釋，甚至本體論述等」層面，都各自具備深厚含意。德克斯特晨間的各項舉動似乎和常人無異：早上醒來睡眼惺忪間順手打死一隻蚊子，走進浴室刮鬍子，榨果汁，煎蛋加培根，煮咖啡，吃早餐，穿鞋，穿衣服，出門上班。但假如我們仔細觀察他所有的步驟，就不難發現，這根本就是他幾乎是一成不變有如儀式一般的殺人程序。打死類似蚊子這種寄生蟲的社會人渣，是他天生的稟賦和使命，也是他賴以存活的唯一憑藉和理由。一醒過來就打死蚊子，血糊糊的一團沾黏在他肌膚上，還真是一日之晨在於死啊。接下來我們看到他在浴室內面對梳粧鏡面十分謹慎地順著下巴刮鬍子，但還是拉出一小道傷口，小血珠滲透出來，預示他殺人後所收集的被害人血液。盥洗完畢，走進廚房，他用鋒利無比的水果刀對半剖開一顆加州血橙，用粗大的手掌擠壓出鮮豔如血漿的果汁，嘩啦啦流洩入明亮如水晶的玻璃杯中。黃澄澄的太陽煎蛋在炙熱滋滋作響的培根旁抖動著，但鮮嫩的表面很快就被戳破，蛋黃激湧而出。他把咖啡豆倒進磨豆機內，粒粒飽滿晶光閃爍的咖啡豆在磨刀喀喀刺耳聲中，很快被磨成霽粉。他用牛排刀橫面切下一塊帶血牛排，送進嘴巴內細細咀嚼著，上下顎開闔間顯現出強而有力的臉部肌肉群。他拿起鞋帶，兩手指頭幾乎是用盡全身力氣繃緊鞋帶，就好像他在完事後綑綁受害人的屍身，穿鞋洞，綁緊鞋面。然後他從頭套進T恤衫，由於他的兩手往後扯得很緊，在衣衫胸口處緊緊繃出他的臉面輪廓。我們必須注意的是，到現在為止，從他起床一連串的動作到套上T恤衫，觀眾都沒有給予任何機會看到他的全貌。我們根本無從知道德克斯特長得什麼模樣。我們只看到他的手臂、下巴、眼睛、手掌和嘴巴。導演這樣的設計橋段，一方面大大滿足了觀眾取代國家機器的位置滿足偷窺他人

隱私的潛在慾望，就如同從卓別林的《摩登時代》，威爾森的《大國民》，歐威爾的《1984》到最近的《關鍵報告》和《飢餓遊戲》，國家機器一直無所不用其極，以各種方式不同管道進行滲透和監控；但在滿足觀眾脫序的烏托邦極權操控的同時，卻又很清楚明白的告知觀眾，監控後面還有監控，如同卡夫卡的極短故事〈在法之前〉（"Before the Law"），我們永遠無法一窺門後面那永無止盡的一扇扇的門之後的真正長相。我們只能看到被允許看到的部分。等到我們看到德克斯特的頭部完全露出領口時，他已經完全就緒，有著一張充滿微笑的陽光臉龐，跨出公寓的大門，置身在加州更加燦爛的陽光裡。

一切都是如此美好令人嚮往的烏托邦美景。除了可能有兩個小地方，會把整個美夢喚回殘酷的現實面。雖然在片頭中，德克斯特刮乾淨了鬍子，但在大部分的劇情裡，他臉上的鬍渣清晰可見。另外，在看似流暢的類似儀式般精準無比的晨間流程中，他竟然事先穿上布鞋，然後最後才套上T恤衫。這樣逆反日常生活經驗的安排，雖然看似無關痛癢，但所反映出的卻是阿特伍德在《羚羊與秧雞》裡關懷的倫理困境：為了實現理想，我們可以犧牲到多大的程度？《嗜血法醫》的片頭，犧牲現實法則成就拍攝美學上的一致性。就劇情而言，這種美學必須臣服於以謀殺生命為前提精密規劃的詳盡步驟之中，也就是反映出秧雞（以及包括他們父母那一代的科學家，以及在背後操控人類生命的跨國企業）的基本理念，處心積慮地建立一個沒有罪惡沒有戰爭的社會。在德克斯特一廂情願的偏執觀念裡，消滅社會上的人渣其實就是等同於淨化他內心的獸性。獸性和人性是沒有絲毫可以妥協的空間的。這種極端二分的意識型態，在《羚羊與秧雞》中也表露無遺。這或許是在後現代主義不斷強調戲耍流動失真模糊之後所產生的跨界恐懼症。

三、進食的恐懼

基因工程的進展突破和生物科技的大量運用是造成（各種我們可以想像到的）疆界模糊的主要元兇。阿特伍德似乎極盡所能用盡所有實例來闡明這個在不久的將來會變成真實的恐懼。食物在此扮演十分關鍵的角色。由於篇幅有限，在此僅舉三個例子加以說明。

根據經濟合作暨發展組織（OECD）與聯合國糧食及農業組織的最新數據，在主要國家人均肉類消耗量上，去年2015年澳洲超越了美國，成為全球吃肉最多的國家。平均每人吃掉90.21公斤的肉類，其中雞肉大約佔了40公斤，豬肉大約佔了20公斤，合約平均肉類消耗的三分之二左右。不論肉類消耗量的多寡，西方國家（尤其是澳洲、美國和加拿大等英語系國家），雞豬肉的食用程度均佔第一和第二位。這也可能是為什麼阿特伍德選擇呈現基因改良的雞種的原因。以下是秧雞帶領吉米參觀他的的一項新產品：

> 他們看見一個像大皮球一樣的物件，上面似乎覆了一層有許多小點的黃白色皮膚。裡面伸出二十根肉質粗管，每根管子的末端各有一個球狀物在生長。
>
> 「是什麼鬼玩意兒？」吉米說。
>
> 「是雞，」秧雞說，「雞的各個部分。這一個上面只長雞脯。還有專門長雞腿肉的，一個生長單位長十二份。」
>
> 「可是沒有頭呀，」吉米說。他明白過來了，他畢竟是在多器官生產者中間長大的 但這玩意兒也太過分了。至少他小時候見到的器官豬還是有腦袋的。「頭在那兒，中間。」[有]個女人說，

「嘴巴開在最上面，營養飼料從這兒倒進去。沒有眼睛、喙什麼的，不需要。」（209）

我相信多數人讀到這段描述，幾乎都會有不寒而慄的噁心之感。但阿特伍德並沒有輕易放過我們。奧根農場豢養的器官豬，主要是培養人類所需要移植的器官，所以一隻豬體內就會長有五六枚腎臟。奧根農場的餐廳，雖然宣稱他們所供應的豬肉都不是來自器官摘除後的器官豬，但這項政策是否有徹底執行卻是人人懷疑的事實。那時吉米還小，他表明「不想吃器官豬，因為他把器官豬當作與他自己很相像的生物」（26）。而不久之後，吉米的父親宣布，「我們現在可以在器官豬裡植入真正的人類大腦皮層組織了」（58）。不論是把動物的器官移植到人體，或是把人類的大腦皮層組織移植到動物身上，這樣的交換系統，很明顯已經開始泯滅人類和動物之間涇渭分明的界線，而這樣的發展似乎在小說中透露出一股深層的不安。後來在人類大浩劫後，吉米這個恐怕是唯一存活下來的人類，遭遇到一群器官豬的攻擊；從他們分進合擊，佯退埋伏等各種跡象顯示，他們已經逐漸發展出「所謂」人類才會擁有的聰明才智。

可吃和不可吃的問題，在秧雞改良培育出來的「秧雞人」的飲食習慣中，得到（從我們現在的認知經驗中）更加噁心的進展。在秧雞興致勃勃發明出來的秧雞人特性中，其中一項飲食習慣是把自己的糞便當成日常的食物：

「最妙的是，他們可以將自己的糞便再回收利用。這是通過一項非常聰明的基因拼接來完成的，所用的基因原料取自……」

「對不起我要插一句，」吉米說，「可是這其中有很多是一般父母不指望自己的寶寶所能具有的。你們是不是有點走遠了？」（316）

當然，如同人肉和蛆蟲也是蛋白質的科學論述，秧雞人的糞便必定是在營養學上和消化系統上無懈可擊的食物替代品。但吉米還沒等秧雞說完就打斷他可能要提供的各項鐵證，直接的質疑「你們是不是有點走遠了」？有點遠，也就是說，跨過界跨得太遠了。但秧雞並沒有停在那兒。當動物可以開始取代人類，當糞便可以開始取代食物，那麼生命和死亡的界線是否也有可能跨越呢？

四、殺死死亡

　　就吉米而言，科技不僅強力介入生命的各種樣態，同時也操弄我們對於死亡的認知。後現代主義，對佛恩司（Chris Ferns）來說，是個充滿「訃文」的時代，「小說的死亡，作者的死亡，意識型態的終結……歷史的終結」，而傑科比（Russell Jacoby）更直接在他的同名著述裡宣布「烏托邦的終結」（the end of Utopia）：「烏托邦的精神──以未來超越當下──早以消逝無蹤」（qtd. in Mohr 5-6）。不過假如我們借用布朗修在《文學的空間》裡頭闡釋的概念，雖然烏托邦早已消逝，「烏托邦早已消逝」的現象卻在同一時刻出現了。我們現在所看到的各式各樣的「托邦」，或是哀悼，或是追念，或是揚棄，或是挽惜，反而促成烏托邦以另類形式從死裡復返。這種非生非死的另類形式，在網際網路文化全面滲入我們的生活和我們的生命的時代，別具重要的意義。

　　吉米和秧雞是在強大的網路文化養成教育下成長的一代。他們知道如何利用網路來滿足各類青少年的慾望需求。他們可以進入任何想要造訪的網站，大部分是充斥極度色情和暴力的網站，隨意瀏覽而不會留下任何痕跡。而他們也完全知道，透過電子傳輸的這些極度刺激人體感官的聲光影像，幾乎都是虛擬的：

於是他們就會卷幾枝煙，一邊抽一邊觀看處決犯人和色情表演身體各部位在螢幕上以慢動作扭動著，承受壓力的血肉之軀在水下跳芭蕾，身體時而僵硬時而柔和地結合與分離，呻吟和尖叫，緊閉雙眼和緊咬牙關的特寫，這種或那種形式的噴射。如果把這些鏡頭飛快地來回切換，那看起來就像是同一件事情。有時他們會在兩個螢幕上把二者同時打開。（89）

在不斷快速轉換網站視頻而同時觀看兩個節目的情況之下，再腥羶殘暴的場面都僅僅只是刺激感官的娛樂表演，無關乎倫理道德，更不屬於法律和責任的範疇。為了凸顯生命的真實和虛擬的差別，讓我們把討論方向暫時轉移到美國科幻小說家狄克（Philip Dick）在他《生化人會夢到電子羊嗎？》的結尾中，所呈現以一種近乎浪漫到濫情的懷古筆調，描述男主角在沙漠撿到一隻垂死蟾蜍的悲憫情懷。那是一個動物幾乎死絕，普通老百姓只能豢養電子動物的世界。

> 他蹲下身，慢慢靠近蟾蜍後面。它正推開粗石，為自己挖一個半大的坑洞，挖出的塵土一點一點用屁股撅開。只有扁平頭顱的上半部分和眼睛還露出地面上。這時，它的新陳代謝幾乎停頓，似乎進入了深沉的睡眠。它的眼神呆滯，沒有意識到他。他害怕地想，它死了，也許是渴死的。可是剛才它明明動了一下。

> 放下紙箱，他小心地把鬆土從蟾蜍身上掃開。它似乎並沒有抗拒，顯然，它並沒有意識到他的存在。

> 撿起蛤蟆時，他感覺到了它獨特的冰冷。在他手中，它的身體乾巴皺縮，軟趴趴的，涼得就像終年住在不見陽光的地底一英

里深的洞中。這時，蟾蜍扭動了一下，虛弱的後腿試著撬開他的手掌，本能地想要跳出去。好大一隻，他想。完全成熟、經驗老到的蟾蜍。在我們都沒法真得活下來的環境中，它用自己的方式活下來了。就是不知道它去哪裡找水產卵。（164）[3]

接著他把蟾蜍帶回家後，狄克繼續營造讀者僅存一絲絲烏托邦的幻想，並無情的直接砸碎這最後的希望：

「我有個東西。」他兩手抱著紙箱，進了房間後也沒放下來。就好像……紙箱裡是什麼脆弱易碎的珍奇寶物，不能輕易離手。他想永遠把它抱在手裡……他坐下時仍然抱著紙箱，臉上仍然充滿驚喜之色。認識他這麼多年，她還從沒見過他這個表情。

……

但她發現了什麼。她把蟾蜍肚皮朝上拿著，戳戳它的肚皮，然後用指甲找到了那個小小的控制面板。她將板面輕輕彈開。（166-167）

在男主角妻子找到控制板的那一剎那，似乎真實和虛構，活物和死物，生命和死亡，兩者之間的界線重新被釐清，而男主角雖然十分氣餒，當他的妻子很抱歉地對他說，「也許我不應該告訴你 —— 它只是個電子動物」，他卻回答，「我寧願知道真相」（167）。這個真相就是接受假象。

3　此處中文大部分為筆者翻譯，少部分參考趙魚舟的中譯本《銀翼殺手》（南京：江蘇教育，2003）。趙譯小說名，其實並非迪克原著的名稱，而是依據該小說改編成電影的名稱*Blade Runner* (1982)，由史考特（Ridley Scott）執導。內容和原著頗有差距。

不同於上一代的懷古情懷，吉米和秧雞完完全全接受了沒有真相只有虛擬假象的事實。但是我們想追問的是，沒錯，蟾蜍是假，但男主角（以及我相信大多數的讀者）在拼命「拯救」蟾蜍的過程中所投入的情感，難道也是假的嗎？或是說，那樣的情感其實早已超出真假的範疇，而是一種激發主體的能動性。然而這種能動性在吉米身上，至少在他「目睹」親生母親死亡的事件上，已經蕩然無存。吉米的母親忠於自己身為科學家的人文理想，早年配合跨國企業在基因改造的實驗室工作，後來毅然決然離開工作和家庭，投身地下秘密組織，從事反抗集權政府的游擊戰。多年後以叛亂罪的名義將她逮捕，並處以死刑。他們把行刑的過程錄製下，並放給吉米看：「等等，他想叫嚷，但那無濟於事，鏡頭拉了回來，眼罩重又蒙上，嚓嚓嚓。差勁的瞄準，鮮紅色噴湧出來，他們幾乎打掉了她的腦袋。她萎頓在地的遠景」（268）。我們並沒有獲得太多吉米這個小說敘述者太多的情緒反應，只知道他「心跳的異常」和「能量的湧動」。在他的視覺經驗已被網路視訊更加暴力更加血腥的畫面全面麻痺後，我們也真的無法預期太多類似狄克對於蟾蜍的情感投入。這也許是為什麼多年以後，吉米突然懷疑行刑錄影帶的真實性：「吉米當時沒想起來問行刑的時間。之後他意識到那也許已有好幾年了。要是這整個過程是偽造的呢？甚至這可能都是數據化的，至少那些鏡頭，那鮮血的噴湧、那倒地的動作都可以模擬。說不定他媽媽還活著，說不定她甚至還沒被抓住」（260）。在此我們關心的不是吉米母親死亡的真相，這也應該不是阿特伍德的本意，更值得我們關心的，應該是死亡在被錄製，複製，然後像商品被傳送的過程，已經宣佈死亡的死亡了。

　　這也是秧雞的烏托邦，一個沒有仇恨，沒有戰爭，也沒有死亡的理想國。秧雞透過生物科技改良出來的新人類，是一群生性平和的素食物種，所有在亞當和夏娃墮落之後人類所謂劣根性全部在基因層次上被移除

殆盡，甚至死亡也被刪除了。

> 他說，「按照設定的程式，他們將在三十歲時死亡突然地，並不是因為患了什麼疾病。不存在古稀之年，沒有那些憂慮。就這麼猝然倒下。不過他們尚不知道；還沒有誰死過。」

> 「我還以為你們是在研究長生不老呢。」

> 「長生不老，」秧雞說，「是一種概念。如果你不把『必死』看成死亡，而當作對它的預知和恐懼，那麼『長生不老』就是指這種恐懼的缺席。嬰兒便是長生的。去除了恐懼……」（314）。

吉米開玩笑說，這是簡單的「應用修辭學101」。而讓我們驚訝的是，秧雞竟然沒有反駁，也沒有繼續這個話題，好像說明了「敘述」在阿特伍德烏托邦思想中所佔有不可撼搖的位置。

五、文字的死亡

敘述不在於文字的堆砌，也不在於文字既定意義的重複，而是在累積和重複文字時，突破僵化窠臼創造意義流動開啟多元的可能性。因此，在進入敘述之前，在進入後人類多元異質的畛域之前，除了宣示死亡之死亡之後，還必須逆轉基督教文明所賦予文字的救贖意義，以免重新落入生死循環地獄天堂的二元對立刻板模式。吉米的同學亞曼達從事一項「兀鷲雕塑」的戶外行動藝術，雖然不論就規模技術經費等方面而言，都遠遠不如秧雞發動的毀滅人類之浩劫，但其影響層面之巨大，卻足以憾動甚或崩解基督教文明的基石。她的作法，就是「把動物屍體切成大塊，用卡車送到空地或廢棄工廠的停車場上，將它們排成字的形狀，等到兀鷲落下來撕扯

這些肉時從直升飛機上拍下整個場景」（254）。她已經做過PAIN（痛苦）、WHOM（誰），和GUTS（膽量），最近苦思良久，終於敲定了LOVE（愛）。將肉塊拼排成文字，再用最原始最自然但在現代眼光中或許是頗為殘酷噁心的方式來讓這些文字消失無蹤，基本上這樣的程序，其實是逆轉了新約聖經裡「道成肉身」的基本信仰：「道成了肉身，住在我們中間，充充滿滿的有恩典有真理」（〈約翰福音〉1:14）。中文聖經和合本所翻譯的「道」，英文是Word（"the Word was made flesh"），也就是希臘文的理性logos，代表著上帝的獨生愛子耶穌來到世上作為人子洗淨眾人之罪。「道」的意義在〈約翰福音〉開宗明義就說得很清楚：「太初有道，道與神同在，道就是神」（1:1）。在這樣的教義之下，不難看出亞曼達的「兀鷲雕塑」所直接解構掉的「文字」，正是基督教文明所佔據關鍵地位的救贖源頭。對阿特伍德來說，或許就是開啟她心目中吾儕托邦（Ustopia）的理想大門。

六、結語

阿特伍德曾說，「吾儕托邦是我融合烏托邦和惡托邦所創造出來的世界」，但那個世界不是一種空間，而是「一種心理狀態」。阿特伍德舉例說，就如同浮士德問魔鬼「地獄在哪裡」時，所得到的答案是「我在哪裡，地獄就在哪裡」。雖然阿特伍德沒有繼續深究吾儕托邦的概念，但讓我們試著想像《羚羊與秧雞》所擘畫的國度，並同時回到原來烏托邦的想像。在空間上，本來就不曾存在這樣的地方；在時間上，本來就一直是寄望在還沒能到來的未來；而現今在阿特伍德的小說中，不僅在時間和空間上仍不具備任何實質存在的意義，就連人類也隨之消失滅絕。對吉米來說，他幾乎是世上僅存還知道何謂人類的生命有機體，然而相對於數量龐

大的羚羊的孩子們，海中的魚群，陸地的走獸，甚至秧雞人，他是否以人類的方式存活已經不再具備任何意義。沒有人類，或許才是阿特伍德的吾儕托邦得以開始的契機。

參考資料

1. Atwood, Margaret. *Oryx and Crake*. New York: Doubleday, 2003.

2. ——. "Writing *Oryx and Crake*." Available at <http://www.randomhouse.com/features/atwood/essay.html>. [accessed 1 Dec. 2014].

3. Brylla, Catalin. "Why Do We Love Dexter Morgan in the Morning?" Available at <http://cdn4.artofthetitle.com/assets/WhydoweloveDexterMorganintheMorningbyCatalinBrylla.pdf>. [accessed 7 Dec. 2015]

4. Burgess, Olivia Anne. *Utopian Body: Alternative Experiences of Embodiment in 20th Century Utopian Literature*. Dissertation. Texas: Texas A&M University. 2010.

5. Canavan, Gerry. "Science Fiction and Utopia in the Anthropocene."*The Next Generation: Emerging Voices in Utopian Studies*. Ed. Phillip E. Wegner. New York: Peter Lang, 2016. Available at http://environmentsandsocieties.ucdavis.edu/files/2015/04/canavan.ScienceFictionandUtopiaintheAnthropocene.pdf

6. *Dexter*. New York: CBS Television Distribution. 2006-2013.

7. Dick, Philip. *Do Androids Dream of Electric Sheep?*. New York: Ballantine, 2008.

8. Mohr, Dunja M. "Transgressive Utopian Dystopias: The Postmodern Reappearance of Utopia in the Disguise of Dystopia." *ZAA* 55.1 (2007): 5-24.

9. 菲利普・迪克：《銀翼殺手》，趙魚舟譯，南京：江蘇教育，2003。

10. 瑪格麗特・阿特伍德：《羚羊與秧雞》，韋清琦和袁霞譯，南京：譯林，2004。

....

「正義」烏托邦—台灣談話
性節目中的死刑存廢論述[*]

莊佳穎 (Yin C. Chuang)[**]

[*]　本文最初在2016年4月26日發表於「多面向的烏托邦與普世價值的追求工作坊」,為科技部專題計畫「探勘小確幸世代:當代台灣年輕人的認同地景和每日生活」(計畫編號:MOST 103-2410-H-003 -148 -MY2)之部分研究成果。筆者感謝評論人給予的寶貴建議,同時萬分感謝研究助理石珮君小姐協助收集和整理相關研究資料。
這是一篇在研究和寫作歷程都極為讓筆者煎熬的論文,同時也讓研究助理石小姐在整理研究資料的過程中每每哽咽落淚。由於本論文所選取的新聞案例是一個無法令人直視、挑戰了生而為人之最基本良善信念的悲慘事件,以至於筆者在撰寫過程中數度興起放棄的念頭。然而,學術生產的意義除了追求知識領域中的更多可能,或許還能夠在感性的同時將理性思維重新帶入對於公共議題的論辯和反思之中。

謹以此文表達我對小燈泡母親王婉諭女士的敬意,謝謝王女士在至痛之中仍傾盡所有帶領台灣社會邁向更臻成熟的道路。也在此表達我對小燈泡姊姊小蝌蚪的敬意,我欽佩她在面對妹妹驟然離世時所展現之超乎多數成人的堅強與成熟(請見「公視兒少」於Youtube上傳的影片〈來不及說再見〉)。

[**]　英國蘭開斯特大學(Lancaster University)社會學博士,現任台灣師範大學台灣語文系副教授及國際台灣研究中心副主任。電子郵件地址:laalaapiano@ntnu.edu.tw。電話:7734-1111轉1488。

死刑（Death penalty），或稱為極刑（Capital punishment）、生命刑等，是存在於人類社會數千年，世界上最古老之，當地法律賦予行刑者永久剝奪嚴重犯行罪犯之生命的權力（林山田，1992:37）。和當代仍保有死刑的多數國家相若，台灣社會目前仍存在著的死刑，一般而言以「蓄意殺人」為重要理由之一。

九〇年代以後，台灣社會每年執行死刑的人數逐年下降[1]，2006至2009年甚至沒有死刑執行（馬躍中，2008）。然而，台灣社會的主流民意是反對廢除死刑的[2]。也因此，在2010年3月的廢除死刑爭議中，時任法務部長、暫緩執行並撰文支持廢除死刑[3]的王清峰，在媒體、政治人物及輿論同聲譴責的強大壓力下，於3月11日閃電請辭[4]。2010年4月28日，繼任的法務部長曾勇夫批准了包括張文蔚等四名死刑犯的死刑執行令，並於4月30日執行槍決；此為台灣自2005年後首度執行死刑。歐盟與國際特赦組織對此表達強烈譴責，近來更嚴詞批判台灣持續執行死刑槍決，是基於「政治算計」[5]，更是「只聽人民要求、反對專家意見」且「不能信守承諾」的「冷血殺人」（cold-blooded killing）行為[6]。

2004年李佳玟曾透過對於死刑判決與起訴書、媒體報導與民意投書等數種支持死刑的文本進行對於支持死刑的論述分析，並提出死刑在台灣社

---

1   1997年至2004年台灣執行死刑人數為1997年38人、1998年32人、1999年24人、2000年17人、2001年10人、2002年9人、2003年7人、2004年3人（蔡碧玉，2005:30）。

2   2016年中正大學犯罪研究中心所發表的「一〇四年度全國民眾犯罪被害暨政府維護治安施政滿意度調查」除了顯示民眾對馬執政8年的司法普遍感到失望之外，更有高達83%民眾反對廢除死刑。

3   請見王清峰〈理性與寬容——暫停執行死刑〉一文。

4   請見楊湘鈞等人之相關報導。

5   江靜玲，〈國際特赦組織：台灣槍決6囚 是政治算計〉，《中時電子報》。2015年6月7日。[引用於2016年4月10日]。

6   社會中心，〈槍決6死刑犯　國際抨擊排山倒海　曾勇夫挺住！〉，《ETtoday》。2012年12月23日。

會「傳遞了社會正義受到維護肯認」的象徵意涵及「達成社會凝聚」的社會功能（2004：129）。

　　她進一步指出，雖然台灣社會普遍對司法不信任、同時又存在著國家認同的分歧，卻對「死刑」這個兼具司法殺人和國家殺人本質的極刑採取一種具高度共識的支持態度[7]。時間來到2017年，台灣社會在歷經三次政黨輪替及持續民主化的過程裡，對於死刑這個議題的存廢態度似乎沒有任何改變[8]，民意的主流甚至相較於2004年更傾向於支持死刑[9]。

　　支持死刑保留和死刑廢除的爭論，在台灣社會存在已久，且每每在重大社會案件發生時，死刑存廢爭議再起。或說，台灣媒體往往在發生重大社會案件時，才會製播討論死刑存廢的新聞和談話性節目。支持死刑保留的觀點，多從死刑能維持國家的倫理和秩序、維護政府公權力、滿足人類對犯罪者應報期待、可能具有的遏止犯罪能力、作為最經濟的永久隔離罪犯方式等角度切入，而支持死刑廢除的觀點，則多從司法制度本身的可能缺陷，及死刑之可由無期徒刑取代、本身違反禁止殺人的法律、有違人權精神及保障生命的價值、違反社會契約、執行後的生命不可回逆性等角度切入，作為論證的依據（林山田，1992:146）。台灣學界的研究成果也多環繞著死刑存廢爭論，從法學、犯罪學和生命學等面向切入，討論死刑的

7　李佳玟在論文中引用的台灣社會支持死刑之民意調查數字為7成9。此結果為聯合報民意調查中心於2001年5月8日刊出之「民眾對死刑存廢的看法」一文中所提到的數字。

8　筆者基本上同意在多數學術論文、人權報告或政治評論中對於「一國民主化程度與廢死支持度成正比」的論述預設。這樣的預設往往透過如下文字呈現：「……但被自由之家（Freedom House）評比為完全民主自由的經濟高度發展國家而仍維持死刑者，只有台、美、日3國而已。」（管仁健，2016；斜體為筆者所加）。而〈歐洲人權與民主報告〉（Annual Report on Human Rights and Democracy in the World）則直接將死刑廢除與否列為一國是否民主化的重要評估指標（見European Council網站公布的「Annual report on human rights and democracy in the world in 2015.」；台灣媒體的相關報導範例請見：中央社重點新聞，2016）。

9　見註腳2說明，台灣目前有高達超過8成的民眾支持死刑。

法理議題，及死刑存廢對於死刑犯、被害人家屬、法界人士與執法人員（如警察）、社會大眾有何在個人層次及社會層次的法理、心理和生理問題（李佳玟，2004；臺灣廢除死刑推動聯盟，2009；王兆鵬，2010；王皇玉，2011；李茂生，2011；陳淑貞，2011；黃榮堅，2011；劉幸義，2011；謝煜偉，2014；蕭高彥，2011）。

本文關懷的議題，並不在於上述兩觀點的爭論，而在於媒體，特別是在重大社會案件發生時，如何再現這兩方的觀點，型塑了所謂的「正義」烏托邦[10]。筆者從波曼（Ernest G. Bormann）的幻想主題分析方法（fantasy theme analysis）來分析2016年3月28日內湖4歲女童命案後[11]，有線電視談話性節目中的主持人及通告來賓，如何在節目中針對死刑存廢議題，透過言語的「覆誦」（chain out），建構了他們觀看此議題的共同視野，進而回應或模塑了主流民意的走向，打造了一個死刑存在與執行的「正義」烏托邦。筆者同時希望藉由對於此過程的描繪，進一步探究「死刑」在當代台灣社會的意義，及其中所可能被窺見的台灣社會性格。

一、從幻想主題分析方法看台灣電視談話性節目的死刑存廢爭議

電視已經成為當代台灣消費社會中，近用門檻和成本相對低的傳播媒

10　此處筆者以「『正義』烏托邦」來描繪台灣社會在面對死刑存廢議題時，如何透過戲劇化符號覆誦過程，進行一場（後設）價值體系的競逐，並進而迫使社會成員認識、理解或接受某種社會真實。

11　2016年3月28日上午11點18分左右台北市一名4歲女童小燈泡在內湖環山路一段、西湖國中旁騎乘腳踏車時，遭33歲男子王景玉在其母親面前割喉、身首異處。（請見邱珮文等人的報導）

介[12]，並「實質上擁有一大部分人口頭腦養成的獨占權」（Bourdieu, 2002：22）。相較於近用報紙及書籍所需花費的時間心力，以收視率為製播節目宗旨的電視所承載的往往是能夠立即輕鬆入手、且具有煽情（感人的或驚人的）影像、聳動文字和高對比音效，讓閱聽人能馬上進入的訊息。

而所謂的電視談話性節目，便是將電視攝影棚搭設為一個讓節目主持人和通告來賓能夠發表意見、直接對話和相互詰問的，討論平台和溝通論壇。台灣最早的談話及叩應（call-in）節目是1980年代由華視新聞部製播的〈華視新聞廣場〉。其後，在有線電視紛紛開台的風潮下，由TBVS製播的〈2100全民開講〉掀起了台灣談話性節目的熱潮。近年來，談話性節目的基本製作模式早已從最早期的政治評論和經濟剖析逐漸延伸至社會議題、公共事務、房地產股市投資、美髮彩妝、美食旅遊、星座靈異、奇聞軼事甚至是藝人情史性事等私密分享等，當然其所在頻道也從原本的新聞台蔓延至綜藝台、財經台、購物台甚至宗教台等。

布迪厄（Pierre Bourdieu）批評電視談話性節目是在一個裝飾為理性對話的公共論壇中，進行一種因政治和經濟面向干預而從「隱性檢查制度」（Bourdieu, 2002：17）出發的意見表演：

> ……上電視之路的代價是一種可怕的言論檢查，講者失去了自主
> 性，而這一部分牽涉到下面的事實：主題是被預定好的，傳播條
> 件是旁人外加的，更重要的是，時間上的限制對論述產生如此的

12　相較於電視，網路同樣具備了近用門檻和成本相對低的特質，卻擁有更高的匿名性和開放性。但與布迪厄批判電視談話性節目的憂慮一致，學者對於網路可否成為實踐公共領域之新媒介的可能抱持著懷疑的態度，認為「網路目前的數位落差、碎裂化、商業化、以及英語霸權等面向所造成的不平等，仍限制著這個新傳播科技型塑全球性民主討論的可能。」（洪貞玲、劉昌德，2004）也因此，目前網路作為一個當代台灣消費社會的新媒介，也只是達到了跨國論壇、充其量只是一個全球性的言論「廣場」，而非公共領域或公共論壇的功能。

限制，使得真正說出些什麼變得不太可能。（ibid.：17-18）

也因此電視談話性節目其實是透過對於公共領域的「重新封建化」製造了一個「假共同體」，並創造了一個「假公共領域」（黃聖哲，2010）。今天我們甚至可以看到主持人和通告來賓為了填補節目時段不再固守自己原有的專長領域，紛紛自我演化為全能的意見表演者，在同一節目被切割成長度不一的小時段裡依照製作單位的設定討論南轅北轍的主題，內容幾乎遍及古今台外，議題涵蓋了包括外星人、北美樂透得主秘辛、北韓高層內鬥、中國國民黨的國共內戰逃亡史等包羅萬象的各種故事[13]。

在收視率做為製播節目最主要考量的生產條件下，「電視台的選擇可以說是一種沒有主體的選擇」（Bourdieu, 2002：34）。不論是電視台高層、編輯室、製作人、或是記者，都在緊迫與「速思」（fast-thinking）（Bourdieu, ibid.：39）的工作情境中，由商業利潤所主導的收視率心態來產製節目內容。也因此，電視台談話性節目，實則是一個在急迫的時間限制下，以公共論壇的展演形式，對廣為人知、大眾都已知曉同意的主流意見進行回收再利用，並包裝成各個經過思考之論點的，只有溝通事實沒有溝通內容的溝通過程。在製作單位有限的通訊錄裡每天被固定邀請的通告來賓，與其說是到節目中來進行觀點的論辯，不如說是在進行論辯前便已經依據電視台快速生產邏輯將社會上「廣為接受的成見」（Flaubert, 2007）給重新編排加料，以「偽裝成辯論」（Bourdieu, 2002：42-52）的表演方式再次出售給大眾。

主持人和這群固定出現在談話性節目的通告來賓因為長期的合作關係往往彼此熟識，也因此是在一個封閉的世界裡進行彼此言談的相互增強和

13　最經典的節目為東森新聞51頻道由劉寶傑主持的〈關鍵時刻〉。

自我複製。 這樣一種彼此鑲嵌、相互折射的共謀關係，其實正與波曼在幻想分析方法中所提出的「覆誦」概念相吻合。這樣的凝聚力量開啟了一個「幻想化」[14]的過程，不但為團體成員樹立了一套判定價值觀與行為適當與否的標準，同時也具有規範原有成員、說服新成員加入及決定成員去留的力量（Bormann, 1972：396-397）。這裡波曼的「幻想化」指的是團體成員如何針對發生在團體成員身上的事件，或是被記載於歷史作品、新聞媒體或民間故事與傳說中的事情，所共同進行的一場「對事件的創造性與想像的詮釋」（Bormann, 1985:130）。波曼解釋了當團體成員透過幻想化過程建立了共同信念、價值觀與態度之後，團體如何確認成員對於幻想的回應。在談話性節目中，主持人和通告來賓覆誦的過程當然包括了語言和非語言符號的交換流通。而波曼所指出的，團體成員如何透過諸如大笑、大叫、哭泣、喧鬧、激烈討論等等溝通方式情緒性地針對團體所提供的共同價值觀與戲劇化形式做出反應、甚至以這樣的互動結果解釋自己的過往經驗，正是談話性節目中每位發言者加入集體書寫與戲劇化的過程。「戲劇化」往往是談話性節目中最重要的元素之一，一方面可以將「一個事件置入場景、形象的形式之中」，另一方面又可以「誇張其中的重要性、嚴重性、戲劇性和悲劇性」（Bourdieu, 2002：24）。

　　筆者以為，從波曼的幻想主題分析方法出發，將談話性節目中的主持人和通告來賓視為共同參與團體幻想過程的成員，能夠細緻處理他們從幻想化過程中所覆誦的戲劇化解釋結果，如何成為一種社會真實，甚至是如

14　哈特（Roderick P. Hart）指出「幻想」是「神話的速記」（mythic shorthand），也就是社會裡小群體所述說的故事。幻想與神話的差別在於神話是人類普遍珍視的故事，幻想主題是在這些主題上製造出來的本土變體（local variation）；神話是模糊的，幻想主題是明確的；神話是持久的，幻想主題壽命有限；神話普遍適用於公共討論，幻想主題依論題而不同；神話是跨文化的，幻想主題具有文化獨特性。就某個方面而言，幻想主題是神話的每日語言（Hart, 1996：231-258）。

何反映一種可被台灣社會接受的、並提供安全感的真理（Bormann, 1972：396-397）。也就是說，幻想主題分析方法的閱讀視角能夠揭露談話性節目的主持人和通告來賓如何將他們的共同經驗詮釋為一種共用的真實。甚至，筆者更認為，透過幻想主題分析方法，我們得以將台灣社會視為一個透過談話性節目所聚合起來的團體，藉以透過對於節目內容的分析，爬梳台灣社會所共同感知的社會真實是什麼、而這樣的社會真實又反映了何種台灣性。

因此，從「幻想主題分析」的觀點出發，我們可以看到死刑存廢議題如何在電視談話性節目中被主持人陳述、被通告來賓描述、並在彼此的話語中被討論。我們得以分析，這些在談話性節目中頻頻以意見領袖姿態發聲，因此作為主要之「社會說故事者」（social storytellers）的主持人及通告來賓，他們又如何藉著彼此的訊息共用過程，在眾目睽睽的電視螢幕上，形成他們之間的團體共識，並進而藉由電視媒體的全國性傳送，形成或其實是反映了所謂的主流民意，創造或其實是再製了所謂的社會真實。

筆者將藉由幻想主題分析方法所提供的分析視角，以內湖4歲女童命案發生後各主要電視媒體談話性節目做為分析文本，以波曼提出的角色、場景、行動和合法化機制等要素檢視所謂「正義」如何在主持人與通告來賓間被呈現，以探討電視媒體政論節目如何形成一種對於死刑存廢議題的、再現後的主流民意及社會真實，並進一步探究「死刑」對於當代台灣社會的意義。

筆者選取的文本是最近一次發生的社會案件，及台灣各電視媒體為此案件而相應製播的一系列討論死刑存廢議題的談話性節目。此社會案件為2016年內湖4歲女童命案，而節目文本則是案件發生後的3天內（3月28日到3月30日），以該社會事件作為當次節目主題的晚間時段談話性節目。

依頻道排序，這些節目分別為壹電視的〈正晶限時批〉（49頻道）、年代新聞台的〈新聞面對面〉（50頻道）、東森新聞台的〈關鍵時刻〉（51頻道）、中天新聞台的〈新聞深喉嚨〉（52頻道）、民視新聞台的〈挑戰新聞〉和〈頭家來開講〉（53頻道）、及三立新聞台的〈五四新觀點〉（54頻道）[15]。

二、波曼的幻想主題分析方法

受到貝爾斯（Robert Bales）小團體互動之研究發現的啟發，波曼於1972年所提出的幻想主題分析方法（fantasy theme analysis），用以分析傳播符碼在小團體互動中，如何會戲劇化地在團體成員間被不斷地「覆誦」，進而像串鍊子一般地，引導出成員間彼此修正或深化的「團體幻想鏈」（group fantasy chains）。經由「戲劇化」覆頌過程的連鎖之後，這些特定的符號與訊息，包括語言與非語言傳播的連鎖過程，為該團體創造出一些共用的幻想或戲劇。這些團體幻想（group fantasizing）或戲劇化（dramatizing）的傳播方式在經由參與者不斷地覆誦下，逐漸成為可以迫使團體成員行動或修正、強化成員觀念的社會真實（Bormann, 1972：396-397）。

波曼認為，人類會嘗試用易於讓自己理解的方式去瞭解週遭發生的事件。亦即人類有以個人化術語解釋、簡化複雜社會現象的本能需求，而這樣的本能能夠幫助人類應付繁雜紛亂的週遭事物與訊息（Rybacki and Rybacki, 1991：85）。此外，人類除了具有將複雜社會現象加以簡化並以自己的方式加以理解的本質之外，同時也具有將事物幻想化（fantasize）

15　本研究選取之各節目文本首播時間和所在頻道請見【附錄一】之表格。

的傾向（ibid.），這樣的傾向使人們能賦予紛沓事物與訊息特定的角色、戲劇化的故事情節，並以此戲劇化觀點作為詮釋生活的社會傳播手段。

　　瑞巴奇（Kayne Rybacki and Donald Rybacki）（1991）則指出，人類除了具有將週遭事物簡化、幻想化的本能傳播需求與手段之外，在零歷史團體（Zero-history group）[16]中，他們對於幻想化的使用不但能創造該團體的共同文化，更能提供進一步傳播之時的參考架構；而在已確定團體（established group）中，幻想化的使用則可以檢視、確認團體成員的普遍態度和價值觀。因此，幻想化在團體價值觀的型塑與轉變過程中扮演了相當重要的角色（鄭伊雯，1996:57）。

　　團體的幻想化可能出現在任何一個時空環境之下，但是當人們遭遇到較為複雜或棘手的狀況時，幻想化的作用便成為在有限資訊之下用以詮釋當下情境的，最容易被接受的方法。特別是在周圍訊息過於龐雜、情境過於混亂而使人感到困惑，且又沒有可以被接受的解釋方式時，人們便傾向以幻想化處理對於事件的解釋，用以適應社會的不確定性和快速改變（Rybacki and Rybacki, 1991：88）。而發生在團體中的幻想，不但維持、改變了團體態度與價值觀的形成，同時也不斷地焠煉團體成員的共同信念，達到維繫團體共識與將其合法化的目的（Foss, 1996：121-130）。幻想主題分析方法的提出，得以處理傳統語藝分析方法所無法分析或解釋的傳播現象。目前，幻想分析方法在語藝理論的相關研究中，多被應用在組織傳播、社會運動、政治競選與政策辯論、政黨宣傳與市場行銷、宗教、法律及其他語藝活動等領域（Foss, 1996：121-130）。

　　波曼本人曾透過幻想主題分析方法觀看1972年美國總統選舉期間麥高文（George McGovern）新政所主張的語藝視野，並指出「從圍困中贏取

16　即第一次見面、組成的新團體。

美好未來」（fetching good out of evil）是美國自林肯以降經常出現在總統演說中的幻想類型（Bormann, 1972）。目前，台灣學界也已經累積了應用幻想主題分析方法所進行的多元且豐碩研究成果，如賴治怡（1993）和鄭伊雯（1996）從幻想主題分析方法分別探討「新台灣文庫」和「希代言情小說」中女性形象的幻想主題為何。劉玉惠（1994）和鄭家和（2013）則藉由幻想主題分析方法分別探究「慈濟」和「大甲媽祖遶境進香」文化中，由宗教團體和信徒所共享的，在聖界凡界、神聖世俗間所構組而成的視野。而繼方巧如（1994）透過幻想主題分析方法探討國內搖滾樂團與迷共同視野中的圖像之後，黃琮翔（2014）更進一步以蘇打綠為研究焦點，觀看歌手、樂團和迷如何一起建構他們的夢幻世界。

　　幻想主題分析方法的分析視角聚焦在「幻想」本身之：（一）從實際情境延伸而來的角色、場景、情節等要素；（二）藝術與組織化的特性；（三）與論證（argumentation）間的密切關係（Shields, 1981：5-14）。也因此，幻想主題分析方法能夠被廣泛應用在雖然主題迥異、但卻都關懷某種特定視野如何被群體共同型塑的研究命題上。除了上述提到的相關研究之外，幻想主題分析方法也經常被應用在對於政治人物、公共議題和社會運動的研究主題上。莊佳穎（2002）和李宜穆（2004）曾分別以幻想主題分析方法檢視扁迷在陳水扁競選文化及阿扁總統電子報中所建構的觀看台灣政治的共同視野。另外，吳素柔（1996）以幻想主題分析方法研究台灣同性戀團體的世界觀和其所應用的語藝策略，而薛文菁（2012）則從幻想主題分析方法梳理網路空間中的「反廢死」言論如何以「殺人償命」此一共同視野聚合了台灣社會反對廢死的主流民意。

三、談話性節目死刑存廢議題的角色、場景、行動主題及合法化機制

在分析實作上，本文從幻想主題的以下四個要素來閱讀並處理文本：（一）場景主題（setting theme），亦即描述行動發生的地點，及人物活動、角色扮演的場所；（二）角色主題（character theme），亦即在戲劇中被賦予特徵、生命並相互支撐整個劇碼的角色；（三）行動主題（action theme），亦即情節（plotlines），指的是角色人物在戲劇中被賦予的行動；和（四）合法化機制（sanction agent），亦即被用以合理化戲劇承諾與傳佈來源的某種較高的權力和價值（Foss, 1996：121-130）。

透過對於〈正晶限時批〉、〈新聞面對面〉、〈關鍵時刻〉、〈新聞深喉嚨〉、〈挑戰新聞〉、〈頭家來開講〉和〈五四新觀點〉[17]各節目錄影內容之各節標題和逐字稿[18]的分析，筆者發現，在各節目所累積的龐大逐字稿篇幅中，卻呈現了在角色、場景、行動與合法化機制等要素的高度一致性。筆者整理這些節目內容所共通呈現的場景主題、角色主題、行動主題和合法化機制如下表：

---

17 各節目的相關整理，如各節之主標副標和跑馬燈，請見【附錄二】之表格。由於各節目逐字稿篇幅甚鉅，受限於本文篇幅，將不在這裡呈現。

18 由於三立新聞台〈五四新觀點〉節目播出時間較其他談話性節目較晚（週一至週五晚上10點49分到隔日凌晨00:15分），且主持人往往透過提出敏感問題、詰問立場相對來賓、激化現場談話氣氛等方式製造該節目的各種情緒和效果，筆者認為，是各談話性節目中最具分析之代表性的文本。在本文篇幅限制的考量下，筆者僅在【附錄三】呈現由陳斐娟（阿娟）主持、3月28日播出之三立新聞台〈五四新觀點〉節目之部分逐字稿。

（一）場景主題	1. 言談中的場景	(1) 刑案現場與死刑執行現場
		(2) 台灣社會
		(3) 台灣政壇
		(4) 台灣司法界
		(5) 台灣的過去與未來
	2. 進行中的場景	(1) 談話性節目現場
		(2) 談話性節目觀眾所在位置
		(3) 連線記者所在位置
（二）角色主題	1. 來自刑案的	(1) 加害人與加害人家屬
		(2) 被害人與被害人家屬
		(3) 刑案發生時的目擊者
	2. 對刑案有影響力的	(1) 馬英九／馬總統與馬團隊（及520後的蔡英文／蔡總統）
		(2) 缺席與令人失望的法務部（並對比王清峰與曾勇夫兩位部長）
		(3) 不知被害人家屬之慟的台灣廢除死刑推動聯盟
	3. 關注刑案的	(1) 談話性節目主持人與通告來賓
		(2) 節目觀眾
		(3) 網友
		(4) 「社會大眾」[19]
（三）行動主題	1. 道德／情感層次上的	(1) 加害人殘忍的加害行為
		(2) 被害人遇害時的痛苦掙扎
		(3) 被害人家屬永遠無法平復的傷痛（和多年來的奔走）
	2. 法律層次上的	(1) 加害人應受到法律制裁，但目前卻沒有付出代價
		(2) 被害人死者已矣，但其冤屈等待受到平反
		(3) 被害人家屬應受安慰，但目前卻備受身心煎熬
		(4) 政府應依照法律執行死刑並反對廢死

19　筆者特意在此以上下引號強調「社會大眾」此一概念在電視談話性節目中的模糊與不證自明。相關的延伸討論請見正文中之分析。

	3. 政治層次上的	(1) 馬團隊（和相對缺席的法務部）應還給被害家屬一個公道，執行死刑並反對廢死 (2) 社會大眾支持被害人及被害人家屬，對政府及法務部反彈 (3) 政府和政黨應順應主流民意（案件發生時正值民進黨已贏得選舉、新舊政權交接過渡期）
（四）合法化機制	1. 殺人償命	
	2. 法律的神聖性	
	3. 民意之向背，為執政者參考之依歸	

　　幻想主題是談話性節目主持人及通告來賓建構社會真實之戲劇幻想過程中的最基本單位，同時也是引燃他們情緒感應與連鎖反應的戲劇化訊息內容。佛思（1996：121-130）便指出，幻想主題是經由詮釋以達成溝通的一種方法，不但能詮釋以往所發生的事件、描述當前所發生的事，也可以預想將來可能遭遇的事。電視談話性節目以收視率為最高製播原則，主持人和通告來賓必須在緊迫的時間限制裡，以能夠刺激觀眾的語言和非語言符號誇張地呈顯他們的「觀點」。而最有趣的是，這些觀點往往是在徒具辯論形式的表述外殼下，彼此意見的相互引用。

　　從上表所整理的幾個場景主題裡，我們看到電視談話性節目如何在當代台灣消費社會裡搭建多重故事場景和對話空間。電視具有立基於成本低廉及知識門檻低的高度可近用性，也因此幾乎普遍存在於台灣的每個居家空間中。觀眾可以選擇在任何時刻[20]、在任何情緒/情感狀態下加入電視談

20　這裡的任何時刻除了包含節目在電視頻道上首播時段中的任何一個時間點，更包括了在電視頻道中的重播時段、甚至是節目被放在網路上被觀眾以電腦和手機等介面任意點播的任何時段。

話性節目主持人和通告來賓的討論。對應於觀眾這樣任意的觀看行為，談話性節目所設定的場景也變得更加多重。這些多重且相互鑲嵌的場景，包含了主持人和通告來賓言談中任意穿梭的場景，如刑案現場與死刑執行現場、台灣社會、台灣政壇、台灣司法界、和台灣的過去與未來等；同時也座落在節目正在進行中的真實世界裡，如談話性節目現場、談話性節目觀眾所在位置、和連線記者所在位置等。透過在電視上談話，這些參與節目的成員在多重場景主題裡來去自如，他們和觀眾一起進入刑案發生現場、台灣政界與司法界、進行一場關乎台灣社會之過去與未來的探討。

而在角色主題的部分，各談話性節目往往在來賓的談話內容中將角色設定為三個層次。第一個層次的角色主題是來自刑案並與案件直接相關的加害人與加害人家屬、被害人與被害人家屬、和刑案發生當時的目擊者。雖然節目主題往往設定為對於死刑存廢與否的討論，但參與來賓的談話內容卻往往大篇幅地聚焦在和刑案最直接相關人物的個人化性格和情緒上。在本案件中，加害人的「反社會性格」和「扭曲的價值觀」被大篇幅地討論；而被害人年僅4歲卻無辜被害的遭遇、及被害人家屬的各種情緒反應，除了在談話性節目中不斷以新聞片段的方式播放之外，也不斷被來賓們在談話中反覆描繪[21]。「二元對立」是這些節目在這個層次之角色主題設定所採取的處理方式，即「好與壞」、「善與惡」及「魔鬼與天使」。第二個層次的角色主題是對刑案有影響力的政界和社運人士，如馬英九/馬總統與馬團隊（及520後的蔡英文/蔡總統）、缺席與令人失望的法務部（並對比王清峰與曾勇夫兩位部長、和不知被害人家屬之慟的台灣廢除死刑推動聯盟。在每一次重大社會案件發生時，這個層次的各個角

21　這些新聞片段包括4歲女童的阿嬤在鏡頭前悲憤地指控加害人、及4歲女童的母親撫著女童屍體哭泣卻又堅強地發表「希望社會大眾理性」的談話等；談話內容請見【附錄三】所節錄的逐字稿。

色在節目中也會依照「二元對立」的邏輯，即「睿智與顢頇」、「有擔當與無膽識」等被加以描繪。以節目中對於兩任部長的角色定位為例，不願執行死刑的王清峰和上任後立刻簽字執行死刑的曾勇夫，在節目中便被描繪為「無膽識的王清峰」與「有擔當的曾勇夫」。而長期在台灣社會推動廢除死刑的社會團體，在節目中則一貫被忽略其主張、並被描繪為太過理想化與不知家屬之慟。第三個層次的角色主題是關注刑案的談話性節目主持人與通告來賓、節目觀眾、網友和「社會大眾」。在談話性節目進行的過程中，通告來賓們把自己描繪為關注這件刑案的意見領袖，並在節目播放過程中[22]，邀請在任何時空、任何情感/情緒狀態下任意加入節目收看行列的觀眾們或主動或被動地成為一起關注、甚至公審該案件的參與者。當然這些觀眾也可能同時具有多重角色，如網友、和節目來賓們口中被大量提及的「社會大眾」。然而，來賓們從未清楚描繪「社會大眾」的面貌為何，宛如這是一個可以廣納任何階級、族群、世代、職業、教育程度、宗教信仰和生命經驗的不證自明的概念。

至於行動主題的部分，主持人與通告來賓們往往在聚焦於個別刑案相關的角色設定之上，進行對於該案件之案情細節所開展的行動主題裡。以本案件為例，在道德/情感層次上，各台談話性節目往往聚焦在該案件中加害人兇殘的犯罪手法及被害人（和被害人家屬）遇害時的痛苦及傷痛上，並據此延伸接下來在法律層次或是政治層次的行動主題，即在法律層次上一種應然的明確賞罰邏輯，和在政治層次上一種立基於民主選舉制度的順應主流民意邏輯。

而延續了角色、場景和行動主題之設定所呈現的合法化機制，則是各

---

22 同註20，觀眾可能是透過電視、電腦或是手機，在任何狀態下於節目進行中的任一時間點加入節目的討論中。

自立基在巴比倫式鐵則的「殺人償命」、現代國家契約精神的「法律的神聖性」與民主價值的「民意之向背，為執政者參考之依歸」這三者來自不同理路、甚至可能相互牴觸的思維。「殺人償命」做為各電視台談話性節目所共同覆誦、並視為理所當然的合法化機制，反映了通告來賓、甚至是台灣社會在對於台灣司法及執政者高度不信任的情況下仍舊願意選擇賦予司法制度及國家機器終結公民生命的至高權力。而儘管台灣社會曾經歷二二八事件、白色恐怖等國家機器藉著司法檢調制度濫權甚至取人性命的歷史，卻仍舊失憶地高度同意國家和司法機器得以執行具不可逆事實的死刑。幾次大型的民意調查往往顯示了台灣社會主流民意的一個極大矛盾，即對於司法的高度不信任和對於死刑的高度支持。這樣的矛盾，是台灣社會一直以來的「容易感動，也容易遺忘」，及「習於個案式的議題關注、悲天憫人的熱情」（黃于恬，2014）這樣的集體性格使然。而「法律的神聖性」做為合法化機制的荒謬之處也在於，節目來賓作為台灣社會的一份子，他們的談話內容往往反映了台灣社會對於司法制度和執行的雙重態度——即在多半時候質疑嘲諷司法判決和檢調辦案如何地荒唐，卻在重大社會案件發生時又突然完全信任起台灣司法判決和檢調，並強調立刻執行死刑就是維護法律神聖。對照於前述的「殺人償命」和「法律的神聖」，「民意之向背，為執政者參考之依歸」更反映了在死刑議題上運作於台灣社會的另一個值得玩味的合法化機制。台灣社會在歷經過去幾十年的民主化過程及三次政黨輪替，雖然落實了民主制度的實踐，卻還沒有將民主價值所普遍尊重的人權議題落實在死刑存廢議題的討論之中。「民主」，對於談話性節目及台灣社會主流民意而言，反而是執行和保有死刑的手段。也就是說，在節目中一再被覆誦的說法便是，台灣有逾8成支持死刑的主流民意，而台灣社會一定能夠透過民主選舉制度，將對於死刑的支持反映在選票上——即選票可以作為懲罰在維持死刑議題上立場曖昧之

政黨及政治人物的工具。

　　筆者認為，談話性節目所呈顯的場景主題、角色主題、行動主題和合法化機制各自具有內在矛盾性，而這樣的矛盾其實也是台灣社會一直以來在探究死刑存廢議題上的弔詭之處。筆者認為，這樣的弔詭正是源自於談話性節目將個案性的「4歲女童慘遭殺害」與通則性的「死刑存廢議題」放置在同一個討論平台上。個案與通則在節目中混亂地彼此交錯，在描述女童遇害過程的同時，詰問台灣社會應否廢除死刑，並因而致使討論被捲入一個根本性的矛盾。此外，各談話性節目本身在製播條件和時間限制等因素的影響下，對於台灣社會原本就無法釐清的死刑存廢議題採取了一種最廉價輕省的處理方式，以公共論壇的形式包裝了一個實則是透過回收、反芻和再製台灣社會主流聲音的假論辯，進行與參與來賓和觀眾的覆誦，並共謀地建構某種台灣社會的真實。這些電視談話性節目裡的每一位主持人，和往往穿梭在各頻道各節目中、重複出現的通告來賓，因為彼此相熟、往往論點趨向一致。他們看來像是在提出不同意見、進行辯論，但其實都在進行一場對死刑存廢議題的一面倒意見陳述。也因此，談話性節目進行的形式看似提供了一個理性思辯公共議題的平台，實則在收視率的運作邏輯下，驅使每一個參與節目的團體成員，快速便宜又輕省地直接挪用台灣社會主流民意中最具高度共識的「反對死刑廢除」[23]觀點，進行以理性辯論為名的，對於「死刑不可廢」的意見複製。

四、結語：矛盾的「正義」烏托邦

　　本文藉由波曼的幻想主題分析方法觀看台灣社會如何（只有）在重大

23　見註腳2說明，台灣社會仍有高達83%民眾反對廢除死刑。

的社會案件發生時，透過談話性節目的談話過程，型塑或實則是反映了台灣主流民意在死刑存廢議題上所抱持的「反對廢死」之一致觀點。筆者在分析場景主題、角色主題、行動主題和合法化機制之後發現，這些談話性節目共享了一套對於死刑議題之高度相似的解讀視角和詮釋方式。特別是在合法化機制的部分，這些節目呈現了「死刑的存在和執行」是具有「殺人償命」、「法律的神聖性」和「民意之向背，為執政者參考之依歸」三者相互扞格、分別來自巴比倫式鐵則、現代國家契約精神與民主價值基礎的合法化機制。進一步來說，台灣電視談話性節目在上述思考脈絡之上所建構的、對於「反對死刑」的高度一致語藝視野，或台灣社會對於「死刑不可廢」的共同信仰，實則是混淆了個案與通則，並在集體的失憶及易感情緒中所搭建起來的「正義」烏托邦– 反對死刑廢除即是伸張「正義」。

而這樣一個充滿內部矛盾的語藝視野同時也呼應了現存文獻提到的幾個台灣社會為何反對廢死的思考邏輯，諸如：「廢除死刑等同於加害人保護vs.支持死刑等同於被害人保護」的二元對立邏輯（林政佑，2010：1）；死刑「對於整體社會而言……帶有淨化與平穩道德秩序的象徵意義」及「透過死刑排除社會共同體的邊緣人並宣洩處罰慾望」（謝煜偉，2014：195-196）等「應報」的象徵意義；及死刑這個古老刑罰制度在當代台灣社會仍負有「終極地維護社會道德與正義的重要性，其存在與施行，對於社會凝聚具有關鍵性的象徵意義」（李佳玟，2004：125）。

若拿台灣的現況與世界上少數在經濟和民主制度上完全開放自由卻仍保有和執行死刑的國家如美國和日本相對照，死刑存在的本身對於該社會成員所具有那近似宗教的、情感的、儀式的象徵意義，才是死刑受到社會大眾高度支持的主要原因。美國法律學者Donald L. Beschle（2001）便指出，死刑在當代社會、特別是他所位處的美國之所以被高度支持，是因為

此刑罰本身對於社會大眾而言具有「象徵的、儀式性的面向」（Beschle, ibid.：778）。這樣的觀看角度揭露了社會大眾對於死刑的存在和執行懷抱著一種近似宗教領域的集體情感依賴。但台灣社會和美國及日本最大的不同，其實是「在這個不信任政府與司法的台灣社會裡，這個本質屬於『國家殺人』與『司法殺人』的刑事懲罰制度，卻一直享有相當高的公眾支持度」（李佳玟，2004：110）。也就是說，如前所述，即使台灣社會對司法不信任又存在著國家認同的分歧，卻高度支持死刑的存在與執行。據此，筆者認為死刑對於台灣社會，除了具有「象徵的、儀式性的」重要意義之外，同時也反映了台灣社會集體性格中，那較少被提及的部分。

范疇（2013：20-23）曾指出台灣社會在邁向現代性的急速過程與戲劇化轉折裡，在封閉與開放、傳統與進步之間進退維谷，而造就了台灣人集體性格裡那種既渴望開放下的自由又懷念封閉下的簡單、既希望政府是照顧百姓的父母官又是服務公民的公僕，這種「統統都要」（ibid.：21）的矛盾情結。這種矛盾反映在政治領域裡，便是台灣人一方面自豪於台灣的民主化成果卻又同時懷念蔣經國威權時代的經濟繁榮；在社會領域裡，便是「拿著落後體制下的好處，同時要求體制現代化」（ibid.）；而在死刑存廢的議題上，即使不論是哪個政黨執政總會有另一半不同政黨和國家認同立場的民眾對其高度不信任、而批判司法制度的種種缺漏更是台灣人的日常，仍有超過八成的台灣主流民意賦予國家機器和司法制度取人性命的至高無上權力。台灣社會在反對廢除死刑、追求「正義」的集體意向上高度反映了一種擺盪在現在性與前現代的矛盾與謬誤——既在解殖與民主化過程中展現台灣現代公民社會特質，卻又在集體情感裡實踐中國古代老百姓依賴父母官的精神幼體狀態。

透過描繪台灣談話性節目及主流民意反對廢除死刑所建構之矛盾的

「正義」烏托邦，筆者期許能夠為死刑存廢議題在台灣社會存在已久的爭議，提供另一個角度的思考可能。台灣社會集體性格中，那個在威權統治與現代民主之間擺盪的矛盾，或許才是台灣人在面對死刑存廢議題時，即使知道可能所託非人也要將奪取個人性命之至高權柄交給國家機器以求「包公為民伸冤」的最主要原因。

參考資料

1. Beschle, Donald L. "Why Do People Support Capital Punishment? The Death Penalty as Community Ritual." Connecticut Law Review. 33 （2001）: 765-790.

2. Bormann, Ernest G. "Fantasy And Rhetorical Vision：The Rhetorical Criticism of Social Reality." Quarterly Journal of Speech. 58（1972）: 396-407.

3. ------. "Symbolic Convergence Theory: A Communication Formulation Based on Homo Narrans." Journal of Communication 35（1985）: 128-138.

4. Cragan, John F., and Shields, Donald C. "Uses of Bormann's Theory in Applied Communication Research. " Applied Communication Research: A Dramatistic Approach. Prospect Heights: Waveland Press, 1981. 31-46.

5. European Council. "Annual report on human rights and democracy in the world in 2015." June 21, 2016.
   <http://www.consilium.europa.eu/en/press/press-releases/2016/06/20-fac-human-rights-report-2015>

6. Foss, Sonja K. "Fantasy-Theme Criticism" Rhetorical Criticism: Exploration and Practice. Illinois: Waveland, 1996. 121-130.

7. Hart, Roderick P. Modern Rhetorical Criticism. Illinois: Scott, Foresman and Company, 1996.

8. Rybacki, Karyn and Donald Rybacki. Communication Criticism Approach and Genres. Belmont, Cal: Wadsworth, 1991.

9. Shields, Donald C. "A Dramatistic Approach to Applied Communication Research: Theory, Method, and Applications. " Applied Communication

Research: A Dramatistic Approach. Prospect Heights: Waveland Press, 1981. 5-14.

10. Bourdieu, Pierre著，林志明譯，《布赫迪厄論電視》，台北：麥田，2002。

11. Flaubert, Gustave著，施康強譯，《庸見辭典》，台北：網路與書，2007。

12. 方巧如，〈國內熱門樂團所建構之夢幻世界〉，輔仁大學大眾傳播學研究所碩士論文，1994。

13. 中央社重點新聞，〈歐盟人權報告 要求執行死刑國家廢死〉，《中央通訊社》。2016年6月20日。[引用於2017年3月10日]。
    <http://www.cna.com.tw/news/firstnews/201606200396-1.aspx>

14. 王兆鵬，〈台灣死刑實證研究〉，《月旦法學雜誌》，183期（2019）：頁105-130。

15. 王皇玉，《刑罰與社會規訓——台灣刑事制裁新舊思維的衝突與轉變》，臺北：元照，2009。頁3-32。

16. 公視兒少，〈來不及說再見〉，《Youtube》。2017年4月25日。[引用於2017年4月30日]。
    < https://www.youtube.com/watch?v=Q6V3U62QpNY >

17. 李茂生，〈死刑存廢論再考——分析反對廢死者的深層心理〉，《台灣法學雜誌》，169期（2011）：頁71-89。

18. 王清峰，〈理性與寬容–暫停執行死刑〉，《法務部全球資訊網》。2010年3月9日。[引用於2010年9月10日]。
    www.moj.gov.tw/public/Attachment/031016413364.pdf

19. 自由時報頭版/首頁焦點，〈馬政府執政八年 司法信任度 溜滑梯探底〉，《自由時報》。2016年2月23日。[引用於2016年4月19日]。
    < http://news.ltn.com.tw/news/focus/paper/960769>

20. 社會中心，〈槍決6死刑犯 國際抨擊排山倒海 曾勇夫挺住！〉，《ETtoday》。2012年12月23日。[引用於2016年4月5日]。
    < http://www.ettoday.net/news/20121223/143579.htm >

21. 江靜玲，〈國際特赦組織：台灣槍決6囚 是政治算計〉，《中時電子報》。2015年6月7日。[引用於2016年4月10日]。
    <http://www.chinatimes.com/newspapers/20150607000233-260102>

22. 李佳玟，〈死刑在台灣社會的象徵意涵與社會功能〉，《月旦法學雜誌》，113期（2004）：頁110-129。

23. 李佳玟，〈廢死論者的烏托邦〉，《廢話電子報》。2013年1月4日。[引用於2016年4月12日]。
    < http://www.taedp.org.tw/story/2447 >

24. 李宜穆，〈阿扁的心情筆記──阿扁總統電子報之幻想主題分析〉，國立中正大學電訊傳播研究所碩士論文，2004。

25. 沈錦惠，《電子語藝與公共溝通》。臺北：天空數位圖書公司，2009。

26. 林山田，《刑罰學》，台北：台灣商務印書館，1992。

27. 林政佑，〈懲罰與情感──台灣廢除死刑 爭的懲罰想像〉，台灣社會研究學會籌備會「返景入深林：理論與實踐」研討會，2010年9月25-26日。

28. 邱珮文，〈內湖女童命案 馬震驚：已下令全力偵辦〉，《新頭殼》。2016年3月28日。[引用於2016年4月8日]。
    < http://newtalk.tw/news/view/2016-03-28/71591 >

29. 洪貞玲、劉昌德，〈線上全球公共領域？ ── 網路的潛能、實踐與限制〉，《資訊社會研究》，6（2004）：頁341-364。

30. 吳素柔，〈壓迫與反抗：台灣同志團體出版品的語藝分析〉，輔仁大學大眾傳播研究所碩士論文，1996。

31. 范疇，《台灣會不會死？》，台北：八旗文化，2013。

32. 馬躍中，〈死刑存廢之現況與問題之檢討〉，「歐洲-台灣：台灣如何邁向廢除死刑」學術研討會論文，2008。

33. 莊佳穎，〈阿扁的異想世界──以幻想主題分析方法閱讀陳水扁風潮〉，輔仁大學大眾傳播學研究所碩士論文，2002。

34. 陳淑貞，〈廢除死刑重大議題解析〉，《全國律師》，15卷8期（2011）：頁39-51。

35. 陳登翔，〈談話性節目的觀看邏輯：「新聞挖挖哇」觀看者的個案研究〉，世新大學社會心理學研究所碩士論文，2008。

36. 黃于恬，〈台灣人的集體性格〉，《蘋果即時》。2014年8月5日。[引用於2017年2月10日]。
    < http://www.appledaily.com.tw/realtimenews/article/new/20140805/446497/>

37. 黃琮翔，〈打粉的家──以幻想主題分析蘇打綠「當我們一起走過」演唱會建構的迷與認同〉，台灣師範大學台灣語文研究所碩士論文，2014。

38. 黃聖哲，〈電視與公共領域〉，黃瑞祺（編），《溝通、批判和實踐─哈伯瑪斯八十論集》。台北：允晨，2010。頁 257-276。

39. 黃榮堅，〈2010 年刑事法發展回顧：慾望年代？慾望刑法？〉，《臺大法學論叢》，40卷特刊（2011）：頁1795-1841。

40. 陳漢翔，〈網路做為公共議題攻防的平台：以雅虎奇摩知識家的廢死爭議為例〉，世新大學口語傳播學研究所碩士論文，2012。

41. 張偉倫，〈咱攏係待灣郎──以幻想主題分析方法看金枝演社劇團〉，台灣師範大學台灣語文研究所碩士論文，2012。

42. 詹舒涵，〈死刑新聞報導與評論的框架研究──以台灣四大報為例〉，世新大學新聞學研究所碩士論文，2011。

43. 楊湘鈞，〈王清峰被轟下台　白冰冰：天佑良民〉，《聯合報新聞網》。2010年3月12日。[引用於2010年9月10日]。
< http://udn.com/NEWS/NATIONAL/NATS1/5470322.shtml>

44. 臺灣廢除死刑推動聯盟編，《死刑存廢的新思維──社會安全、獄政革新、被害人保護》，臺北：元照，2009。

45. 鄭家和，〈「大甲媽祖遶境進香」風潮之幻想主題分析〉，台灣師範大學台灣語文研究所碩士論文，2013。

46. 賴治怡，〈女性主義語藝批評的實踐：閱讀「新台灣文庫」〉，輔仁大學大眾傳播研究所碩士論文，1993。

47. 蔡碧玉等，《二○○五年刑法總則修正之介紹與評析》。台北：台灣刑事法學會，2005。

48. 劉玉惠，〈聖界與凡界：慈濟論述之幻想主題分析〉，輔仁大學大眾傳播研究所碩士論文，2004。

49. 劉幸義，〈死刑存廢爭議──反思亂世用重典〉，《台灣法學雜誌》169期（2011）：頁90-92。

50. 鄭伊雯，〈女性主義觀點的語藝批評──以幻想主題方法分析希代「言情小說」系列〉，輔仁大學大眾傳播研究所碩士論文，1996。

51. 薛文菁，〈反對廢除死刑論述之語藝視野〉，輔仁大學大眾傳播研究所碩士論文，2012。

52. 謝煜偉，〈重新檢視死刑的應報意義〉，《中研院法學期刊》，15期（2014）：頁139-206。

53. 蕭高彥，〈死刑存廢：政治思想與哲學的省思〉，《思想》，17期（2011）：頁123-141。

【附錄一】本研究選取文本及首播時間

編碼	頻道	節目名稱	頻道序	首播時間
1	壹電視	正晶限時批	49	2016.03.28
2	年代新聞台	新聞面對面	50	2016.03.28
3	年代新聞台	新聞面對面	50	2016.03.29
4	東森新聞台	關鍵時刻	51	2016.03.28
5	東森新聞台	關鍵時刻	51	2016.03.29
6	東森新聞台	關鍵時刻	51	2016.03.30
7	中天新聞台	新聞深喉嚨	52	2016.03.29
8	民視	挑戰新聞	53	2016.03.28
9	民視新聞觀點	頭家來開講	54	2016.03.28
10	民視新聞觀點	頭家來開講	54	2016.03.29

【附錄二】各文本標題整理

一、年代新聞-新聞面對面（50）

2016/3/28		
編	主標題	次數
1	慟！又一小生命流逝……社會病了！？幼童何辜？	16
2	光天化日遭殺害 女童母親眼目睹……這社會怎麼了？	7
3	「在台殺一.兩個人不會被判死刑！」受害孩童無辜	2
4	女童慘遭殺害！藍委推「殺幼條款」！亡羊補牢？	2
5	女童遭殺害 馬震驚要求速查明偵辦！不是才說治安好？	4
6	4歲女童遭隨機殺害！廢死再掀論戰！？公平正義？	14
7	慘絕人寰！女童遭隨機殺害！社會信任感崩解？	2
8	女童遭斬首 馬震驚要求速查明偵辦！	3
9	隨機殺人引社會憤慨！女童母：從家庭教育讓兇手消失	6
10	藍推殺幼條款！綠提嫌犯不得假釋！能避免悲劇？	5
11	人神共憤！女童遭隨機殺害！社會信任感崩解？	4
12	悲痛！隨機殺人案一再發生！政府作為？	1
13	悲痛！隨機殺人案一再發生！民眾如驚弓之鳥？政府作為？	1

2016/3/29		
編	主標題	次數
1	女童當街遇害！母淚訴：沒想到這社會如此不安全！	7
2	隨機殺童女童案！警：精神病患殺人！免死？	11
3	沉重的兒童節……「未列管」不定時炸彈！隨機殺人難防？	9
4	慟！傷心母親：這一課我依然沒想透！廢死VS.反廢死掀論戰！	13
5	仿效？今再傳2起隨機砍人！醫：效應恐持續72小時！	1
6	昨女童遇害……今又傳2起隨機殺人！？這社會怎麼了？	2
7	殺童案場面太殘忍！資深社會記者現場淚崩！	2
8	最悲傷兒童節……小生命猝逝！誰給孩子們安全成長環境？	5
9	最悲傷兒童節……小生命猝逝！誰給孩子們安全無憂成長環境？	3
10	兇手早有脫序行為！未列管……成一位心碎母親永遠的痛……	10
11	殺童兇嫌不在監視名單！柯：安全系統需重新思考！怎補救？	2
12	蔡給女童母公開信：我不會只有憤怒 已有答案！補破網？	4
13	嫌犯問題重重未列管？社會防護有漏洞？怎修補？	1
14	有教化可能？法官不判死……標準……？民眾接受？	6
15	教化可能=免死金牌？殺人不用償命！？這道理……？	2

二、東森新聞——關鍵時刻（51）

2016/3/28		
編	主標題	次數
1	光天化日四歲孩子身首異處 又見恐怖隨機殺人！	1
2	單獨監禁直到伏法 日「無階梯絞刑」死前恐怖8分鐘！？	1
3	殺童就絞刑！新加坡亂世用重典天皇老子別想求情！	1
4	吸毒後失人性！張人堡連環殺人83歲老婦都不放過！？	1
5	當年小蔣「亂世用重典」電視直播搶劫犯伏法！	1
6	不見棺材不掉淚！單挑天道盟的黑牛……發抖進刑場！	1
7	以牙還牙！偷麵包手壓輪下 伊朗8歲男童就此殘廢！？	1

2016/3/29		
編	主標題	次數
1	小燈泡媽千字文悲斷腸　孩子受害，大人憤怒外還能……！？	1
2	失業.吸毒.殺人「通魔」現身台灣　小燈泡受害背後的恐怖循環	1
3	池田小學8條小生命的教訓　日本堅持「殺人者死」拒絕裝神弄鬼	1
4	法院核磁共振鑑定腦部　判定日本校園殺人魔「詐病」處以極刑	1
5	秋葉原預告殺人教訓　日本「予告.in」網站天羅地網防悲劇複製！	1
6	哥哥假扮精神障礙復仇……電影「刑法第39條」喚醒日本殺人償命！	1
7	憑甚麼？還沒作專業鑑定　北市刑大認定：這是精神病患殺人！	1
8	「不要打了，我會痛」殺童惡煞那張臉……社會記者：他在裝瘋賣傻！	1
9	低聲喃喃「叫我朕」……警察一怒拍桌殺童嫌犯馬上道歉像個俗仔！	1
10	台灣第一件跳上櫃檯搶銀行　李師科最後伏法路卻是四人撐上去！	1
11	凌晨三點皮靴聲……揹幾條人命中部大哥癱軟像孩子大喊我不要！	1
12	獄卒強灌高粱塞滷蛋……哭鬧的死囚大哥竟一動也不動……	1
13	那夜槍決8死囚　飛刀殺人凶狠吳新華集團腿軟痛哭走不到刑場！？	1
14	殺女童惡煞「律師說不會被判死」應曉薇：根本不像精神障礙！	1
15	吸毒的沒人性！台灣向毒品宣戰的結果是……孩子被殺.街頭開槍！？	1
16	「死.被關.沒錢」戒毒三條路……吸了毒傷人「完全失控的魔鬼」！	1
17	天王老子求情也沒用　當年新加坡絞死毒販差點和澳洲打起來！？	1
18	酒駕.違法持有刀具一律鞭刑……新加坡破壞公共安全必定嚴懲！	1
19	女學生慘死天橋.殺遊民　楊日松靠酒瓶揪「上帝指示殺人」惡徒！	1
2016/3/30		
編	主標題	次數
1	出門像抽生死籤　一再輕判私刑正義將成唯一管道！	1
2	「沒扶住脖子就斷了」日本「絞首刑」殺人償命天經地義！？	1
3	竹筷插獄卒眼「反正爛命一條」死刑命不悔改的魔性！？	1
4	「沒人不怕死」耀武揚威兄弟一見鑷子和洞跪地求饒！	1
5	學生都殺還故佈疑陣　廢死是費時監禁被唾棄的人！	1
6	最殘忍黑道私刑仇殺　某幫主「百日內砍四肢」血誓！	1
7	雲林三條人命的離奇血案……全村動私刑打死嫌犯！？	1
8	西門町疊屍.活人桶屍……毒品誘惑下的黑道火拚！？	1

9	吸毒後的魔性！當年日本神風特攻隊靠安非他命壯膽！	1
10	以眼還眼！伊朗連續潑硫酸事件終止在「挖眼賠償」！	1
11	當殺童事件私刑正義發酵 台灣法官不敢判死的背後……	1
12	討命的哀嚎比死刑更令人害怕！黑道大哥行刑前的日子！！	1
13	砍父母卻不敢面對死刑 血腥殺手聽到腳鐐的死亡聲靠近！	1
14	三槍打不死的憲兵槍決！倒吊到你說為止的黑道逼債手法！	1
15	不守約就等著從血泊中醒來！當黑道私刑斬斷雙掌只是剛好？	1
16	毒癮發女模變女王蜂！殺了祖父母還不知道為甚麼的孽子！	1

三、中天新聞──新聞深喉嚨（52）

2016/3/29		
編	主標題	次數
1	吸毒後砍童！2毒品前科 兇嫌被「列管」仍釀禍？	1
2	砍人.家暴.吸毒！兇嫌早成「社區未爆彈」 無人注意？	2
3	北市2年2起殺童！追蹤社區未爆彈？柯P何時落實？	3
4	北投殺童案後 柯P承諾「社會安全網」！尚未著手？	1
5	「社會安全網」漏洞？吸毒.家暴被列管卻沒在管？	3
6	隨機殺人「模仿效應」？北市接連2日公共場合濺血	1
7	「毒」害！陳景峻：兇嫌「家庭」該負責！搞不清重點？	2
8	缺人沒錢？「社會安全網」如國王新衣？一切是空談？	1
9	重點是「毒品」！兇嫌是啃老族 陳景峻責怪家屬？	1
10	缺人沒錢？「社會安全網」如空中閣樓？一切是空談？	1
11	殺童案多逃死？檢官：非法正義恐成唯一手段！	2
12	北投殺童案翻版？兇嫌是「校友」！回母校找目標？	1
13	殺人「代價輕」？檢官嘆：「自力救濟」在所難免？！	3
14	殺童案一再發生！修法來得及？「教化可能」怎認定？	3
15	「兩公約」成免死金牌？重大殺童案多能逃死刑？	4
16	重型判案令人失望！莊秀銘：問題出在「法律執行面」	1
17	殺童案多判無期刑？法官有默契「不判死刑」？	2
18	刑法仍有死刑！死刑槍決總有「雜音」！誰的普世價值？	6
19	預約免死？北市警定調：內湖殺童是精神病患殺人	2

20	昔稱「廢死普世價值」！八成民意反廢死！小英改口？	1
21	法官糾結「教化可能」 謝依涵.鄭捷「逃死刑」機會大？	1
22	「情節重大」怎認定？「法官」認知和一般人不一樣	1
23	沒有模糊空間 沒有誤判可能 王薇君：王景玉就該判死	1
24	虐死兒童算「殺害」？王昊姑姑：高院對重大案件感受很淡	1
25	虐殺致死只算殺害？王昊姑姑：法官竟認為人性未泯	1
26	法官「溫柔安慰」嫌犯 姑姑：「虐死王昊」反成被害人？	1
27	虐殺幼童多判無期刑！ 法官見解vs民眾觀感 差這麼多？	1

編	跑馬燈標題	次數
1	殘殺女童 殺童嫌犯收押編號1999 與2獄友同住	10
2	女童命案 不捨小燈泡！民眾摺蓮花.送玩偶盼童安息	10
3	女童命案 母慟招魂 女童姊哽咽：「妹妹回家了」	11
4	沉痛呼籲 女童母：保持相信別人 社會還是美好	11
5	殺童恐慌 家長擔心學童安全 宜蘭員警校門口站崗	7
6	殺童驚弓 殺童案人心惶惶 台中又傳阿伯超商攻擊人	7
7	殺童論責 談殺童案 柯p：社會防護網靠公家力量不夠	7
8	砍殺員警 無業男疑對警不滿 新北投捷運站持刀襲警	7
9	高捷警戒 防範意外！高捷保全配備甩棍+齊眉棍	7
10	廢死爭議 「踏別人血跡談理想」 白冰冰嗆廢死	7
11	又見砍人 樹林一消毒員遭持刀攻擊 右手腕受傷送醫	7
12	模仿效應？屏東暴怒男持開山刀 作勢嗆砍人	7
13	詭異兇嫌 殺童嫌藏29本筆記 寫「反共抗俄」用字古怪	8
14	計畫殺人 調閱監視器證實 王嫌曾在西湖國小外徘徊	8
15	女童命案 機制漏洞？王嫌「沒嚴重精神疾病」即出院	8
16	氣憤出拳 一記正面重拳打殺童嫌 演員林士翔揍的	8
17	女童命案 郭台銘昔嗆廢死 「要是我一個禮拜就槍斃」	8
18	女童命案 割童案神隱！柯：隨機殺人 靠政府不會成功	9
19	廢死爭議 槓廢死！4月10日白玫瑰遊行 逾6萬人響應	8
20	殺童前例 台南遊藝場割喉案 男童姑姑：徹夜難眠	8
21	透露殺機 隨機殺人四嫌面相同！眼神呆滯露端倪	8
22	亡羊補牢 藍綠立委喊修法！ 殺童者死刑.不得假釋	8

四、民視——挑戰新聞（53）

	2016/3/28	
編	主標題	次數
1	內湖女童遭砍頸殺害 台灣隨機殺童案5年釀3死	3
2	泯滅人性！狠男從後方伏擊 當母面剁下女孩頭	1
3	4歲女童路邊玩耍 遭33歲無業啃老王嫌殺害	1
4	4歲女童遭割喉斷頭 殘忍兇嫌被逮捕	1
5	警：兇嫌精神不穩 偵訊說詞待釐清	1
6	女童搶救無效隔日死亡 二月宣判？犟嫌遭判無期徒刑	1
7	曾男誘騙10歲男童到廁所 用折疊刀割喉致死 遭判無期！	1
8	殺人背後有同樣的背景 秋葉原隨機殺人事件揭密	1
9	隨機殺人皆都會男性6成無業.使用菜刀3月犯案！	1
10	香港十大奇案！女公關遭殺害 藏屍貓玩偶事件揭密！	1
11	1999年23歲港女遭禁錮凌虐 被毆打燒身體致死	1
12	死後遭肢解烹屍 頭顱被塞進一洋娃娃之內	1
13	兇案發生後兩個月 13歲女童 不斷夢見有人向她索討頭顱	1
14	分屍期間住樓上房客 大廈上見人影不斷手起刀落	1
15	兇嫌女友13歲女童 向社工傾訴時將兇案和盤托出！	1

五、民視新聞觀點——頭家來開講（54）

	2016/3/28	
編	主標題	次數
1	光天化日 女童斷喉！ 母慟：我女兒散落路邊…	2
2	四歲女童遭斷頭 母盼別再出現這種人	1
3	回憶女童可愛模樣 天人永隔家屬悲痛	1
4	五年三起殺童案！家長不安 哪裡才安全？	3
5	殺童案都判無期徒刑！！？ 王嫌有殺人預謀？	2
6	又見隨機殺人！毒犯王嫌供稱有精神冰病？	1
7	去年北投女童遭害！嫌犯曾徘徊國小附近？	2
8	吸毒前科.拿刀騷擾鄰居？！嫌犯不定時炸彈？	4
9	預謀隨機殺人！毒犯王嫌自稱有精神病？	1

10	北投女童遭害.四歲女童斷頭！ 台灣信任消失？	2
11	台灣通過兩公約！兇殘殺人 法官死刑判不了？	3
12	最新！ 內湖女童斷頭案 王嫌遭檢方聲押！	2
13	首都隨機殺人！女童母親：希望能放心帶小孩！	2
14	殺童兇嫌偵訊後移送 眼神冷酷毫無悔意	1
15	被問狠瞪記者 兇嫌冷血說「擋路」.「手好痛」	1
16	無業啃老.精神不穩 鄰居眼中不定時炸彈	1
17	兇嫌有毒品前科 10年前曾參加轟趴被逮	1
18	吸毒精神恍惚？兇嫌慘忍砍殺女童引撻伐	1
19	大白天.母親在旁 嫌犯也動手！大人該怎麼辦？	4
20	4歲女童身首異處！？憤怒群眾圍毆王嫌	1
21	台灣七年10起隨機殺人！9死36傷！還有悲劇？	2
22	隨機殺人週期變短？台灣成無差別殺人社會？	2
23	嫌犯自稱朕 殺女童為傳宗接代？曾有精神病？	2
24	王嫌有吸毒前科 偵訊叫警跪下？預藏剁刀殺童	1
25	至少砍女童12刀！王嫌今晚遭檢收押禁見！	1
26	如何避免殺童悲劇？藍推殺童條款 綠推不假釋	2
27	眼見女兒身首異處！母泣訴：不要再有這種人出現！	1
編	跑馬燈標題	次數
1	女童割喉 內湖四歲女童遭隨機割喉 殘忍兇嫌被逮捕	5
2	冷血斬首女童 兇嫌移送 民眾聚集嗆憤追打	5
3	女童遭斷頸 民眾自發性赴命案現場獻花	5
	2016/3/29	
編	主標題	次數
1	女童呼籲正面意義！社會安全網補破洞？	5
2	不讓小燈泡白白犧牲！ 蔡：憤怒之後 我有答案！	5
3	小燈泡遭殘殺 家屬悲慟招魂 場面哀戚	1
4	「真的不好看」 小燈泡母籲民眾撤遇害照	1
5	「多盼只是場夢」 小燈泡母po文憶女讓人鼻酸	1
6	女童母親呼籲：社會很美好 抱身邊最愛的人！	3
7	「我真的好想她」 眼見女兒遇害 母呼籲喚回愛	2

8	昨女童身首異處！今捷運砍警 清潔員遭鋸腕！？	1
9	蔡承諾小燈泡：不讓妳白白犧牲！ 破洞會補起來！	1
10	蔡英文公開信：社會安全補洞 接住每一邊緣人！	1
11	社會安全網破洞多？ 柯P：王嫌不在監視名單！	4
12	殺童王嫌未列管 柯坦言社會防護網需更改	1
13	僅一次吸毒紀錄 市刑大：精神不穩不能管束	1
14	女童母親：讓小燈泡走得值得！社會防護補破洞？	4
15	首都連續發生殺童案！ 北投女童案之後做了啥？	2
16	吸毒前科.騷擾社區！王嫌成邊緣人 被社會遺棄？	1
17	吸毒.失業.啃老.精障……小燈泡悲劇 問題都浮現？	1
18	台灣簽署兩公約！凶殘殺人案 法官判死有壓力？	3
19	女童命案廢死爭論再起 林：廢死長年理想	1
20	藍委力推「殺幼必死」 黃：未有共識不該貿然推動	1
21	盼暫勿討論死刑！ 女童母：這一課我依然沒想透！	2
22	消費女童斷首案？ 藍營炒作廢死 逼小英表態？	5
23	死刑存廢又起！政黨算計 被害者傷口撒鹽？	2
編	跑馬燈標題	次數
1	女童割喉 殘殺4歲女童 法官裁定兇嫌王景玉收押	4
2	女童割喉 王嫌殺童手段凶殘至極 馬：盡速查辦還公道	4
3	女童割喉 「不讓妳白白犧牲」 蔡英文弔唁小燈泡	4
4	女童割喉 殺童兇嫌曾徘迴校園 西湖國小警力加強護童	5
5	女童割喉 柯文哲坦言防護網有漏洞	5
6	女童割喉 故意殺幼處死刑 司委會改週四議程火速開審	5
7	女童割喉 目睹愛女被殺 醫師憂小燈泡母親創傷症候群	5
8	女童割喉 隨機殺人「像抽籤」方童姑姑憶慘劇心痛	4
9	女童割喉 白玫瑰協會號召民眾 4/10上凱道反廢死	4
10	二次傷害 靖娟基金會呼籲網友 勿散布女童兇案血腥照	4
11	北捷濺血 28歲無業詹男無前科 持刀砍傷48歲捷運警	4
12	北捷濺血 捷運砍警人自危 民眾防身.警增巡邏	4
13	政治焦點 死刑存廢社會論戰 張善政：現階段很難廢	4
14	政治焦點 藍委力推「殺幼必死」 籲時代力量勿阻擋	4

【附錄三】〈54新觀點〉節目逐字稿（節錄）

一、節目：**54新觀點**

二、時間：**2016年3月28日**

三、主持人：陳斐娟

四、來賓：三立新聞社會組組副主任洪譽珊、律師馬在勤、精神科醫師李光輝、民進黨立委徐國勇、資深社會記者羅友志、王薇君（王昊姑姑）。

五、標題及跑馬燈：

編	標題
1	母親永遠的痛！目睹4歲女遭「斬首」……社會病了
2	當街斬首女童 狠男王景玉遭聲押禁見
3	隨機殺人「斷頭」……社會如此不安全？政府知道？
4	來不及長大的女孩……為甚麼我們保護不了她？
5	心碎！女兒散落在路邊……母親哭喊「我抓不了他」！
6	一審重判.二審裝可憐閃過死刑……法官腦袋錯亂？
7	「殺一個人死不了的」……我們的法律保護壞人？
8	殺人還有免死金牌？「精神障礙」就可亂殺人？
9	冷血兇手讓女童「屍首分離」……惹火黑白兩道？
10	「殺一個人死不了的」……我們的法律保護壞人？
11	國外砍殺幼童「絞死.鞭刑」……台灣殺人也死不了？
編	跑馬燈
1	殺人魔在找「四川女孩子」……斬首女童跟宗教有關？
2	國外砍殺幼童「絞死.鞭刑」……台灣殺人也死不了？
3	殺人犯藏在你我之間？隨機殺人有這些共通點……
4	一審重判.二審裝可憐閃過死刑……法官腦袋錯亂？
5	母親永遠的痛！目睹4歲女遭「斬首」……社會病了

6	當街砍殺女童　狠男王景玉遭聲押禁見
7	殺童男移送被痛毆　大聲求饒：不要再打了！
8	來不及長大的女孩⋯⋯為甚麼我們保護不了她？
9	心碎！女兒散落在路邊⋯⋯母親哭喊「我抓不了他」！
10	冷血！戴口罩斷頸砍童⋯⋯殺完隨便再找下一個？
11	殺人魔也怕痛？「手銬弄得很痛」⋯⋯女童不痛嗎？
12	菜刀早買好？校園附近徘迴⋯⋯「專挑小孩殺」？
13	冷血兇手讓女童「屍首分離」⋯⋯惹火黑白兩道？
14	幹掉老大比「砍小孩」罪重？法律的界線在哪？
15	失控敲鄰居門砍警衛　這樣不定時炸彈沒人管？
16	殺人還有免死金牌？「精神障礙」就可亂殺人？
17	悲劇複製？「利刃濺血變斬首」⋯⋯手法越來越凶殘？
18	「殺一個人死不了的」⋯⋯我們的法律保護壞人？
19	據衛福部資料顯示　殺童兇嫌曾對家人施暴
20	當街斬首女童　狠男王景玉遭聲押禁見

逐字稿1 00：00：00-00：01：05

母親永遠的痛！目睹4歲女遭「斬首」⋯⋯社會病了

　　主持人：在今天早上11點鐘，就在台北內湖發生了一起隨機殺人案。殺的竟然是一個四歲小女童，更令人震驚的，他就在光天化日，就在捷運站旁，就在市場旁，就在學校旁，就在母親的眼前，母親親眼目睹這個凶殘的兇手，竟然當著母親的面，砍殺這個小女童，而且屍首異處。雖然現場有一堆路人、對面的鄰居都來搶救，但是仍然就差幾秒鐘，沒有救到這個孩子。我們的社會到底怎麼了，這已經是這5年來，第三起隨機殺童案，已經是從2009年以來，第九起隨機殺人案。

當街斬首女童狠男王景玉遭聲押禁見

隨機殺人「斷頭」……社會如此不安全？政府知道？

來不及長大的女孩……為甚麼我們保護不了她？

殺一個人死不了的我們的法律保護壞人？

主持人：真的看了想流眼淚。王昊姑姑妳今天有到現場去？

王薇君：對我今天有去現場（開始哽咽）。

主持人：真艱苦齁。

王薇君：我剛剛看看，你看到那個媽媽這麼堅強地去說著整個過程，我相信他的強忍，如果我是他，我會知道他到底有多痛。因為王昊事件當時發生的時候，其實你看到這樣的事情，每一件的隨機殺兒童的事件，妳就浮現那樣的一個場景（哽咽結束）。台南方小弟的割喉案、北投女童的割喉案，一直到現在這個劉小妹的，這個是取他的首級。我不知道如果說一個會選擇這個加害對象的人，而且又會縝密的去規劃，應該要怎麼樣去買刀子，怎麼樣隱藏，然後再去殺這個小孩，他如果是有精神情緒，說他是精神病好了，我覺得很難說服我耶！他如果有精神病，他可能應該是傷他自己，或是隨機就在路邊，一出來他就見人就殺，而不是經過挑選之後，再去選了這個小女孩，然後殺了這個小女孩。為甚麼要對一個這樣四歲，還有一個美好人生的一個小女孩，做這個樣的一個，簡直是行刑式的這種作法。判兇手一百個死刑，也還不回這個孩子。

這個媽媽所說的，其實跟我所想的是一樣，我們怎麼樣防止這樣的事情再發生（哽咽），不要讓全台灣更多的媽媽和爸爸，擔憂自己的孩子安全，我想這才是我們政府，應該更積極去做的一件事（擦眼淚）。

主持人：母親的控訴確實令人心痛。孩子的母親說，我沒有想到這個社會是如此的不安全，我辭掉工作帶孩子（哽咽），竟然會發生這樣的事。他說我們的社會要怎麼樣才能夠讓父母能夠安心的工作，或辭掉工作回家帶孩子呢？其實友志也在第一時間到了現場，現場確實很震驚。

隨機殺人「斷頭」……社會如此不安全？政府知道？
當街斬首女童 狠男王景玉遭聲押禁見
心碎！女兒散落在路邊……母親哭喊「我抓不了他」！
來不及長大的女孩……為甚麼我們保護不了她？
殺人還有免死金牌？「精神障礙」就可亂殺人？

羅友志：我一定會勇敢地把這一段講完，我絕對不會再情緒。我覺得去過現場的人都知道，剛剛王姑姑也去了，我想你看到那個現場，你真的沒辦法去抑制情緒，從下午到現在剛剛那個節目我覺得不行。阿娟你知道嗎？現場是地獄。我真的沒騙你。

我去訪問那個車行的老闆，他那個手折斷了嘛，然後我一直在訪問他（就是在他的對面） 然後他跟他的學徒看到有一個人衝過小女孩，第一個動作我可以講，接下來我真的不能講了。第一個動作他看到的時候是斬，一斬，那小女孩就撲倒在地了。他們想說那個小女孩被怎麼了，所以他跟他學徒就奮不顧身跑過去，跑過去馬路，他看到做第二個動作，我真的不能講了，他看到他做第二個動作他嚇呆了，所以他想要趕快過馬路。 趕快過去，看能不能救，能不能保護這樣。就兩個人一路往，但是中間馬路車子經過，所以他們不知道中間發生什麼事情了，結果衝到現場的時候，就看到那個頭顱，一路滾兩公尺。所以阿娟你可以想像最後一個

動作嗎？你知道他們兩個目睹全程，我在訪問他們，在跟他們聊天的時候，你知道那個師傅是這樣，他手一直在發抖。那已經是四個小時候了，一直在抖，然後他眼睛泛紅，我就問他說：老闆，你怎麼了，我說你有沒有小孩？他說：我就是沒小孩，我看到真的很捨不得，他說他們全家的小孩，就是他看著長大。他說一個國家、一個社會，我是轉述他講的話，為甚麼沒辦法讓一個小孩好好回家呢？他說這個小孩，如果是他的孫子、孫女，他今天不可能放過他。他從頭到尾也在現場，他跟我講話是抖的，我看到那三個動作，我只有想到一個畫面，對啊我受不了。

今天很多人大家很想跟我要一個畫面，因為記者大家身上都有一個畫面，我相信很多人也看到了，就是小女孩最後的身影。你知道那個真的沒有辦法看，很多人跟我要一直要，我最後不知道該怎麼辦，我說我只能給你們看一個畫面，你還記得嗎？土耳其難民潮，有一個小男孩趴在沙灘上，死在沙灘上。我告訴你劉小妹妹最後就是這樣！一個國家可以讓一個小男孩在沙灘上趴死在那邊，我們這個國家可以讓一個小女孩趴死在街頭，街頭耶！那個小孩是因為他的國家發生了戰爭，他是難民，這劉小妹妹是誰啊？他媽媽只是要去接外公而已，只是接舅舅而已，他就要趴死在街頭。你知道我們所有人，在現場所有的記者，完全沒有辦法理自己的情緒。最後看到的是他外公來，他最後外公是撫屍痛哭，撫屍痛哭，你知道那個最後的情緒。我是爸爸，爸爸比較堅強，我不會讓眼淚掉下來，但你看在場的記者，當爸爸的沒有一個有辦法。攝影拍一拍躲在巷子裡面，你知道攝影嗎？這邊在看這邊眼淚在流。台灣社會怎麼了，全部都在縱容這些人（哽咽擦淚）。

我要講的是鄭捷，現在大家我跟你講，採訪現場大家到偵查隊裡面，我們記者都很想要問，有時候都會問說他到底有沒有病。你知道偵查

隊這些警察看太多了，他們進出的地獄比我們多得多，他都會告訴我們記者，你們第一時間不要問這個好不好，先讓我們把案情釐清楚，因為如果你現在第一時間把精神病這三個字打出去，以後他就有辦法脫罪了，他根本沒辦法最後定罪在他身上，你看鄭捷第一時間散發出來的訊息是什麼？違反社會人格，再來律師們他們最後用鑑定來證明鄭捷最後還有人性，人性（哽咽說不出話來）……在他們身上看不到。

冷血兇手讓女童「屍首分離」……惹火黑白兩道？
當街斬首女童 狠男王景玉遭聲押禁見

主持人：譽珊，現在連黑道的都受不了，據說現在黑道已經發出追殺令了。

洪譽珊：我們先來看一段剛剛拿到的畫面。這個是在小妹妹他們的住家裡面的監視器的鏡頭，當時這個媽媽因為他是要去接龍鳳胎，所以他是推那兩個兩人座嬰兒車，從家裡離開的身影。當時這個小妹妹，他就是騎著他的滑步車跟著媽媽進到電梯裡面，你看他當時在電梯裡面是跟著媽媽這樣，可能畫面不是看得很清楚，但是跟媽媽在那邊講話、聊天。媽媽說他為了要去接弟弟妹妹回家，他有多開心。他很開心地要去接弟弟妹妹，那你沒想到說出了電梯以後，他竟然就再也看不到他的弟弟妹妹了，就像他媽媽講的，他很想要看他的弟弟妹妹，可是他看不到了（哽咽）。

好，就是這樣，這個是非常人神共憤的一件事情，因為一個小孩子你今天就在街上，是被斬首的。剛剛馬律師在節目開始前，他們就講，這是只有伊斯蘭國才會用這麼殘忍，但是我們台灣今天怎麼會有人可以把小孩子壓在地上，然後像剎雞剎鴨這樣子，沒有人性可言。今天在現場這

邊，你可以看到這邊有照片，這是一台賓士車，連賓士車主都生氣，上面貼著小女孩被砍頭，司法要改革，廢死聯盟給我蹎共。因為相較媽媽他的理性，媽媽非常非常理性，說要給這位偉大的媽媽一個鼓勵，一個掌聲。媽媽說現在是家庭跟教育要改變，才有辦法讓這種人在社會上面消失，因為你今天不是給這個人判了死刑，以後這類人就不會再存在。這個家庭教育大家都是要改進，可是在現階段當下，沒有一個人看到這種新聞是可以忍住你的情緒的。這種高知識份子，有社經地位的人，賓士車車主不爽，叫你們蹎共，怎麼會有這樣的事情。

就連我今天有接到一個訊息，最後連我們大家都說現在社會最壞的人是誰？是黑道。他會殺人放火對不對？然後壞事做盡，可是這種事情，就連黑道兄弟都看不下去了。今天有人說，他們四處去打聽，打聽這個嫌犯家的地址，連黑道都看不下去，黑道覺得說，我們今天就算是作惡，我們也是有一定的道理對不對，我們今天去傷害別人，可能是道亦有道，不會去危及他們的家人，更何況這個四歲小女孩，跟你無冤無仇，甚至他的爸爸媽媽，他的爺爺奶奶，跟你這一家人，是完全沒有任何的瓜葛，他們家沒有欠你們什麼，那你怎麼可以這樣子（主持人：那現在黑道問的是？）太生氣，他問說這個地址在哪，然後他來打聽了之後，他們大概知道了一個地方，然後甚至還去問到了警察機關那邊，大概有聽說因為這件事情引起社會輿論上面太大的憤怒了，所以警方可能會在嫌犯的住家附近，多做幾天的加強巡邏保護，維護治安，但是有人去鬧，然後他們大概也算出時間了，大概就是一個禮拜的時間，他們說等這個警方這一些保護動作比較鬆散的時候，他們要找人。

隨機殺人「斷頭」……社會如此不安全？政府知道？
當街斬首女童 狠男王景玉遭聲押禁見

民進黨立委徐國勇：剛剛李醫師講的，速審、速判，那這一部分應該要怎麼來處理。我們不能一個官司，你看剛剛那個台南的曾文欽，他不是殺死小朋友嗎（馬在勤：湯姆熊的案子）拜託，他總共鑑定了幾次啊！14次，他依精神鑑定14次，1次、2次、3次我都沒意見，慎重嘛，人命關天對不對，怎麼鑑定到14次呢？所以我覺得說，在像這一種狀況，就好像我舉個例子，當時伍澤元在當縣長的時候，不是鄭太吉殺人嗎？到底是開七槍開八槍，就這樣子發回更審發回更審，搞了10幾年。開七槍也是死，開八槍也是死，七槍八槍是重點嗎？不是嘛！所以像這個案子，如果是證據這麼確鑿，要速審速判，給社會一個交代，還社會公道是這樣子。

一審重判、二審裝可憐閃過死刑……法官腦袋錯亂？
當街斬首女童狠男王景玉遭聲押禁見

主持人：姑姑，你自己王昊這個案子後來二審出現大轉彎，你也很難過。

王薇君：對。在王昊案件一審的時候，在地方法院，這個主嫌劉金龍，他態度是非常囂張又傲慢，甚至每一次開庭，總共我們開了十幾庭，那他每一次都是惡狠狠地瞪著我，甚至罵法警，或是有去參與開庭的任何人，只要跟他對到眼睛的，他都是對那個態度是非常惡劣（主持人：就很兇狠）對，然後連坐姿講話的這個音調、眼神，全部都是一副非

常可惡的表現。那一直到了他在地院被判死之後，他是主嫌，他被判死，（主持人：所以他在一審是被判死的）他是被判死的。

　　然後到了高院二審的時候，他開庭的時候，他第一次我們開庭的時候，其實高院沒有開幾庭，好像只有三次嘛，那我第一次看到他的時候，我就有一點愣住了。他椅子坐一點點，然後走路非常的慢，低著頭，講話音調非常的小，甚至還發抖，講話講不太出來。法官還安慰他說，沒關係，你如果講不出來，可以慢慢講，然後他還請求法官說，他想要站起來跟我道歉。那我一看到他要站起來，我就面向牆壁。因為你一審那樣子的態度，十幾庭，我們開了這麼久的庭，你沒有一次覺得你很抱歉，為甚麼你判死以後，到了二審，你就開始想跟我道歉了，這個我怎麼能接受，我當然不會接受，（主持人：可能是假的）對，當然是因為你判死，這個當然我有可以有所連結和想像，（主持人：可能是演的）對，所以你一審那樣的態度，但是你到了二審，你為甚麼變成小綿羊了，反而法官安慰你，然後反而對我講話態度是比較惡劣的。那在法庭上變成，你加害人，你是一個被害者，我是一個被害家屬，我是變成加害者（主持人：你說他是加害人，但是在法庭上，看起來他像是被害者，然後我們被害者，因為我們很生氣，看起來我們好像很生氣，看起來好像加害者）我都必須要握拳，才能夠跟法官講話，但是法官反而叫他說，沒關係你慢慢講，沒關係這樣，你知道當場我真的非常錯愕。我想說糟糕，那一庭是辯論終結，那這樣的判決出來，會不會整個會和一審的時候，是會有一個很大的落差，但是我還是安慰我自己，應該是我的錯覺，法官一定不會這樣。果不其然，後來就他直接從死刑，死刑和無期是一個範圍，那掉下來就是30年的這個，（主持人：所以他從死刑變成30年？！）直接掉到30年。

我就說其實你今天你法官你要說服我。其實我現在在這裡，我真的很想呼籲法官，你要說服我，這個人沒有泯滅人性，你要拿一個很好的理由來說服我，（主持人：而不是在法庭上裝可憐，就叫做沒有泯滅人性）不是用就是，這個人他有送小孩去醫院，孩子死了四個小時你送去醫院這叫未泯滅人性，這個你法官必須多念點書，我真的要講你要多念點書，你用這樣子來說服我，我是沒有辦法接受的。即便我的學歷沒有你高，我沒有辦法接受，什麼叫做送醫，是死亡四個小時送醫，叫做未泯滅人性，我沒有辦法接受。當庭有跟我鞠躬道歉，那個叫未泯滅人性，我也不能接受。給這個王昊施打毒品的時候，有討論施打的劑量，（主持人：就是他們有互相討論劑量）所以他並沒有想要致他於死，我覺得法官你根本是腦袋錯亂，如果今天我們的台灣是允許有人給孩子施打毒品的，好那你有討論劑量叫做沒有想要致他於死，我們台灣對於毒品是完全是禁止的，前提是這個。我相信法官也知道，那為甚麼這個人有討論過要施打在這個孩子身上多少毒品，就叫做沒有想要致他於死。所以我就說法官你要多念書，你可以用更好的理由來說服我。

「殺一個人死不了的」……我們的法律保護壞人？

　　主持人：我們當然不是說死刑可以解決所有的問題。馬律，剛剛你也談到你認為說今天判了一個死刑，後面就不會有悲劇，問題是過去曾經曾文欽講過那句話大家印象深刻，他說殺一兩個人不會死，這句話深植所有老百姓的心，你會覺得說，他們就是認為他們不會死，所以他敢做，甚至於他可能是無業的，大部分都是無業的、失業的、社會的魯蛇、啃老族，他到監獄裡有吃、有住、有喝，還可以好好的睡覺，還不用讓債主找上門。（還可以交新的朋友）所以老百姓沒有辦法接受，雖然死刑不能解

決問題，但是我們沒有辦法接受，用這種輕判的方式來解決問題。

　　馬在勤：當然這個邏輯是建立在嚴刑峻法就一定能夠阻止這些犯罪行為，但是因為我們看太多案件了，（主持人：他們都是用教化那一套）我非常非常記得一件事情，曾經在去年，曾勇夫法務部長槍決三個人以後，刊了頭條版，第二天又有一個人殺人了。我那天也很震驚，報導刊到說一天槍決三個了，第二天還是有人殺人，在我的邏輯裡面我會認為，這個真的有用嗎？（羅友志：有用）尤其像這個案件，我先強調，這個案件是隨機殺人，隨機殺人已經危害到我本人。什麼叫隨機，任何人都有可能被殺，我不得罪人，我與人為善，我的孩子也有可能，所以現在已經危及到我個人的安全，連我都覺得說我有危險，我相信在座的各位，有小孩的都會認為有危險，那我是希望說，在目前我們的社會，我們現有體制裡面，能不能有一個機制可以出來，如果大家今天想不出來，我們今天罵完，槍決兩個人，這些的魯蛇還在，你知道他下次會殺誰嗎？其實我在實務上面碰到很多案子，其實大家各自有各自的面向，譬如說像這個案件來講，他曾經吸過毒，誰有紀錄，司法單位有紀錄。他曾經言詞恐嚇附近的鄰居，誰有紀錄，警察有紀錄。他有就醫，精神病的紀錄，哪裡有紀錄，醫院。請問一下，有人整合起來說他是，這幾個單位整合起來說，其實他是危險的？沒有人。好，縱然診斷之後，誰去追蹤？沒有。我們還有多少類似像這樣的一個人，有這種三個具備還在路上跑，有沒有人去追蹤他沒有。我說過，連我都會擔心了，因為每個人吸毒的面向不見得相同，有些會有暴力，像這種吸毒的，還會去敲人家門的。

當街斬首女童　狠男王景玉遭聲押禁見

　　主持人：但是我們會擔心，像王昊姑姑說的，從死刑變成30年，30年

根本關20年就放出來了，那這樣輕判的理由用的是他還可以教化。

「殺一個人死不了的」……我們的法律保護壞人？

馬在勤：他怎麼判我都沒有意見（主持人：那20年後還在路上趴趴走耶）我在乎的是現在還有多少在外面跑的，這些關在裡面的，少說20年都不會出來了，也許我們很直覺認為，把他砍掉以後，剛剛我講的那些就不會再犯了，這個邏輯我不相信，我絕對不相信，我相信王昊的姑姑也不相信說，我今天把他砍了之後，接下來這些魯蛇，看到了這個槍決以後，從此以後收手，沒有，我不相信。因為我不相信這種邏輯，所以我擔心我自己的小孩會被砍。為甚麼？就是因為剛剛提到的，這些的徵兆，它是有發生的。如果你告訴我一個品學兼優的學生，從來沒有發生過，家庭幸福美滿砍人，這點我真的是慌了，但是我們社會還能做，這些人有徵兆的，我們政府做了什麼，我要檢討的是政府，不是馬英九出來痛苦就痛苦。

羅友志：可是我想講，你不相信，可是我相信，我真的相信。

主持人：我也認為馬律師說得有道理，並不是用死刑解決所有的問題。

當街斬首女童狠男王景玉遭聲押禁見
「殺一個人死不了的」……我們的法律保護壞人？

羅友志：我也不認為說死刑一定可以解決所有問題，但是死刑要解決每一個問題，不可能。但是有些問題是可以解決的，因為每一些犯罪者，不曉得大家有沒有讀過犯罪心理學，我為了跑社會，我曾經研讀了一小角，當然我不可能像馬律師。這些人必須是收手的，不然看到死刑，有

人被槍決這個畫面之後，是有人會因為而怕的，包括擄人勒贖、撕票案，這是非常清楚的。那個數據在2010年的時候，警政署統計過，非常清楚。我覺得我不認為說，廢死刑槍決一個人可以阻止，但是可以延緩，在這段時間，只要多救十條人命，我都覺得值得。

李光輝：槍決一個人是把未來百分之九十可能會去搶奪會殺人的，降到百分之五十還降到零。我覺得這個都是可以討論的，所以馬律師講的正確。可是槍決這個人或是執行死刑是讓家屬的心，跟正義的社會的人心得到一個正常的管道，這在行為治療裡面是有效的。新加坡就是嚴刑峻法，新加坡不要講槍決了，你如果販毒，對不起他不是先槍決你，他先用鞭刑。讓一個人他在販毒的過程中，他把台灣變成轉運站，因為他們不能到新加坡做轉運站，因為新加坡有鞭刑。你看，連鞭刑都能遏止人家到新加坡當毒品轉運站，把台灣跟泰國當毒品轉運站，因為這兩個地方司法判太輕。所以我覺得我贊成馬律師說法，我沒有說死刑要解決所有的事情，我只說死刑可能讓某些行為，你查不到的，它是會下降的，這是行為治療的一個因素。

國外砍殺要童「絞死.鞭刑」……台灣殺人也死不了？

馬在勤：我並不是說，他完全不能解決問題，我是強調的一點說現在如果我們把單一面向（他不能完全解決問題）廢死刑跟執行死刑上面去做，我相信我真的辜負了這位媽媽。媽媽講得那麼義正嚴詞，他關心什麼，他關心的是下一個人將來會不會怎樣，他不是關心這個人如果被砍掉，如果把他槍決，他不是。我覺得如果我們討論的面向只在這個，我覺得我是辜負這個媽媽的。因為我不講出這個事情來，我看到實務上面，的確有很多面向是可以做的，我竟然不呼籲，假設我剛剛提到了這三樣，現

在有多少人符合這三樣的，你告訴我路上有多少人。如果我們還是這樣今天我們講完了沒事，反正把這個人槍決完以後就結束了，我們政府沒有做任何事情，我希望他多點時間在這上面去做亡羊補牢的動作，我希望……（被打斷）

當街斬首女童狠男王景玉遭聲押禁見
國外砍殺要童「絞死.鞭刑」……台灣殺人也死不了？

　　羅友志：我這樣講，你不能一直呼籲死刑不能解決問題，我覺得你這個邏輯在所有律師上，你是做律師出身的，死刑不能解決所有問題，我覺得你這種邏輯，沒辦法讓所有媽媽們放心，你今天竟然要讓這個媽媽他能夠放下心來，就讓今天所有天下的媽媽都放下心來，你今天只看到一個媽媽而已，我看到的是幾百萬個媽媽。

　　李光輝：我們具體的做法簡單，科技監控，精神科專業醫師介入，跟警察跟司法合作打擊犯罪。

國外砍殺要童「絞死.鞭刑」……台灣殺人也死不了？

　　羅友志：我不知道，我聽到廢死，我就非常的不高興。因為你們是洋人情結，對我來講是洋人情結，就是因為我們台灣有別的國早就廢除了，所以我們好丟臉。丟臉什麼，你丟臉什麼了，這些母親這些媽媽失去了小孩，他們丟過臉了嗎？

　　馬在勤：如果你覺得我剛提到那幾點，就像王昊姑姑講的，你覺得我講那些沒有道理嗎？有多少人潛在因子，在那個地方我希望短短的幾分鐘，我希望能夠呼籲政府能夠做什麼。

羅友志：那請你不要說廢死不能解決問題。

馬在勤：這是我能做的，我希望做的，我希望在短短的時間內把我的力量影響力發揮到這個上面。

羅友志：我聽到你這個廢死不能解決問題這種邏輯，我就一肚子火。

主持人：我想應該是說有一部份的問題死刑可以解決，但死刑不能解決所有的問題，應該這麼講。但是現在最大的問題是，社會非常的恐慌。

佔領行動的安那其
烏托邦思考

黃涵榆

臺灣師範大學英語學系教授

* 本章已刊載於作者《跨界思考》，附錄二〈諸眾、占領、身體展演與生產：一些安那其的思考〉（台北：南方家園，2017），170-189頁。感謝出版者南方家園同意轉載。

過去半個世紀以來，我們經常聽聞諸如「意識形態的終結」、「民族國家的終結」、「歷史的終結」、「烏托邦的終結」、「自然之死」等終結論，宣告我們正處在一種「後政治」（post-political）的時代，欠缺革命的想像，失去對社會政治結構性變革的信念。在這個後政治的時代裡，參與式與代議式民主和市場經濟成了更無所不包、更具有穿透性的治理模式。「人民」（people）似乎不再被認為是一種有效的政治主體，已被人口統計學語彙「人口」（population）所取代，公民則變形為消費者，選舉如同是生活方式、時尚、形象、商品的選擇。這種自由民主生命政治的控管讓生命本身成為一種風險；政治被化約成風險估算與政策，失去改造的基進動能。換個批判的角度來說，「風險」或「危機」被虛擬化，宛如無止境的終結，讓資本主義體系得以持續運作，或者如同隱形委員會所說的，「有效延遲真正的崩解，也因此是一種永恆的例外狀態」（*To Our Friends* 25）。

梅瑞菲爾德（Andy Merrifield）巧妙地描繪了當代後政治情境的卡夫卡特質。根據梅瑞菲爾德，在當前卡夫卡式的後政治時代裡，城堡與堡壘如同狄波（Debord）的奇觀（spectacle），隨處可見，卻不得其門而入、無法理解（"The Enigma" 283-84）。這樣的政治情境有如「一個巨大的漩渦⋯⋯將所有事物都吸進某種奇異且統一的迴旋力場、某種崩解與聚合不同疊層與界線的無縫網絡」（285）。這是一種平庸與無法接近、整合與碎裂弔詭的聚合，也說明了犬儒主義（Cynicism）為什麼是一種當前主流的政治意識型態的癥候。簡單地說，當前的意識形態的問題不再是魯鈍的錯誤意識，而是史洛特狄克（Peter Sloterdijk）所說的「啟蒙的錯誤意識」（enlightened false consciousness）（5）：那是一種「眾人皆醉我獨醒」、凡事一目了然、保持距離的姿態，實際上掩飾著拒絕詮釋、政治冷感與想像匱乏。

在面對上述的後政治困境的同時，我們該如何理解與回應過去幾年來全球各地風起雲湧的抗爭、起義（insurrection）、甚或革命行動：阿拉伯之春、佔領華爾街、歐洲各地的反撙節運動、以及最近臺灣的太陽花運動與香港的佔中行動？這些起義行動的引爆點包括警察與軍隊的暴力、政府的不當決策或選舉紛爭；其訴求則有統治權力的移轉、政治與社會結構性的變革、政策的修正、或者基本的生存權利。總的來說，有研究者指出這些行動追求生命的政治結構全面性的改造，反抗由專業經濟與政治技術官僚共構以共識為名、行排他與寡頭之實的新自由主義治理秩序（Wilson and Swyngedouw, "Seeds of Dystopia" 3）。而狄恩（Jodi Dean）則抱持懷疑的觀點，指出類似佔領華爾街的運動拋棄區分與對立的政治原則，擁抱共識程序，拒絕提出特定訴求，因而演變成「無政治的政治」（politics of no-politics）（269, 271）。對狄恩而言，貨真價實的反對運動必須要能以少數的意志挑戰民主程序與打破公共空間的常態（271）。諸如此類的爭議具體而微地帶出本文的核心關懷：即是，理論在所謂後政治時代如何定位自身，理論如何能夠「事件化」，因而開啟基進政治的想像。事實上已有不少左派思想家高度關注近幾年全球各地的起義，例如喬姆斯基（Noam Chomsky）、巴迪烏（Alain Badiou）、紀傑克（Slavoj Žižek）、柄谷行人（Kojin Karatani）等。這些思想家雖有各自的哲學與政治路徑，卻都一致對人民的力量保持信念，構思新型態的交換、凝聚力與共群，展望正義與平等得以實踐的解放。從他們的介入我們可以理解，基進政治的意義不在於摧毀政治經濟統治機構，而在於想像與創造新的生命形式。

在1968年五月的運動風潮中，情境主義者（Situationists）喊出了「面對現實，要求不可能！」與「想像力正要奪權」的口號。這兩句口號碰觸到本文所思索的安那其想像：那是具有真實力量與效應的想像力，超脫批判或摧毀的否定性，進而肯定生命的潛能。「安那其」（anarchy）在希

臘文的詞源ἀναρχία（*anarkhia*）表示一種沒有統治者的狀態，歷史上曾零星出現過幾次短暫的實驗行動，一直到了二十世紀前幾年的蘇維埃革命與西班牙革命才發展到了最高峰。除了政治革命之外，工人運動、女性主義、60年代的反文化、綠色與和平運動也都頗有安那其的色彩。做為一種理論與實踐的安那其主義的思想基礎來自於高德溫（William Godwin）、普魯東（Peter-Joseph Proudhon）、巴枯寧（Michael Bakunin）、克魯泡特金（Peter Kropotkin）等，反對所有形式的壓迫性權威與外在的統治。安那其主義者訴諸自發性合作、互助、自由協議等原則，想像、構築機會（不是「結果」）平等的社會，讓人們的潛能都得以實現（Jun 116, 140）。安那其在最基進、最烏托邦的層次上來說，實踐一種持續進行的追求的過程，而不是達成一致性的、一次性的目標（Jun 131）。

　　循此邏輯，安那其主義不依附在任何一個理論系統或行動宣言；它無關乎「高理論」的抽象與晦澀，而是事件與行動場域的具體產物。佔領華爾街運動的推手之一的格雷伯（David Graeber）清楚地將安那其主義定位為一種「低理論」（Low Theory），與去政治化的策略思考截然不同：安那其主義不是由專業菁英階級或者，用拉岡精神分析語彙來說，「理應知道的主體」（the subject supposed to know）所設想的。格雷伯認為，真正的安那其社會理論「自己很清楚地知道要抗拒任何先鋒主義的痕跡」（*Fragments* 11）。安那其的直接行動的可能性出自於「想像的政治本體論」（political ontology of imagination），不斷求變、適應、即興演出，因此釋放社會、藝術與思考的創造性（*Revolutions* 53, 60）。值得思考的是，格雷伯主張以漸進的方式創造出另類的組織與溝通形式，強調諸如

「審議」（deliberation）與「參與」等自由主義式的民主原則（*Democracy* 186），不贊成「革命性的劇烈變動」（*Fragments* 40），他的安那其想像是否走得夠遠，因此值得進一步探討。

如其名號所示，「隱形委員會」標榜匿名性的原則。首先，匿名性意味著可辨識的政治身分與位置的消失，以避免成為政府簡易的目標（*To Our Friends* 157, 159）。因此，對隱形委員會而言，甚至連「安那其」這個標籤都需要隱藏。這樣的做法是為了要和權力系統維持不對稱的關係。隱形委員會鼓吹的起義風格不提出具體訴求，極力擴大「政治」與「政治性」（the political）之間的裂縫，也因此和類似「參與」、「對話」等常態性的自由民主政治原則格格不入。必須說明的是，隱形委員會並非莽撞的衝組一味歌頌暴力，但他們也反對物神崇拜非暴力原則。某個行動是不是革命性的取決於它所引發的效應而不是只由行動內容來論斷（*To Our Friend*145）。建造公社（communes）與連結的目的不在於動員任何特定群體或者凝聚任何特定階級的團結，而是要反動員，組織反抗或超越工作的力量（*The Coming Insurrection* 51）。這樣的做法絕非被動的退縮。隱形委員會所宣傳的起義行動與即身的（embodied）、實質的日常生活細節與情感密不可分，將新生命填入佔領的空間，使得政府無法輕易地奪回領土（*To Our Friend* 164）。這樣的行動必須有熱情與想像做為驅動力，消失（匿名）、佔領、居住、進而創造出新生命的空間與環境，也是新的時刻與潮流的到來。起義行動不斷激發不被任何主流的整體吸納的剩餘，其基進的力量正是這種「破碎與不可化約」的狀態（Merrifield, *Magical*

Marxism 58）。[1]

雖然梅瑞菲爾德並沒有自我定位為安那其主義者，他重新構思的馬克思主義，嚴格來說是「魔幻馬克思主義」，和本文企圖形塑的安那其想像仍可相互為用。梅瑞菲爾德深受拉丁美洲的魔幻寫實啟發，企圖透過夢境、欲望與想像等原則，超越「批判否定性的窮酸現實論」與傳統馬克思主義的「形式主義緊身衣」（*Magical Marxism* 1），通往一種奇幻的、更變化萬千的唯物論以及「希望的情動政治」（affective politics of hope）（*Magical Marxism* 10）。全球同盟的可能性不屬於「上層建築」，而是鬥爭與起義、前概念性的身體律動與情動（憤怒、恐懼、痛苦、同情等等）的全面擴散與感染（*Magical Marxism* 75-76）。從這種魔幻馬克思主義的觀點來看，不確定的、不帶目的論的行動和連結彼此碰撞與衝突，新的歷史現實得以成形。梅瑞菲爾德因此特別肯定都市做為「遭遇的政治」（the politics of encounter）最佳的場域。佔領都市中心不必然是起義，關鍵在於必須創造出節點（node）在那裡群眾得以彼此遭遇和混合，由內生成一種批判力量不斷往外發散（Merrifield, *Politics* 63）。如果有任

1　雖然阿岡本不是本文核心的研究課題，他和這邊所談的相關性值得一提。阿岡本在客座巴黎高等研究院（*École des hautes etudes*）期間（1983, 1987），曾教導過顧巴（Julien Coupat），兩人並合作辦了一份名為*Tiqquin*的無政府主義刊物；傳言顧巴本人就是隱形委員會的靈魂人物。阿岡本的思想到底對於隱形委員會有多大的影響，還有待細部的探究。阿岡本有關餘生（remnant）、潛勢（potentiality）與彌賽亞的著述，顯然可以為這裡所談的起義風格提共一些哲學座標。舉例而言，梅爾維爾（Herman Melville）筆下的抄寫員巴特比 （Bartleby）對阿岡本而言，代表一種「具有無可丈量的潛勢」的人物，「只寫出『不寫』的潛勢」（*The Coming Community* 37）。換言之，巴特比拒絕工作體現了一種「無為的潛勢」（potentiality qua impotentiality），鬆動資本主義生命政治的因果與再現關係；那也是一種「原初的可能化」（originary possibilization），沒有指向特定具體可能性、卻是所有可能性的必要條件（*The Open* 185）。這種「無為的潛勢」體現了「非似」（as not、*hōs mē*），讓同質性的（生產、進步或目的論的）計算時（chronological time）無法成為同一性的自身。相關問題的討論，請參照拙作 "The Crime of Indistinction? The Undead and the Politics of Redemption from an Agambenian Perspective," *Concentric: Literary and Cultural Studies* 38.1（March 2012），171-94。

何認同與共同的表現由此產生，也是因為超度連結的自我組織與親近網絡（*Politics* 65）。

以上關於安那其政治想像的討論導引出以下幾個重要論點。首先，安那其想像以脫離計算的迷思或者多數與少數的區分當作出發點。近年來佔領運動常使用的口號「我們是百分之九十九！」不應該被誤解或誤用為民主體制的選票計算與多數決的原則。從安那其的觀點來看，「百分之九十九」真正的基進意涵是諸多被體制「納入排除」的、被剝奪基本權利的無名分的、非透明的群體，換言之，掌權者和「好公民」眼中的人肉垃圾或殘渣：無業遊民、野宿者、貧民窟居民、無籍移工……。這裡所牽涉到的不屬於任何特定的階級，更不依附在特定的政治團體，而是共同行動中的獨特性（singularities in common action），是「變成殘餘物」的過程（becoming excremental）。他們要求即時的空間使用權，採取佔領行動，褻瀆空間「合宜的」、潔淨的、仕紳化的使用，打破不斷強化、持續加快的勞動與生產節奏與速度，干擾、懸置資本主義生命政治機器的運作，創造出新的「生命形式」（forms-of-life）。

以上的安那其理路的鋪陳要特別強調一點：佔領行動不僅是發生在實體空間的行動，更重要的是，使我們必須重新檢視知識或理論生產過程中的各種政治、歷史、文化與美學力。如果安那其的佔領理論是可能的，也必然是「事件與行動場域的具體產物」，但卻又同時能釋放出不完全被特定事件與行動及其地域性綁架、能夠朝向未到來的（如果不必然是烏托邦式的）生命形式的想像。

主要由反黑箱服貿陣線與黑色島國青年陣線成員於2014年3月18號晚間十點多意外衝進立法院議場，開啟了長達23天的「太陽花運動」或「太陽花學運」佔領與抗議行動。整個運動與「兩岸自由貿易協定」的「黑箱」簽訂與審議過程密不可分，更牽涉到中國主導下的協定對於臺灣

的經貿、醫療、社福、媒體與出版強力的衝擊，因而引發特別是年輕世代的強烈反抗。然而，以下我將聚焦政治主體與共群、空間、身體與藝術展演，檢視太陽花佔領運動的事件性與運動性。

即便在23天的佔領運動期間（包括324佔領行政院、331大遊行、遍地開花包圍各地國民黨黨部等行動），我們可以指稱主導或涉入其中的海內外實體與網路團體或個人（包括帆廷二人、黃國昌、賴中強、柯一正、甚至「路過」立院製造鬧劇式的緊張場面的白狼與王炳忠等人），即便已有學者針對運動參與者的身分別、學院科系等做了「基本人口圖象」研究，[2]即便警方宣稱以「科學方法」計算330示威人數只有主辦單位所宣稱的五十萬的五分之一……整個太陽花佔領行動所集結的群眾的動態性與複雜性，並不能簡易地被化約成任何學科或警政所估算、量化與區分出來的實體。麥克魯漢（Marshall McLuhan）的名言「媒介即是訊息」（the medium is the message）在太陽花運動裡有了2.0版的意涵，因為智慧型3C產品與網際網路不僅發揮迅速的動員力量，更讓運動者本身成了影像、訊息與情動（affect）的載體、製造者與傳送者。他們不是意識形態或先驗知識的實踐者，更不是某些反動媒體所宣稱的被特定政黨所操控。從議場內外所進行的即時／即興的小組審議、民主講堂、肥皂箱、甚至是後來的大腸花幹譙，我們可以看到知識與話語的生產走出學術與傳媒體制來到行動現場，與佔領者的生活形成對話與共構的關係。

佔領行動所形成的共群主要是透過各種資訊、影像、知識、聲響的生產與傳遞、各種物資的聚集與共享而不是任何同質性的本質性的行動綱領或意識形態。從黑島青、農民陣線、到越來越多的社運團體的加入，持續

---

2   參見陳琬琪〈誰來學運？太陽花學運靜坐參與者的基本人口圖象〉，《巷仔口社會學》。<http://twstreetcorner.org/2014/06/30/chenwanchi-2/>

到330當天到達巔峰；後來發展出賤民區、親子共學聯盟、大腸花……撤離立法院之後又有包括公投盟、基進側翼等十多個團體組成的自由聯合陣線，還有一些自主性的、小規模的、遍地開花的行動，持續以分化的方式與那被命名為「太陽花運動」或「佔領立法院」的運動產生連結。這是一種既分又連、具有高度時空複雜性的共在。佔領運動現場更是處在安那其的、不確定的緊急狀態，隨時因議場內外與周邊街道巷弄任何突發事件與國家鎮暴機器的動作重新整裝、產生質變、甚至潰散。

　　佔領運動對於空間政治的意義不僅僅是挑戰空間的象徵意義，要求都市權（right to the city）或空間使用權的重新分配，更是衝撞空間化的根本原則，創造出新的生活經驗與生命情境。這是一種解構性的行動，暴露與牽制國家統治機器的運作規則與規律，形成一種動態的恐怖平衡。佔領同時也是創造性的行動：不論是佔領立法院議場、濟南路與青島東路、甚至「入侵」行政院與「路過」中正一分局，都滲透了既有都市空間路徑與區隔，打開實體空間的裂縫，創造出從生命政治規訓與資本主義政治經濟的角度來看是不具生產效益的、不連貫的空間區塊。遭遇（encounter）取代定位（positioning），各種偶發性的、非目的論的、不確定的行動、力量、身體律動與情緒感染、擴散、連結與碰撞，為新的歷史現實供應必需的物質。而透過智慧手機與電腦網路的即時通訊與傳播，也讓實體與虛擬、在場與不在場之間有了更多的連結與組裝（assemblage）的可能性。

　　當以上的討論觸及身體行動、元素的拆解與組合、形式的創造等等，我們也勢必要接著思考佔領運動裡的藝術的問題。提出群眾運動裡的藝術問題本身就已經是一個充滿政治性的動作，意味著藝術被從博物館化的、雄偉的優位，置換到行動與事件的場域，藝術與群眾（或者如「人民」、「諸眾」（multitude）、「無產階級」等其他的命名）不再是對立的範疇。這種置換毫無疑問地具有重大的政治與倫理意義：藝術創作不再

為個別的天才藝術家所獨佔，而是集體的勞動和慾望的釋放，也不再為市場功能或交換價值所吸納。用奈格里（Antonio Negri）的話來說，諸眾的藝術「不是天使的作品……而是肯定所有人都是天使」（Negri, *Art and Multitude* 47）。

張小虹在為台新藝術獎提名太陽花運動的理由說明中，也用了德勒茲式的概念談了本文在這裡談的群眾運動的藝術：

> 就「藝術美學制域」而言，太陽花運動作為開放全體的「感性形
> 式」，不在於個別創作者，不在於個別創作意圖，也不在於個別
> 創作作品的形式優劣，而在於事件所啟動集體匿名的複數力
> 量，如何流經物質（人事物與時空），給出物質的流變生成，在
> 於身體觸受的強度，如何讓運動給出一個無器官身體的感覺團
> 塊。

張小虹所說的太陽花運動「藝術美學制域的複數力量」的兩個要件是物質的流變及身體與感性的強度。太陽花運動的藝術不是任何單一的藝術成品，而是諸多即時與即興的「直接行動」：行為表演、活動劇場、物件、空間裝置、攝影、繪畫活動、影像、歌曲音樂、語言翻譯等元素與零件的組裝（龔卓軍 13）。而那些走上街頭的諸眾們的身體共在，勞動的、衝撞的、歌唱的、呼喊的、驚恐的、亢奮的……身體的共在，在佔領區或移動的抗議行列中體驗獨特的身體經驗，創造出新的生活形式。佔領諸眾的藝術無關乎數目而是自我與慾望、人與人、人與物件之間的關係的改造，一種自生命政治治理與市場經濟的迴圈解放出來的生命形式。

我們無可避免地又必須回到命名的問題。陳寧在〈香港：佔領中環的美學與行動模式〉談到「拒絕被總結、被命名的美學」：

我們不能把語言單純視為以最有效率、最直接地廣播資訊為目標的一種手段，這會犧牲潛藏於本字本身的質感、聲音、節奏之中的眾多可能，粗暴地強迫它成為這個或那個主張的僕役。要尊重受眾、要引起共鳴，就要考慮如何能透過語言傳達這種尊重、關切、以及對方交流的強烈慾望，而不是當他們是需要被格式化、激進化，被動地等待被輸入數據的記憶體。（270）

據此，我們不能接受反動者加諸在「太陽花運動」上類似「民進黨策動」、「台獨路線」等標籤，我們甚至要提問那個被我們命名為「太陽花運動」的運動是否可以不是或「非似」太陽花運動。從安那其藝術想像的角度來看整個佔領運動，要打開能指（signifier）與所指（signified）之間的連結或再現的邏輯，[3]抗拒用單一符碼化或影像的定格來指稱這是或不是太陽花運動，對擁抱者和批判者皆然。循此邏輯，我們也不應該讓「這個」太陽花運動壟斷了佔領的藝術與藝術的佔領的想像，我們也許可以從不同的獨特的佔領行動想像、串連與描繪出共同生命經驗的星陣（constellation）。

從安那其的想像來說，佔領行動藝術的運動性或革命性不在於藝術概

3　江昺崙對於佔領行動期間的立法院空間的權力糾葛提出了批判：

　　立法院的空間並不是民主的空間，也不是設計讓所有人共享的開放場所，並且以孫文的話像為視覺中心向兩旁散開，從主席台到質詢台的佈局，構成了威嚴的氣氛。而打破威權符號原本是行動的目標，後來的人們卻不小心被符號綁住，困在媒體、太陽花與警察構成的結構裡長達三個禮拜。

　　佔領運動員本應該是一種解放，後來卻成為行動者們將自己必所在議場裡的漫長過程。（165）

　　這樣的批判也許堪稱中肯，但是如果以此帶有某種政治符碼或圖騰的狀況指稱「這不是太陽花運動」、作為質疑整個運動的運動性的理由，似乎還是落入單一命名的困境之中，都化約運動的複雜性與真實性。佔領初期議場內那幾瓶啤酒的新聞畫面不就說明了觀者企圖將整個運動套入某種預設的、虛構的再現與敘事框架之中嗎？這所涉及的新聞媒體報導群眾運動的專業倫理─如果藝術美學想像對媒體太過沉重─就不是本文有意處理的問題了。

念本身，而是不斷地透過身體的勞動作為創作的元素，介入、溢出政治經濟發展，成為一種例外狀態。高俊宏的群島藝術三部曲（《諸眾》、《小說》與《陀螺》）提供了我們一些思考的路徑。高俊宏的三部曲企圖串連東京、濟州島江汀村、琉球、香港、武漢、宜蘭以及臺灣包括樹林台汽、三峽利豐煤礦等多處的廢墟（用他自己的話來說，是「失能空間」）的野宿者、棄民、抗爭者、佔屋者、新村計畫者、遊蕩者、廢墟佔領者（包括王墨林、陳界仁與高俊宏本人等）眾多安那其的生命軌跡與形式。這些各有殊異的安那其生命都以自身的居住空間、生活、溝通與社群形式、創作場地與素材的置換，反抗新自由主義、國家機器或軍事戰略的圈地、迫遷、土地私有化、集體失能等。對安那其諸眾而言，都市空間的仕紳化（gentrification）即是私有化，都是為了強化階級與生活方式的區分，以遂行生命政治管控、鎮壓反抗，更根本的是要進行認同與記憶的篩選。諸眾們採取佔領行動進行日常化的、在地性的抗爭的同時，也在實驗與體驗新的溝通、勞動、生產、交換、敘述、記憶、身體與慾望展演方式。同樣重要的是，想像「跨越地方的地方」，即是新貧者與無名者日常抗爭的多樣性（高俊宏，〈臺北〉239）。如南韓金江與金潤煥的「綠洲計劃」藝術佔領行動抗拒藝術商品化與博物館化，甚至拒絕被歸入藝術文獻與檔案（高俊宏，《諸眾》133）。綠洲計劃所留下的照片與物件與佔領行動的場地形成不可分的有機連結，拒絕被納入市場交換體系。而陳界仁、高俊宏與其他廢墟藝術行動者佔領廢墟不外是要重回、站在資本主義的殘骸中，思考影像與記憶再生產的可能性。藝術介入事件的現場，分離出一種非視覺性的空間，讓未發聲／生者得以發聲／生，重繪或見證那些已消失但依然存在的生命痕跡與共同的感性配置。龔卓軍指出，高俊宏的群島藝術三部曲和《廢墟影像晶體計劃》引領觀者進入「非我」的幽靈場所，經歷生命巨大的裂縫、激烈的自我解組，面對難離諸眾之苦的餘生

（8-9）。至此，廢墟的空無並非虛無主義的空無一物，而是一個自我摧毀與重造、得以與諸眾生命連結的處所。

參考資料

1. 江昺崙。〈空間。掙扎與權力展演〉。《這不是太陽花學運：318運動全記錄》。台北：允晨，2015。150-97。

2. 高俊宏。〈臺北：從諸眾觀點談台灣空間症狀即抗爭〉。《創意空間東亞藝術與空間抗爭》。許煜編。香港：圓桌精英，2014。224-41。

3. ---。《諸眾：東亞藝術佔領行動》。新北市：遠足文化，2015。

4. 張小虹。〈這不是藝術：提名太陽花運動的理由〉。*ARTALKS*。 http://talks.taishinart.org.tw/juries/chh/2015013102

5. 陳寧。〈香港：佔領中環的美學與行動模式〉。黑窗里譯。《創意空間東亞藝術與空間抗爭》。許煜編。香港：圓桌精英，2014。 258-78。

6. 龔卓軍。〈推薦序一：暗箱中的反叛詩學〉。港千尋《革命的做法》。林暉鈞譯。台北：心靈工坊，2015。12-16。

7. ---。〈推薦序：一具安那其身體，穿越惡所……〉。高俊宏《諸眾：東亞藝術佔領行動》。新北市：遠足文化，2015。5-11。

8. Agamben, Giorgio. *The Coming Community*. Trans. Michael Hardt. Minneapolis: U of Minnesota P, 1993.

9. ---. *The Open: Man and Animal.* Trans. Kevin Attell. Stanford: Stanford UP, 2004.

10. Dean, Jodi. "After Post-Politics: Occupation and the Return of Communism." Wilson and Swyngedouw 261-78.

11. Graeber, David. *The Democracy Project: A History, a Crisis, a Movement.* London: Penguin, 2014.

12. ---. *Fragments of an Anarchist Anthropology*. Chicago: Prickly Paradigm Press, 2004.

13. ---. *Revolutions in Reverse: Essays on Politics, Violence, Art, and Imagination.* Brooklyn: Minor Compositions, 2012.

14. Hardt, Michael, and Antonio Negri. *Multitude: War and Democracy in the Age of Empire*. New York: Penguin, 2004.

15. Huang, Han-yu. "The Crime of Indistinction? The Undead and the Politics of Redemption from an Agambenian Perspective." *Concentric: Literary and Cultural Studies* 38.1 (March 2012): 171-94.

16. The Invisible Committee. *The Coming Insurrection*. Los Angles: Semiotext(e), 2009.

17. ---. *To Our Friends*. Trans. Robert Hurley. Los Angles: Semiotext(e), 2015.

18. Jun, Nathan. *Anarchism and Political Modernity*. London: Continuum, 2012.

19. Merrifield, Andy. "The Enigma of Revolt: Militant Politics in a 'Post-Political' Age." Wilson and Swyngedouw 279-98.

20. ---. *Magical Marxism: Subversive Politics and the Imagination*. New York: Pluto, 2011.

21. ---. *The Politics of the Encounter: Urban Theory and Protest under Planetary Urbanization*. Athens, GA: The U of Georgia P, 2013.

22. Negri, Antonio. *Art and Multitude*. Trans. Ed Emery. Cambridge: Polity, 2011.

23. Sloterdijk, Peter. *Critique of Cynical Reason*. Trans. Michael Eldred. Minneapolis: U of Minnesota P, 1987.

24. Wilson, Japhy, and Erik Swyngedouw, eds. *The Post-political and Its Discontents: Spaces of Depoliticisation, Spectres of Radical Politics*. Edinburgh: Edinburgh UP, 2015.

25. ---. Wilson, Japhy, and Erik Swyngedouw. "Seeds of Dystopia: Post-politics and the Return of the Political." Wilson and Swyngedouw 1-22.

8

《禮運》對建構理想社會的啟示

溫帶維

香港理工大學通識教育中心講師

但凡提到儒家（甚至中國）傳統的烏托邦思想，人們總聯想到《禮記》中的《禮運》。本文旨在討論《禮運》所展示出來的理想社會之精神及其價值對現代政治哲學的討論可以有的啟示。

　　《禮運》對理想社會的描述如下：

> 大道之行也，與三代之英，丘未之逮也，而有志焉。大道之行也，天下為公。選賢與能，講信修睦，故人不獨親其親，不獨子其子，使老有所終，壯有所用，幼有所長，矜寡孤獨廢疾者，皆有所養。男有分，女有歸。貨惡其棄於地也，不必藏於己；力惡其不出於身也，不必為己。是故謀閉而不興，盜竊亂賊而不作，故外戶而不閉，是謂大同。

姑且稱以上一段為「大同篇」。「大同篇」所描述的是一個人人安居樂業，互相照顧，沒有盜賊，社會和諧的世界。然而這世界之所以理想的原因是甚麼呢？若其之所以理想只是因為人民的生活得到保障，沒有物質上的匱乏，那麼這便只是一種豬圈式的理想世界[1]。這裏的人民可以被極權政府豢養在如同豬圈一般的環境中，生活無憂，然而個人的主體性、潛能、和尊嚴都得不到肯定和尊重。這只是生理層面上的基本保障，可能是理想世界的必要條件，然而離理想世界還相當遙遠。故此，若如此詮釋「大同篇」所載負之精神，恐怕《禮運》中的理想世界對建構理想政治的討論沒有多少啟發性。

　　另外「大同篇」所描述的世界（下稱「大同世界」）之所以被近世的

1　其實中國自古以來如此詮釋大同世界的實不為少數，太平天國的大同世界觀便是這種詮釋的典形。洪秀全的《天朝田畝制度》中便有「務使天下共享天父上皇上帝大福，有田同耕，有飯同食，有衣同穿，有錢同使，無處不均，無人不飽 。」的目標。轉載自操申斌，「近代中國大同思想的比較研究及其啟示」，《安徽史學》2005年6期，頁10。

中國學者及政治人物視為理想世界，是因為它看似著重個人的權力和平等，能與現代西方的主流政治價值，即自由民主的理念，相呼應[2]。有著如此的理解主要還是因為「大道之行也，天下為公」兩句。近世多有以此為孔子對民主、人權、甚至個體主義的支持，也就是把「天下為公」理解成「天下是屬於世上每一個人的」。如此理解下不難讓人把大同世界設想成一個沒有獨裁政權的狀態，沒有人是任何人的臣僕，也沒有人必須聽命於任何管治者，應該是個個體相當自主的情況。要是如此，那麼大同世界便與自由主義相通了。然而，這與原文的意思頗有出入。「大道之行，天下為公」是指堯舜時代的禪讓。當時堯舜還是天下的共主，是執政者，擁有管治天下的權力[3]，「天下為公」只是說「管治天下的權力不專屬於任何一家一姓」而已。那還是個有君臣上下的等級制度，還是有管治者與被管治者的狀態，而且禪讓還是由上代的君主一人決定傳位於某人的做法，所謂「選賢與能」不是人民共同去選，而是在位者去選。那是絲毫沒有現代民主選舉的意思的。所以《禮運》中的大同世界絕對不是如康有為在其《大同書》中所認為的那種「無邦國，無帝王，人人相親，人人平

2　康有為、孫文都是這一類詮釋的典型。康有為：「諸國改為州郡，而州郡統於全地公政府，由公民公舉議員及行政官以統之。各地設小政府略如美瑞。於是時，無邦國，無帝王，人人相親，人人平等，天下為公，是謂大同，此聯合之太平世之制也。」康有為，《大同書》，222頁。孫文：「真正的三民主義，就是孔子所希望之大同世界。」又「我們三民主義的意思，就是民有、民治、民享。這個民有、民治、民享的意思，就是國家是人民所共有，政治是人民所共管，利益是人民所共享。照這樣的說法，人民對於國家不只是共產，一切事權都是要共的。」轉載自王春南，「讀孫中山提詞一天下為公」，《人民網．人民論壇》，2003年第一期。

3　見《史記．五帝本紀》：「堯知子丹朱之不肖，不足以授天下……而卒授舜以天下。」天下既可授，便意味著擁有。當然，「擁有天下」是否真的指擁有天以下的一切，還是只指管治天下的權力是有爭議的。例如香港大學的陳祖為教授便認為中國遠古的政權並不建立在擁有權上，即君主的管治合法性並非來自其擁有天下。見陳祖為，《儒家致善主義：現代政治哲學重構》（香港：商務印書館，2016），頁31-45。然而把「授舜以天下」理解成「把管治天下的權力授與舜」，相信是安全的。

等」的世界，亦非如孫中山所謂「國家是人民所共有，政治是人民所共管」的政治制度。當然，執政者之存在與個人自主並不互相排斥，禪讓與個人自主還是可以共融的，然而「大同篇」的焦點根本就不在民權及個人自主，而是天下政權的不屬私有。單以「天下為公」四字不足以證明「大同世界」與民主自由的社會有甚麼關連。再者，即使「大同世界」的精神便是民主自由，那麼它充其量也就是與現代政治的主流價值相符，並沒有對民主自由的理論問題提供任何具建設性的洞見，對建構理想政治的討論還是沒有多少啟發性。那麼「大同世界」的精神到底是甚麼？它對理想社會的建構又有何啟發？

首先，《禮記》中的《禮運》實採自《孔子家語》中的同名篇章，而兩者大同小異，只是《禮記》為了避免政治上的麻煩而稍對《家語》作了一些潤飾。而《家語》則是孔子與其門人及當時公卿之間的對答記錄，是相當忠實的孔子思想的記錄[4]。《禮運》應該為孔子弟子子遊（即文中的言偃）所記，因此其精神與《論語》中的孔子應該是一貫的。所以我們大可以透過孔子在《論語》中的政治思想來了解《禮運》。

孔子在《論語》中一貫地展示的政治理念就是德治。所謂德治就是在上位者以自身的品德正面地影響臣民，以使全國上下同心同德，社會因此和諧穩定。此觀點在《論語》中俯拾皆是：

1. 子曰：「為政以德，譬如北辰，居其所而眾星共之。」（《論語·為政》）

2. 或謂孔子曰：「子奚不為政？」子曰：「《書》云：『孝乎惟孝、友于兄弟，施於有政。』是亦為政，奚其為為政？」（《論語·為政》）

4　楊朝明先生就這一點有富說服力的討論，詳見楊朝明《出土文獻與儒家學術研究》（台北：台灣書房，2007），頁258-259。

3. 季康子問政於孔子。孔子對曰：「政者，正也。子帥以正，孰敢不正？」（《論語‧顏淵》）

4. 季康子問政於孔子曰：「如殺無道，以就有道，何如？」孔子對曰：「子為政，焉用殺？子欲善，而民善矣。君子之德風，小人之德草。草上之風，必偃。」（《論語‧顏淵》）

5. 子曰：「道之以政，齊之以刑，民免而無恥；道之以德，齊之以禮，有恥且格。」（《論語‧為政》）

從以上引文可見，孔子認為只要君主有德，大臣及百姓便自然跟隨。「跟隨」並不只是指在德行上的模仿，亦是指人民從心上的歸服，即所謂「有恥且格」[5]。所以孔子心目中的德治並不是建基於人民功利的考慮上的[6]，而是主要建基於人對道德的自然嚮往上的。當然孔子不會沒有意識到臣民會為了逢迎而跟隨君主[7]，然而人類天性自然的道德嚮往才是其理想政治之所以可能的基石。

《論語‧子路》樊遲請學稼章能說明此義。

> 樊遲請學稼，子曰：「吾不如老農。」請學為圃。曰：「吾不如老圃。」樊遲出。子曰：「小人哉，樊須也！上好禮，則民莫敢不敬；上好義，則民莫敢不服；上好信，則民莫敢不用情。夫如是，則四方之民襁負其子而至矣，焉用稼？」

---

5 「有恥且格」中的「格」我從楊伯峻及楊朝明兩位先生的考證，指民心的歸服。見高尚榘主編《論語歧解輯錄》上冊，（北京：中華書局，2006），頁42。

6 並不是如韓非子所言那種臣子為了逢迎君主而投君主之所好的行為。「君見惡，則群臣匿端；君見好，則群臣誣能。人主欲見，則群臣之情態得其資矣。」（《韓非‧二柄》）

7 《禮記‧緇衣》子曰：「下之事上也，不從其所令，從其所行。上好是物，下必有甚者矣。故上之所好惡，不可不慎也，是民之表也。」這裏孔子明顯認為君主若是行為無德，臣民也會跟從，因此君主必須謹慎。可見，孔子也意識到臣民之所以跟隨君主之行，未必是受到某種道德模範的感染。

樊遲為了增加國力而打算透過發展經濟來吸引更多人口遷入，因此向孔子請教耕作之事。孔子不答，又指他是眼光短淺的小人，就是說他根本沒有掌握到人民真正期望的國家應該有著怎麼樣的特質。人民當然重視生計，然而民間自有耕作生產的經驗和知識，用不著孔子、樊遲這些士大夫去教他們。再者，只要在上位的人好禮，人民便不敢不尊重在上位者。這種不敢不是對權威的恐懼，而是人類的道德自覺的自然判斷。孔子認為人們只要遇見有高尚德行的人，便自然會稱許那人[8]，而孔子同時認為禮背後的精神便是仁[9]，因此好禮者不可能只是依從禮的儀文做事而不展現其背後的精神[10]。所以真誠地實踐禮的人都會被視為仁者來尊重，此即所謂「一日克己復禮，天下歸仁焉」[11]（《論語‧顏淵》）再者，仁是人的道德自覺，而正義正是人道德自覺之要求，故仁者自然便展現正義的行為[12]，故此好禮的君主便是透過禮去實踐正義[13]的仁者，人民對其尊重是打從道德本性的層次所發出的。這是一種人性的嚮往。

　　「上好義，則民莫敢不服」其實也是相同的意思。在上位的人真誠地實踐正義，人民出自自身的道德直覺也就不得不敬服他。這也是道德自我嚮往正義的表現。最後，在上位的人真誠待人，人民也不敢不以真情相

8　子曰：「學而時習之，不亦說乎？有朋自遠方來，不亦樂乎？人不知而不慍，不亦君子乎？」（《論語‧學而》）孔子這一連串修辭式的問題(rhetorical question)顯示了孔子認為「認出並讚許一個有德之人」是與日常生活中許多快樂情緒的出現一般地自然的。

9　子曰：「人而不仁，如禮何？」（《論語‧八佾》）

10　子曰：「質勝文則野，文勝質則史。文質彬彬，然後君子。」（《論語‧雍也》）

11　毛奇齡、朱熹、楊伯峻訓「歸」為「稱」或「與」，按上下文理，持之有據，今從之。見《論語岐解輯錄》下冊，頁654。

12　用勞思光先生的說法便是：「仁是自覺之境界，義則是此自覺之發用。能立公心者，在實踐中必求正當。此所以『仁』是『義』之基礎，『義』是『仁』之顯現。」勞思光《中國哲學史》第一冊（香港：友聯出版社，1980），頁50。

13　子曰：「君子義以為質，禮以行之。」（《論語‧衛靈公》）

待。再一次，這是人類道德本性的反應、要求，不是對權威的恐懼或諂媚。一個有著讓人民尊重、敬服、並以真情相待的對象（君主）的國家正是人民從道德本性的層次上所嚮往的國度。總而言之，孔子心目中人民嚮往的國度就是充滿著正義與真誠的。孔子的思想以仁為核心，仁作為普遍的人性（具體而言便是道德直覺，孟子所謂良知是也）是一切價值之根源，是人作為人的最根本要求[14]，滿足此要求是生命是否得到安頓的關鍵[15]。生活在充滿正義及真誠的國家正是人類道德生命的呼籲，是任何個人潛能的發揮、公平的競爭平台、或是繁榮的經濟發展所不能代替的價值。老百姓自然願意舉家棲身其中。這就是孔子所認為的理想國家的底蘊。

孔子的德治理念，從管治手段方面提出了君主以本身的品德使臣民跟隨，令國家穩定和諧；從理想國家的內含性質方面則提出了正義及真誠。大同世界的精神正正展現了這種德治的理念。我們必須注意到「大同篇」裏「人不獨親其親」之前有一「故」字，所以「大道之行也，天下為公。選賢與能，講信修睦」與「人不獨親其親」至「是為大同」之間是有著因果關係的。「天下為公，選賢與能，講信修睦」都是「三代之英」即君主所做的事，然後便產生了「人不獨親其親」等等的良好後果。這就是上述孔子的德治理念的管治手段，即以君主的品德使臣民自願跟隨。既有著德治的管治手段，我們也可以期待大同世界便是德治的理想社會。那麼大同世界是一個正義及真誠的國度嗎？

14　子曰：「志士仁人，無求生以害仁，有殺身以成仁。」（《論語·衛靈公》）另外司馬牛問君子。子曰：「君子不憂不懼。」曰：「不憂不懼，斯謂之君子已乎？」子曰：「內省不疚，夫何憂何懼？」（《論語·顏淵》）「不疚」就是滿足了自己的道德本性之要求才可能的狀況，孔子認為只要能如此，人生之中也就沒有甚麼值得憂慮和恐懼的了。

15　子曰：「不仁者不可以久處約，不可以長處樂。仁者，安仁；智者，利仁。」（《論語·里仁》）

首先，「天下為公」所描述的主要是執政者不自私的處世態度，而不是一種政治制度（如上文所言，與現代的民主人權無關）。這種無私的態度使君主們都不認為天下的政權是任何一家一姓可以獨佔的。既然連天下大政也可以為了人民整體之利益而不獨佔，便沒有甚麼事物是該為自己爭取的了。從孔子德治的理念說，這種態度感染了臣民，使得人與人之間的關係不是一種如霍布斯（Thomas Hobbes）所說的自然競爭關係，而是無私地互相照顧，使沒有親人可以依托的人都可以得到滿足。這種無私便是仁心的表現，大同世界就是個充滿著仁者的社會。再者，君主們「講信修睦」，臣民也因此變得講求誠信與和睦，社會上便再沒有狡詐與衝突，一切為了私利而謀反的計劃和盜賊都消聲匿跡，換言之社會上一切的不義都消失了。這就是個真誠及正義的社會。總而言之，大同世界的特點就是無私，其精神就是真誠與正義，也就是上述孔子的德治理想下的道德社會。

　　《禮運》記載了孔子對大同世界的描述。然而這是個連孔子自己也沒見過的世界，孔子也沒想過要去實現它。描述它只是要指出理想世界應該會有著怎樣的價值。《禮運》更著重要指出的乃是如何延續此理想世界的善與價值於一個「大道既隱」的時代，這樣的社會被稱作「小康」。它是這樣描述小康的：

> 今大道既隱，天下為家，各親其親，各子其子，貨力為己，大人世及以為禮。城郭溝池以為固，禮義以為紀；以正君臣，以篤父子，以睦兄弟，以和夫婦，以設制度，以立田里，以賢勇知，以功為己。故謀用是作，而兵由此起。禹、湯、文、武、成王、周公，由此其選也。此六君子者，未有不謹於禮者也。以著其義，以考其信，著有過，刑仁講讓，示民有常。如有不由此者，在勢者去，眾以為殃，是謂小康。

因應著人們普遍自私的現實，小康的社會其實正正是透過禮教來延續大同世界之善與價值的努力。在小康之世，人們普遍自私，故無法如大同世界一樣，在國家不刻意約束的情況下，人們還能自發地無私相處，以達至每一個人都可以得到照顧和滿足的世界。因此，賢明的君主只好退而求其次，以禮約束百姓。禮所帶來的後果不只是一個有秩序的社會，還是一個注重彰顯正義、成就誠信、明察過失、以仁愛為準則、且講求謙讓的社會。孔子明顯不認為即使在人們普遍自私的處境下，便只能如法家一般只講求社會的有效運作，必須以嚴刑峻法來整頓人民。相反，即使在這種情況下也不能放棄大同世界的精神，亦即真誠與正義。並且孔子認為必須以透過由上而下的禮教來達到此目的。這貫徹了孔子的德治理念，所以我們可以這樣說：《禮運》所展示的理想社會就是個德治的社會。

問題是這種以執政者之德行，及國家層面定立的禮儀來進行管治的社會，恐怕與現代社會的主流價值相衝突。近二三十年來，不論現實中的政治還是政治學術的討論均以自由主義為圭臬，當中一九八九年底美國社會學家福山教授「歷史的終結」的提出便是其中標誌性的論述。自由主義以個人之利益（此取廣義，包括一切物質及心靈上的須求的滿足及潛能的發揮等等）為一切價值的核心，人的幸福就在於利益的最大化，然當此最大化必須在群體生活中實踐時，個人自由必受一定的約束，此即國家之所以存在的理由，它是必需的邪惡（necessary evil），一方面它約束個人的自由（如此便同時限制了個人獲取利益的可能途徑），故惡，但沒有它，個人的利益便難以在群體生活中得到最大化，故必需。所以，國家只是個工具，它不是在其自身有價值的存在。其好壞只在於對人民的約束是否合理，及其對物資及權力的分配是否最能使每一個人的利益在群體之中得到最大化。它本身不代表任何價值。

其實這等於說：「人類之所以聚集生活成為國家，只是因為這樣做是

最符合個人之利益的。」若世界上的國家都是如此組成的，這並不會是個理想世界。首先，人沒有必須生活在某一個這樣的國家的理由。若國家之存在只為個人利益的最大化，除了因為個人情感的因素，人最合理的做法就是去住在一個最能讓自己獲得最大利益的國家。若所有國家都是如此，則沒有國家可以長久，因為它們都缺乏了使人民支持的聚心力。一個國家只要環境差，人民的利益普遍得不到滿足，不論是因為不合理的管治、外國的侵略、傳染病的肆虐、天然資源不足等等，人民便有理由尋找更為對己有利的國家去居住。他們並沒有合作克服困難的理由。試問有哪個國家不在其歷史中經歷一點患難（特別是在開國之初）？一遇患難，人民便振振有辭地迅速避走他方，根本就沒有國家可以被建立，更不用說長久存在，它們都會在遇上困難時便瓦解。人類文明亦無法以國家為單位保存及延續，這會使人類文明根本無法發展起來。唯當一個國家之所以是一個國家，不只因為一群個別的人為了自身的利益最大化而聚在一起生活，更是為了實現一些共同的價值時，這個國家才有內聚人民的力量。所以每個國家都有其所代表的價值，不管管治者本身是否真誠地要去實踐這些價值，這些價值有助人民建構對國家的歸屬感。伊斯蘭教國家、自由主義國家、民族主義國家、社會主義國家，都是如此。

　　既在現實中「國家代表著某種價值」是政治上必須的，那麼國家便有理由鼓勵及培養一些能使人民認同及實踐這些價值的品德（Virtues）。這就是國家致善主義（State perfectionism）。可以這樣說，國家致善主義是個政治現實，即使極力強調個體自由最著力的自由主義國家，如美國，也以維持本國以及世界上各族人民的自由為其國家價值（National value），並自少便對國民灌輸「自由的美好」、「個體發展的重要」這些價值，並培養尊重他人的自由及權利這種美德。理論上可被稱為自由致善主義（Liberal perfectionism），但在實踐上它就是一種國家致善主義。

自由主義對國家致善主義的不滿，主要就在於其價值立場的不中立，因為這種不中立限制了人們選擇自己認為合理的生活的可能性。價值中立是自由主義裏一個重要的原則。按這個原則，國家不應該在任何只對個人自身有關（Self-regarding）的事情上有任何價值上的立場。換言之，國家不能鼓勵或支持任何只對個人自身有關的事情，亦不能抑制或禁止這些事情。背後的原因是與個人自主（Personal autonomy）有著密切關係的。自由主義者認為即使是再理性的人們都會對甚麼是「合理的」有著不同甚至互不相融的立場，因此國家若對任何只對自身有關的事情支持或禁止，便總有一些人不能按自己認為合理的方式生活，儘管這些生活方式不影響他人[16]。這是一種不必要的箝制（因為不影響他人），有著這種箝制的社會並不理想。比如在伊斯蘭教國家中，特別是原教旨主義國家，如伊朗，人民恐怕很難選擇過一個基督徒的生活，一名想信奉基督的人在這裏便被箝制了。不要說信奉別的宗教，就是想脫離伊斯蘭教，過一個沒有宗教信仰的人的生活也是不可能的。因此理想的國家必須恪守價值中立這項原則。

　　國家致善主義可以有以下的回應：首先，沒有人會否定可以選擇自己認為合理的生活是相當重要的人生價值，但這不等於其選擇必須是無任何價值指引或規範的。在一些情況下，選擇愈多，愈是沒有規範或限制，對個人而言愈是不利。比如，一個人所面對的所有選項之中只有極少數是真正對他有利的，而其他都是些似是而非的選項（就像在考試中做選擇題），他的選項愈少，他犯錯的機會也愈少，對他愈是有利。相反，選項愈多，他愈頭疼，愈不知道該如何作選擇（試想像老師把選擇題的選項由

16　當然，這世界上是否存在任何不影響他人的生活方式還是可以討論的。我傾向認為只要是一種生活方式，它便牽涉到生活上的各個層面，它不可能不影響他人。特別是一些在我們這個時代認為是很個人的事情，如宗教信仰，事實上就不斷影響著公眾領域的活動。

五項加到十項會是多麼可怕的事）。可見「能夠選擇」在其自身並不是最重要的，「知道如何去選擇」恐怕更為重要。因此，選擇並不具有在其自身絕對的價值。若國家所代表或提倡的價值不決定，但卻能夠為人民提供一些選擇的原則，恐怕比起只有無限的選擇而無任何指引的情況好。有著無限的選擇而無指引不叫自由，叫被遺棄（relinquished）。

第二，國家致善主義也可以有溫和及激進之分，溫和的致善主意，可以只提倡某種價值，及提供（並不強迫）培養相關之品德的教育。除了極端與國家所代表的價值相衝突的事情，不予禁止。故即使造成某程度上的箝制，其負面影響不會比一般的法律的限制為高。

第三，國家所代表的價值是否會造成箝制，端在乎此價值是否容易廣泛被人接納和認同。愈是容易廣泛被人接納和認同的，便愈不會造成箝制（人若是認同該價值，循該價值行事為人便不是箝制）。反之，則愈可能造成箝制。比如，美國主張人民的自由，儘管不同的人對「自由」有著不同的理解，恐怕世上沒幾個人會反對人應該享有自由，因此它獲得絕大多數人民的認同便十分容易，無須多少國家的箝制力量（Coercive power）來迫使人民認同或支持此價值；伊斯蘭原教旨主義國家在這一方面便會顯得困難得多了，因為伊斯蘭原教旨主義在很多方面的觀點都非常狹隘，沒有多少詮譯的空間，這包括了歷史、倫理、及形而上的觀點。因此，並不是每一個理性的人都能隨便認同的。不認同的人生活在其管治下便難免被箝制了。

所以溫和的致善主義加上一個可以廣泛為人所接受的價值，應該能基本上避免自由主義所擔心的問題，並且亦符合政治現實的需要。當然，「基本上能避免」不表示能完全避免，因為只要國家並不是完全的價值中立（包括對自由的態度），社會上總難免會有一些人（那怕是相當少數的人）不認同國家所代表及提倡的價值的。所以自由主義的擔憂確實難以在

國家致善主義的實踐下完全被消除。然而，國家致善主義既是在實踐上不可避免的，我們只能夠尋求折衷的方法，盡力降低國家對個人的箝制。溫和的致善主義配合廣泛為人所接受的價值，是一種合宜的折衷。

孔子在《禮運》裏展示的小康之世，即是透過禮教的德治，便是這種配合了廣泛為人所接受的價值的溫和國家致善主義。如上述，對孔子而言，理想的大同世界之所以值得人們嚮往，乃因為那是一個充滿著正義和真誠的國度，是人的道德本性所要求的，生活在其中有助精神生命的安頓。然而在人們（包括執政者）都是自私的處境下，為了建構這樣的國家便需要禮教。這無疑是國家致善主義。只是孔子從來便不認同透過國家權力的箝制來調教人民，只願用品德的模範和教育去感動人民自願依從。故孔子的國家致善主義是溫和的，而其提出的價值，是正義與真誠，也是人性所嚮往及認同的，故亦能容易為大眾所認同及接納。再者，任何生活方式或宗教信仰，只要不與人之道德本性相矛盾，也不會被這種溫和的國家致善主義所禁止。所以，孔子在《禮運》中所提出的德治理念一方面能在相當大的程度上尊重人民的自主性，同時也讓國家代表及提倡一種能安頓人心的價值。這是現代主流的自由主義所不能做到的。即使自由的價值是不可置疑的，《禮運》的德治理念無疑是對自由主義相當重要的補充。

或謂：「《禮運》要求透過周禮進行對人民的教化，無論是如何的溫和，周禮的要求都是絕對不適合現代社會的。所以《禮運》的德治理念根本無法參與現代的政治哲學的討論。」首先，我也不認為《禮運》的德治理念可以完全的實現於現代的處境，我只是想指出《禮運》的德治理念所展示的理想政治模式對現代以自由主義為主流的政治哲學討論有著很重要的啟發性。再者，孔子心目中的理想社會是充滿正義和真誠的，而禮只是孔子當時認為實踐正義最為適合的工具而已。孔子並不認為禮是不可違背

的 律[17]，更為根本的是義的實踐[18]。所以我認為，在現代的處境下，《禮運》的德治理念的實踐之關鍵不在於其與周禮的關聯，而在於其指出國家應當以人之道德本性之實踐為其根本價值之一。致於如何提倡、培養和實踐此道德之本性，卻是可以因應具體社會的狀況而作彈性處理。

最後我只想指出，只要掌握了《禮運》德治理念的精神，孔子的政治理想不單可以與現代的主流政治論述進行對話，亦有其獨特的貢獻。不需要為了讓它獲取參與討論的「資格」便硬把一些與其核心精神格格不入的概念（比如「個體自主權」Self-sovereignty）植入其中[19]。這樣做恐怕會破懷了儒家政治思想的理論內在一致性。如此，作為參與對話而付出的代價，未免太大了。

參考資料

1. 高尚榘主編《論語岐解輯錄》上冊，北京：中華書局，2006。
2. 康有為，《大同書》，北京：華夏出版社，2002。
3. 陳祖為「道德自主、公民自由與儒家思想」，楊國榮、溫帶維編《中國文明與自主之道》，香港匯智出版社，2008。
4. 陳祖為，《儒家致善主義：現代政治哲學重構》，香港：商務印書館，2016。
5. 楊朝明《出土文獻與儒家學術研究》，台北：台灣書房，2007。
6. 勞思光《中國哲學史》第一冊，香港：友聯出版社，1980。
7. 操申斌，「近代中國大同思想的比較研究及其啟示」，《安徽史學》，安徽社會科學院，2005年6期。

---

17 子曰：「麻冕，禮也；今也純，儉。吾從眾。拜下，禮也；今拜乎上，泰也。雖違眾，吾從下。」（《論語·子罕》）
18 子曰：「君子之於天下也，無適也，無莫也，義之與比。」（《論語·里仁》）
19 見陳祖為「道德自主、公民自由與儒家思想」，《中國文明與自主之道》頁335-361，楊國榮，溫帶維編，香港匯智出版社，2008。

從馬斯洛需求層次論分析烏托邦文學創作

潘啟聰
香港恒生管理學院一級講師

一、前言

　　《烏托邦》一書成於1515-1516年，乃托瑪斯‧摩爾（Thomas More, 1478-1535）的傳世經典。摩爾的《烏托邦》無疑是獨一無二。「烏托邦」本身是摩爾從希臘語鑄造的一個詞[1]。"Utopia" 是由 "u" 和 "topia" 兩部份組成。將當中的 "u" 分別地與 "ou" 和 "eu" 聯繫起來，更是含有雙關意思，而可理解為 "outopia"（意思為「不存在的地方」）和 "euthopia"（意思為「完美、理想的地方」）[2]。《烏托邦》一書本身的文學成就極高，且更開拓了一種所謂烏托邦文學的創作領域。往後出現的安德里亞的《基督城》（J. V. Andreae, *Christianopolis*, 1619）、培根的《新大西洋大陸》（F. Bacon, *The New Atlantis*, 1627）、康帕內拉的《太陽之都》（T. Campanella, *City of the Sun*, 1637）、貝拉的《回顧》（E. Bellamy, *Looking Backward*, 1888）、威爾斯的《現代的烏托邦》（H. G. Wells, *A Modern Utopia*, 1905）等都是著名的烏托邦作品[3]。近代的學者紛紛指出烏托邦文學創作並不限於西方作家，吾人在中國文學中亦能找到同類作品。例如，陶淵明的《桃花源記》、王績的《醉鄉記》、蘇軾的《睡鄉記》[4]，乃至近代的梁啟超的《新中國未來記》、碧荷館主人的《新紀元》、陳天華的《獅子吼》、蔡元培的《新年夢》、吳趼人的《新石頭記》等都屬於

1　戴鎦齡：〈譯序〉，托瑪斯‧摩爾著，戴鎦齡譯：《烏托邦》（臺北：志文出版社，2000年），頁11。

2　"Utopia" 一字之解說，詳細可參：杰拉德‧吉列斯比著，胡家巒、馮國忠譯：《歐洲小說的演化》（北京：三聯書店，1987年），頁28；周黎燕：《烏有之義：民國時期的烏托邦想象》（杭州：浙江大學出版社，2012年），頁10-11。

3　于云玲：〈文學烏托邦定義探討〉，《學習與探索》第2期（2010年），頁202。

4　李瑩：〈中國文學中的「烏托邦」思想起源與歷史簡述〉，《文藝生活：下旬刊》第1期（2012年），頁23。

中國的烏托邦文學作品[5]。中西烏托邦之間的比較研究——包括兩者的共性特徵及彼此差異——更成了近年學界的熱門課題。

查現存有關烏托邦文學創作的研究,不少均從較為宏觀的角度進行探討。孟二冬指中國文學中的「烏托邦」理想都在「表明著中國的先民們對於理想社會和美好家園的憧憬與渴望」;然後,孟氏綜合出此類作品有三項共同特點,並就「從與社會現狀相反的方向去構想」、「沒有王治的『無為』世界」,和「重在道德的建樹……提倡遠古的道德文明」三方面進行分述[6]。宋師亮論及近代晚清政治小說時,則談到有關新中國的烏托邦想像,並指「此類小說敘事上多用幻想手法,凝聚著強烈的理想主義和民族國家意識,一掃老大帝國的疲態與暮氣,一展少年中國之生機與活力,體現出開創時代新貌的激情和氣慨」[7]。與宋氏論述相近,王曉崗指出「梁啟超等人的新小說創作的目的就是要建立一個新的、不受外人欺侮的、自立自強的民族國家」[8]。前賢之說在解釋中國文學中的烏托邦寫作極具參考價值。他們都指出時代背景影響了作家們的創作,在解釋為何晚清以降的烏托邦寫作會跟傳統的桃花源式烏托邦大相逕庭尤其出色。然而,回顧前賢諸說,他們的論述較少顧及作家的主體性,因而有推論過簡之嫌。不只中國的烏托邦文學分析如是,就連在分析有更長歷史的《烏托邦》也有非常相似的情況。有學者在分析《烏托邦》寫作背景時,指出

5   宋師亮:〈論晚清政治小說中的烏托邦敘事〉,《渤海大學學報(哲學社會科學版)》第32卷第1期(2010年),頁72-81。

6   孟二冬:〈中國文學中的「烏托邦」理想〉,《北京大學學報(哲學社會科學版)》第42卷第1期(2005年1月),頁49-50。

7   宋師亮:〈論晚清政治小說中的烏托邦敘事〉,《渤海大學學報(哲學社會科學版)》,第32卷第1期(2010年),頁72-73。

8   王曉崗:〈超越古典烏托邦——晚清政治小說新論〉,《華北電力大學學報(社會科學版)》第1期(2011年),頁96。

「歐洲的文藝復興」[9]及「資本主義思想的誕生,資本主義生產方式的出現」[10]使得《烏托邦》一書面世。現存主流的論述大多是持「有某種時代背景➤有某種寫作特徵」的邏輯。這種推論是漠視了「作家的主體性」一環,較完備的論述應該顧及「有某種時代背景➤對作家有某種影響➤出現某種寫作特徵」三者之關係。本文旨在探討這被漠視的一環。到底摩爾的生活經歷有沒有影響他撰寫《烏托邦》呢?到底晚清的時局對當時的作家有甚麼影響,以致他們的烏托邦寫作出現了一些共同特徵呢?若對摩爾與梁啟超等人以及其作品進行比較,吾人能否更深入了解作家與作品之間的關係呢?本文會以馬斯洛的人類動機理論對摩爾和梁啟超等人及其時代背景先作出分析,再從中解釋他們作品之間所呈現的差異。

二、馬斯洛的人類動機理論

由於本文會採用馬斯洛的理論作為研究及分析烏托邦文學之進路,因此筆者認為有必要抽出一部份篇幅約略簡介其人及其理論。馬斯洛（Abraham Harold Maslow, 1908-1970）被稱為人本主義心理學之父。他一生最重要的成就,就是將心理學人性化,使心理學與人性的成長,構成密不可分的關係[11]。他有一句名言,很能夠反映到他的創見以及其貢獻,他曾說:「他（佛洛伊德）為我們提供了心理病態的那一半,而我們現在則

---

9 張隆溪:〈烏托邦:世俗理念與中國傳統〉,《二十一世紀雙月刊》2月號（1999年2月）,頁97。

10 劉欣:〈中西小說缺類比較之烏托邦小說研究〉,《長沙大學學報》第21卷第4期（2007年）,頁79。

11 莊耀嘉:《馬斯洛》（臺北:桂冠圖書股份有限公司,2000年）,頁10。

必須把健康的另一半補上去」[12]。面對著當時心理學界盛行的精神分析學（Psychoanalytic perspective）及行為主義學派（Behaviourism）兩大勢力，他認為「研究精神病患者是有價值的，然而是不夠的；研究動物是有價值的，然而也是不夠的」[13]。研究精神健全的人，考慮人的感情、動機、成長、需求甚至理想，肯定人的尊嚴和價值，重視人的整全性，往往更能理解他們的行為。這正正是馬斯洛及一眾人本主義心理學家的創發性和獨特之處。

在1954年，馬斯洛發表了一部極具影響力的著作——《動機與人格》。他在該書當中對人類動機理論進行探索，並提出了著名的「需要層次論」。在他提出「需要層次論」之前，馬斯洛先提出了17項關於研究人類動機的命題。礙於篇幅所限，筆者難以在此一一複述，現會舉出與下文討論相干的幾項作出簡述[14]：

壹、人本主義心理學重視人的整體性，馬斯洛亦不例外。在《動機與人格》的第一章之中，他首項提出的命題是「作為一個整體的個人」。當中他開宗明義便指出個人是一個一體化的、有組織的整體。研究者不可能由個體身上劃分出甚麼口腔需求、肛門需求、生殖器需求等，而只有這個人的需要[15]。馬斯洛有關人的整體性之討論甚為全面。在第十三項「整合作用」的命題

12　弗蘭克‧G‧戈布爾著，呂明、陳紅雯譯：《第三思潮——馬斯洛心理學》（上海：上海譯文出版社，2007年），頁15。

13　同前註，頁16。

14　有關的內容詳細可參考：馬斯洛：〈第一章 動機理論引言〉，亞伯拉罕‧馬斯洛著，許金聲等譯：《動機與人格》第三版（北京：中國人民大學出版社，2007年），頁3-17。

15　詳細可參考：同前註，頁3-4。

中，馬斯洛亦考慮到個體在某些條件下，也會出現分裂和欠整合的現象。馬斯洛指：「但是，當威脅具有壓倒優勢而機體太虛弱或孤立無助、不能控制這個威脅時，機體就會趨於分裂。總的說來，當生活輕鬆順利時，機體可以同時做許多事情，向許多方向發展」[16]。

貳、一反精神分析學過份重視人的原始慾望及行為主義學派過份側重環境對人的模塑，馬斯洛重視個體與環境和文化的互動性。在他提出的第五項命題中，馬斯洛指出人的欲望與文化有關。即使是在面對某一種特定的欲望時，兩種不同的文化可能提供兩種完全不同的方法來滿足它[17]。在第十二項命題中，他表示不論是只包含機體本身的理論，還是拋開機體描述環境的方法均不整全。馬斯洛認為行為是由幾類因素決定，動機是其中一種，環境力量是另一種[18]。

參、有關欲望與動機的闡釋，馬斯洛亦有嶄新的看法。在第八項命題中，馬斯洛指出人是一種不斷需求的動物，當一個欲望滿足後，另一個會迅速出現並取代其位置。他進一步指出需求有兩種特質一向被忽視：一、相對或者遞進的滿足方式；二、需求似乎按優勢等級、層次自動排列[19]。另外，在第十五項命題中，馬斯洛指人雖然不斷有需求，但也不會渴望一切，而是有意識地渴望一切實際可能獲得的東西。馬斯洛認為「重視達到目的之可能性」這個因素，對於理解「文化中各個階級等級之

16　同前註，頁13。

17　詳細可參考：同前註，頁6。

18　詳細可參考：同前註，頁12-13。

19　詳細可參考：同前註，頁8-9。

間」、「不同國家和文化」在動機上的不同是至關重要的[20]。

在《動機與人格》一書中，相信最具影響力的內容是第二章所提出的人類動機理論——需要層次論。馬斯洛提出人類的需要可分為五層，包括生理需要、安全需要、歸屬和愛的需要、自尊需要和自我實現的需要。在馬斯洛的眼中，在大部份人的身上，生理需要和安全需要的匱乏似乎在所有的需要中佔壓倒性的優勢。在該書中，馬斯洛曾提及過：「這些生理需要在所有需要中佔絕對優勢」[21]，又言「對於一個饑餓已經達到危險程度的人，除了食物，其他任何興趣都不存在了」[22]（有關生理需要）；另外又說：「上面談到的生理需要的所有特點同樣適合這些欲望（指安全類型的需要，如安全、免受恐嚇、對體制的需要、對秩序的需要、對法律的需要等），不過程度稍弱」[23]（有關安全需要）。這兩種需要的匱乏對個體影響甚大，不只是主宰了個體當下的渴求，甚至影響了個體對未來的期望：「當人的機體被某種需要主宰時，還會顯示出另一個奇異的特性：人關於未來的人生觀也有變化的趨勢」。馬斯洛舉例說明：「對於一個長期極度饑餓的人來說，烏托邦就是一個食物充足的地方……對他來說，生活本身的意義就是吃，其他任何東西都不重要」[24]。在這兩種需要被滿足後，愛、感情和歸屬的需要就會產生，當中包括了感情的付出和接受。滿足了歸屬和愛的需要後，較高的自尊需要就會出現。那是一種對於自尊、自重和來自他人的尊重的需要或欲望。最高層次的階層是自我實現的

20　詳細可參考：同前註，頁15。

21　馬斯洛：〈第二章　人類動機理論〉，《動機與人格》第三版，頁19。

22　同前註，頁20。

23　同前註，頁21。

24　同前註，頁20。

需要，即指一個人對於自我發揮和自我完成的欲望，也就是一種使個體潛力得以實現的傾向。

　　本文之所以會選用馬斯洛的理論，原因是筆者認為摩爾和梁啟超等人的作品之差異可以用需要層次論來加以解釋。筆者在閱畢摩爾的《烏托邦》和梁啟超等人的作品（如梁啟超的《新中國未來記》、碧荷館主人的《新紀元》、蔡元培的《新年夢》、吳趼人的《新石頭記》等）後，初步假設他們的差異乃基於他們在需要上有所不同，繼而反映在他們的作品之中。結果，經考查他們的生平資料並與其作品進行比較後，這假設能獲得印證。摩爾在《烏托邦》之中有多方面的想像，不論是宗教、內政、外交、金錢觀、婚姻、教育等都有詳盡的描述。按照馬斯洛的說法，這與他自幼就於較富裕的家庭與安穩的社會環境生活應有高度的關聯性。同理，梁啟超等人的作品之所以一致性地出現戰爭並且最後得戰勝，乃至很大篇幅地論述政治體制和國內秩序，亦與作者們長時間地面對時局動盪及其安全需要有關。以下將詳細就此進行論述和分析。本文會先考查作者的寫作背景，以推知作者以何種需要層次為中心；然後，再指出作者的中心需要是如何於其作品中反映出來。

三、托瑪斯·摩爾及其《烏托邦》

　　托瑪斯·摩爾出生於倫敦，來自一個富裕的家庭。自他的祖父開始，每一代均以法律為業。他的父親曾出任法官之職，甚至取得爵士的封號。基於有如此的家境，摩爾從小就受到良好的教育。他幼年在倫敦的聖安東尼學校上學，以約14、15歲之齡進入牛津大學深造拉丁文和形式邏輯。與此同時，摩爾亦師從知名學者威廉·格羅辛學習希臘語。大約不到2年，他又回到倫敦學習法律。

摩爾多才多藝，興趣廣泛且對各方面的涉獵非淺。他喜愛古代語文及文學，尤其愛好希臘作家。他精通哲學，曾大量地研讀古希臘與羅馬哲學家的著作，深受柏拉圖和亞里士多德思想的影響。他愛好音樂，對於數學和天文學等也很有研究。他曾經十分熱忱於宗教上的追求，曾在倫敦的卡爾特修道院修過4年苦行，甚至還想當托缽僧。

在摩爾撰寫並出版《烏托邦》之前，他的仕途可謂順風順水，生活亦頗為愜意。他24歲時畢業於林坎法學院，並獲得法庭訴訟律師的資格。此後的3年間，他亦於法尼佛斯預備法學院講授法學。在他26歲至38歲期間，擔任林坎法學院的財務監察官、財務理事官、儀典官等各行政管理職務。摩爾於27歲時被選為議會的倫敦市代表去討論貢納課稅之法案。他在同年結婚，並於其後的4年間誕下三女一子。他在33歲時入選亨利八世初次議會的倫敦市代表，同時被任命為倫敦市副司政長官。34歲時妻子逝世，他同年再婚。38歲時，摩爾擔任外交交涉委員團成員，赴布魯日。在這次旅程之中，他開始撰寫《烏托邦》，並於次年6月完成[25]。

若按照馬斯洛的理論對摩爾進行分析，摩爾可謂一個有著健康成長的人。首先，在生理需要的層次上，他來自一個富裕的家庭，成年後又仕途順遂，理應一無所缺。至於安全需要的層次上，摩爾的個人生活安穩而舒坦，未曾歷流離失所、無法應付且混亂無序的生活；在社會層面方面，雖然說16世紀初期的英國或有不少暗藏的危機，可是表面上仍屬相對平靜，沒有社會動盪或頻繁的戰亂。所謂暗藏危機包括王權日益的膨脹、農

25　以上的托瑪斯·摩爾之生平簡介，筆者主要參考了四份資料編寫而成，包括：戴鎦齡：〈譯序〉，《烏托邦》，頁9-23；彼得羅夫斯基：〈附錄二 托瑪斯·摩爾小傳〉，《烏托邦》，頁201-210；〈托瑪斯·摩爾年譜〉，《烏托邦》，頁221-228；杜敏：〈托馬斯·莫爾和《烏托邦》的思想形成關係探微〉，《西安電子科技大學學報（社會科學版）》第18卷第4期（2008年），頁133-136。

民的耕地被兼併、任意處死流浪漢的峻法等[26]。然而，這些危機其實沒有直接危害生活在上流社會的摩爾。在歸屬和愛的需要上，摩爾亦似乎能獲得滿足。他交遊很廣，與友人伊拉思摩斯的往還成為歷史佳話[27]。摩爾是個很顧家的人，他的家庭生活頗為美滿。摩爾婚後育有子女四人，並十分鍾愛他的子女，尤其鍾愛長女瑪格麗特。摩爾在1511年喪偶，後來他亦能找到新的對象再婚[28]。如此看來，他在社交需要方面亦無有匱乏。

　　筆者認為，摩爾在自尊需要層次亦有良好的成長和滿足。在一則書信〈伊拉思摩斯致胡滕（999號）〉中，其友人對摩爾的社交狀況有頗詳的描述。首先，由伊拉思摩斯的信中可見，摩爾蠻受朋友們歡迎：「在社會交際中，他彬彬有禮，風度不凡，能使鬱鬱不歡的人心情舒暢，能使一切棘手的難題顯得輕鬆」[29]。這位友人對摩爾似乎極為欣賞。他在該信中是如此讚美摩爾的：「如果有人想要一個真正友誼的完美典範，他最好在摩爾身上去找吧！」[30]。不只在友人圈子之中獲得尊重，摩爾的名聲更是舉國公認：「摩爾博學的名聲，以及他實際活動的政績，傳到了英王的耳裡……於是他很快投身到國務活動場所中去了」[31]。另外，值得留意的是，摩爾雖有如此大的名氣，但他的自信並不是建立於甚麼外在的名聲、聲望以及無根據的奉承之上[32]。在該信件之中，伊拉思摩斯亦對他有

26　詳細可參考：杜敏：〈托馬斯‧莫爾和《烏托邦》的思想形成關係探微〉，《西安電子科技大學學報（社會科學版）》，頁133-134。

27　戴鎦齡：〈譯序〉，《烏托邦》，頁9。

28　彼得羅夫斯基：〈附錄二 托瑪斯‧摩爾小傳〉，《烏托邦》，頁204。

29　伊拉思摩斯：〈附錄一 摩爾和伊拉思摩斯的書信選——伊拉思摩斯致胡滕（999號）〉，《烏托邦》，頁192。

30　同前註。

31　彼得羅夫斯基：〈附錄二 托瑪斯‧摩爾小傳〉，《烏托邦》，頁205。

32　馬斯洛：〈第二章 人類動機理論〉，《動機與人格》第三版，頁28。

以下的描述：

> 「他衣著樸素，從來不穿綢披紫，也不戴金鏈，除非萬不得
> 已，為了應付禮節。說來奇怪，他是多麼漠視世俗用以評價溫文
> 爾雅舉止的那些繁文縟節。他不要求別人對他客套，同時在集會
> 上或招待場合，他也不急於對別人勉強講客套……他覺得在這種
> 無謂事上花時間不免帶婦人氣，有損男子的尊嚴。」[33]

雖然摩爾一直都活在富裕的環境中，可是他沒有過著奢華的生活，或以華
貴的衣服、黃金和首飾彰顯身價。或許由於摩爾早年曾在修道院待過一段
時間，他喜愛簡樸的生活。即使當他名成利就時，他仍對修道院中的生活
方式貫徹始終：早起、禁食、穿粗衣毛衫等。不以美飾華服凸顯身價，摩
爾的自信和自尊是發自內在的。由以上種種可見，說摩爾有穩定和健康的
自尊感是有充分根據的。

　　雖則今人或未能確切指出摩爾到底有沒有充分滿足其自我實現需
要，但是由現存的資料看來，吾人還是可以一窺他有關的心理狀況如
何。所謂「自我實現需要」，馬斯洛指的是「一個人能夠成為甚麼，他就
必須成為甚麼，他必須忠實於自己的本性。這一需要我們可以稱之為自我
實現的需要」[34]。據摩爾友人口中的描述，他絕對可謂是一個忠實於自己
本性的人。在社交生活上，他漠視世俗的繁文縟節，對人不勉強客套[35]。
他對朋友極為真誠，會始終不渝地維護友誼，但不勉強自己交不想交的朋

33　伊拉思摩斯：〈附錄一　摩爾和伊拉思摩斯的書信選──伊拉思摩斯致胡膝（999號）〉，《烏托
　　邦》，頁190。
34　馬斯洛：〈第二章　人類動機理論〉，《動機與人格》第三版，頁29。
35　伊拉思摩斯：〈附錄一　摩爾和伊拉思摩斯的書信選──伊拉思摩斯致胡膝（999號）〉，《烏托
　　邦》，頁190。

友[36]。在事業發展上，縱然巴結英王對事業有利，他亦從不貪求。他厭惡宮廷生活，厭惡和英王打交道，那是出於他喜愛平等的信念和對專制的憎恨[37]。

在較低的基本需要層次上，摩爾一無所缺。他在生理需要和安全需要上並無匱乏。他有美滿的家庭又交遊廣闊。他有很高的名望，同時亦滿有發自內在的自信。他在生活中忠實於自己，堅持自己的原則。在較高的需要層次上亦得到充分滿足。綜合以上分析，由馬斯洛的「需要層次論」看來，摩爾是一個心理上健康、強健的人。

基於以上的分析所得，若以此作為前提去研讀《烏托邦》，有三點是很值得留意的：一、書中所涉的主題；二、烏托邦人的需要層次；三、烏托邦書寫與摩爾的需要層次。綜合以上三點來看，筆者不得不指出《烏托邦》的內容是很能夠反映出摩爾之需要層次的。

第一，有關書中所涉的主題方面：根據馬斯洛的說法，當一個人生活順遂愜意時，他才有較大可能向多方面發展。在《動機與人格》一書之中，馬斯洛提及過：「……當生活輕鬆順利時，機體可以同時做許多事情，向許多方向發展」[38]。「同時做許多事情，向許多方向發展」不僅可以用來形容多才多藝且興趣廣泛的摩爾，也可以用來形容他的《烏托邦》一書之內容。在《烏托邦》一書之中，摩爾對烏托邦進行了多方向的想像和描述。摩爾在書中的第二部份所涉的描述包括：烏托邦天然的地理特徵[39]、農業生產的狀況[40]、亞馬烏羅提城的城內環境及城中人民的居住

36　同前註，頁191。

37　同前註。

38　馬斯洛：〈第一章　動機理論引言〉，《動機與人格》第三版，頁13。

39　托瑪斯・摩爾著，戴鎦齡譯：《烏托邦》，頁90-91。

40　同前註，頁91-93。

狀況[41]、有關烏托邦的官員、其選拔過程及職務[42]、關於烏托邦人的職業、手藝學習以及作息狀況[43]、有關烏托邦人的家庭及社交生活狀況，以至社區中各成員的互動[44]、烏托邦人在國內旅行遊歷時會遇到的情況[45]、烏托邦人的金錢觀念以及對所謂名貴物品（如黃金、銀器、珍珠等）的看法[46]、烏托邦人的學習情況及各學科的知識[47]、烏托邦人對宗教的看法、其信仰的大致內容及其教廷運作[48]、烏托邦人對幸福和快樂的理解[49]、關於烏托邦內的奴隸之來由[50]、有關烏托邦人的婚姻[51]、關於烏托邦的法律及對國際間條約的看法[52]、烏托邦人對戰爭的看法[53]，最後是有關烏托邦中沒有私有財產的運作情況[54]。可見，摩爾在創作《烏托邦》時，對他心目中的理想社會嘗試作出多方向的想像和整全的描述。

第二、有關烏托邦人的需要層次：第一點的說法僅有關主題上的多樣性，或許未能有力地反映出甚麼。然而，若對文本內容作仔細的分析，以馬斯洛的理論分析烏托邦人，似乎他們都與作者一樣，在心理上有著健全

41　同前註，頁93-96。

42　同前註，頁96-98。

43　同前註，頁98-104。

44　同前註，頁104-110。

45　同前註，頁111-113。

46　同前註，頁113-119。

47　同前註，頁119-121。

48　同前註，頁121及161-175。

49　同前註，頁121-133。

50　同前註，頁138-139。

51　同前註，頁139-142。

52　同前註，頁142-148。

53　同前註，頁148-160。

54　同前註，頁176-180。

的發展。在生理需要方面，由於在烏托邦不存在私有財產制度，當地人民倒反更富裕。按照摩爾的描述：「在烏托邦，一切歸全民所有，因此只要公倉裝滿糧食，就絕無人懷疑任何私人會感到甚麼缺乏……這兒看不到窮人和乞丐。每人一無所有，而又每人富裕」[55]。可見，烏托邦人在生理需要上應無匱乏。至於安全需要層次，則可分幾方面去探討。

在國家安全方面，烏托邦的地理位置是十分安全的。摩爾曾對它的地理環境有如此的描述：「……到處天然的或工程的防禦極佳，少數守兵可以阻遏強敵近岸」[56]。另外，烏托邦有一種文化使得人民不易陷入戰爭。摩爾寫道：「烏托邦人一反幾乎所有國家的慣例，把在戰爭中所追求的光榮看成極不光榮」，因此「他們絕不輕易地投入戰爭」[57]。在社會秩序方面，烏托邦的情況非常特別。它秩序井然，治安良好。摩爾道：「烏托邦人在和諧友好的氣氛中彼此相處」[58]。烏托邦的法令很少，這樣良好的秩序明顯不是來自刑法的禁阻，而是來自人民良好的教育及對美德善行的嘉許[59]。

至於在歸屬和愛的需要方面，烏托邦人很強調「共同生活」[60]。烏托邦人在規定的午餐及晚餐時間都會到廳館聚餐。在用膳之前，他們會先分享一段書，再由席間老人引出適當話題。在用膳期間，席間每位青年人都有機會就此發言[61]。烏托邦人的友愛不限於同一社區中的人，即使是對陌

55　同前註，頁176。

56　同前註，頁90。

57　同前註，頁148。

58　同前註，頁144。

59　同前註。

60　同前註，頁110。

61　同前註，頁108-110。

生的旅人們亦非常友善，會不求補償地接濟他們。島民間不分彼此，「全烏托邦島是一個家庭」[62]。在選擇配偶時，烏托邦人極為謹慎，不光只留意外在的美貌，更重視妻子是否賢淑虔誠、貞操和柔順[63]。或因如此，摩爾描述他們的婚姻關係時寫道：「因為在地球上這地區，烏托邦人是唯一實行一妻制的民族，除非發生死亡，不致婚姻關係中斷」[64]。可見，烏托邦人在歸屬和愛的需要方面普遍亦能獲滿足。

若然泛泛指出烏托邦的人民都滿足了自尊需要和自我實現需要兩種較高的需要層次，這種推論是不合理的。可是，從《烏托邦》的內容來看，吾人還是能夠有理由地指出烏托邦提供了一個良好的環境給其居民，令他們有足夠條件可以滿足這兩層次的需要。

在自尊需要的層面，摩爾不只一次描述烏托邦人從不把自己的自尊建立在身外的財帛衣飾之上，例如：「他們認為奇怪的是，竟有人由於身上穿的是細線羊毛衣，就大發狂想，以為自己更加高貴」[65]、「烏托邦人又覺得奇怪的是，黃金從其本身性質說毫無價值，竟在世界各地目前如此受到重視，以致人比黃金賤得多」[66]、「認為身上穿的衣服高級並認為自己高級，都是騙自己的」[67]等。烏托邦人以一個人的美德和善行去予其應得的尊敬和榮譽。烏托邦人之所以會尊敬官長，不因他的身份而基於他待民如子；烏托邦人還會因人的美德、善行或其卓拔功勳為其樹立雕像[68]。在

---

62   同前註，頁113。

63   同前註，頁139-144。

64   同前註，頁141。

65   同前註，頁118。

66   同前註。

67   同前註，頁125。

68   同前註，頁144。

烏托邦內，只要你是一個可敬之人，你就會被人尊敬。

　　最後，若考慮到一個人的自我發揮和自我完成是滿足自我實現需要之重要因素，烏托邦人是很有條件去滿足這一層的需要。在職業發展上，雖然子承父業是烏托邦人一般的情況，可是烏托邦卻有政策幫助居民學習父業以外的手藝，讓他們可以從事自己所喜愛之事業：「如任何人對家傳以外的其他行業感到對他有吸引力，他可以寄養到做他所喜歡的那種行業的人家。他的父親，乃至地方當局，都關心替他找一個莊嚴可敬的戶主」[69]。在個人發展上，烏托邦人非常好學，對能增進學問的事孜孜不倦。烏托邦人並不認識骰子以及類乎此的荒唐有害的遊戲，而一般把閒暇的時間用於學術探討之上[70]。摩爾是這樣描述好學的烏托邦人：「這兒的人民一般自由不拘，性情溫和，聰明伶俐，生活從容……對於從事智力探討，他們從不知疲倦」[71]。即使在宗教追求上，烏托邦人雖然非常虔誠，可是大家並沒有統一的信仰。雖則如此，大家都可以忠於自己的追求，且包容彼此。總言之，在信仰的追求上，大家都希望擺脫迷信，趨向合理的信仰[72]，並藉信仰完善自己的品德[73]。由以上種種可見，烏托邦人有著良好的條件可以容讓其忠實於自己，趨向自我發揮和自我完成。或因作者本身有著健康的發展，這項體驗使他比一般人更能描述出一個滿足居民各項需要、令其健康生活的理想社會。

　　第三、烏托邦書寫與摩爾的需要層次：若考查摩爾的需要層次及其所思所想，《烏托邦》可算是一個能讓作者忠實於自己信念的媒介。馬斯洛

69　同前註，頁99。

70　同前註，頁100。

71　同前註，頁133。

72　同前註，頁160-161。

73　同前註，頁164。

經過對擁有良好成長的人作出研究後，收集並整理出自我實現的人的一些特質，而其中一項是「對文化適應性的抵抗」。馬斯洛指出：「他們可稱為有自主性的人，即他們受自己的個性原則而不是受社會原則的支配」[74]。查摩爾的生平，他一向事業遂順，連英王亦十分賞識他。如果他願意把握這些機會，便一定可以將他的事業推上更高峰。可是，他卻「厭惡宮廷生活，厭惡和君主打交道」。縱然他「被逼進英王亨利八世的宮廷」[75]，他心中仍是敏感地觀察著當時的社會狀況和弊端。只是礙於亨利八世是個殘暴不仁的君王；表面上摩爾聲譽卓著，可是他曾對自己女婿形容過自己和英王的關係：「若是用付出摩爾的頭顱的代價可以換得正和英國交戰的法國任何一個無足輕重的城堡，英王會不加思索地把摩爾的頭顱割下來」[76]。雖然這段對話發生在《烏托邦》寫作之後，但這足以顯示亨利八世的殘暴不仁。如果摩爾對社會的狀況公開地表達不滿甚或控訴，他和他的家人將面臨嚴重的後果。不存在的烏托邦之書寫正好提供了一個媒介，好讓他忠實於自己的想法，將心中所想詳細而具體地盡說出來。讀者們應不難察覺，烏托邦中有不少文化與摩爾在生活中實際踐行的非常一致。

在愛情路上，他並不是一味兒看對方有沒有美麗的外表。他的第一任妻子長時間生活在鄉間，不曾受過文化熏陶。婚後摩爾教她文學和音樂的技巧，自己想辦法陶冶她。可惜她不幸早逝，留下摩爾和他們的四個孩子。摩爾不久再婚，新的妻子並不漂亮，他更多的考慮是在於這位新妻子有沒有能力照顧他的家庭。摩爾曾開玩笑指他第二任的妻子是一個精明機

74　馬斯洛：〈第十一章 自我實現的人〉，《動機與人格》第三版，頁182。

75　伊拉思摩斯：〈附錄一 摩爾和伊拉思摩斯的書信選——伊拉思摩斯致胡滕（999號）〉，《烏托邦》，頁191。

76　彼得羅夫斯基：〈附錄二 托瑪斯‧摩爾小傳〉，《烏托邦》，頁206。

警的管家婆[77]。在烏托邦之中，每一個人都小心翼翼地揀選自己的配偶，尤其重視內在美，如賢淑虔誠、貞操和柔順[78]。

在個人自尊感的層次上，摩爾從不以身外之物去建立自己的自信。他愛好穿著樸素的衣服，如非不得以要應付禮節，他從不穿華貴衣飾、穿金戴銀。烏托邦人同樣有著漠視金錢的態度。他們以金銀鑄造糞桶溺盆和囚犯的手銬[79]；他們將珍珠、鑽石和寶玉給小孩倒作玩物[80]；他們不認同沒有價值的人身披美飾華服會提升他的價值[81]。烏托邦人的自尊感並不建立於這些財物之上：「認為顯示一下佔有的東西超過別人是值得引以為榮的。這種壞風尚絲毫不存在於烏托邦人的生活習慣中」[82]。烏托邦人認為榮譽是來自那人本身是否值得尊重，如具美德、行善行、為國家建功勳等[83]。

摩爾在他作為律師的生涯之中，接觸了大量涉及下層社會的訟案，目睹了廣大人民群眾所遭受的苦難，同時對當時社會的黑暗面有著深刻了解[84]。在烏托邦的書寫中，作品內容充分地反映出他對廣大人民的同情。烏托邦有著不傲慢、不令人望而生畏，視民如子的官長[85]；烏托邦中的人

77　詳細可參考：彼得羅夫斯基：〈附錄二 托瑪斯・摩爾小傳〉，《烏托邦》，頁194-195。

78　詳細可參考：托瑪斯・摩爾著，戴鎦齡譯：《烏托邦》，頁144。

79　詳細可參考：同前註，頁115。

80　詳細可參考：同前註，頁116。

81　詳細可參考：同前註，頁118-119。

82　同前註，頁106。

83　詳細可參考：同前註，頁144。

84　杜敏：〈托馬斯・莫爾和《烏托邦》的思想形成關係探微〉，《西安電子科技大學學報（社會科學版）》，頁134。

85　詳細可參考：托瑪斯・摩爾著，戴鎦齡譯：《烏托邦》，頁144。

民有自己工作的同時，又有足夠的休息時間，更有充實自己的閒暇[86]；烏托邦人很憎恨戰爭，絕不輕易投入戰爭[87]；烏托邦人對不同的宗教十分包容，沒有以某一種宗教及其教義為唯一的真理，以此排擠甚或迫害異教徒[88]；烏托邦人沒有私有財產，卻每人富裕，看不到窮人和乞丐[89]。這些都正是他眼見的英國廣大人民所沒有和所冀望的。在描述烏托邦後，摩爾借拉斐爾之口，間接地道出在現實中下層社會的悲哀[90]。現實中的摩爾是一位十分忠實於自己信念的人，在其私人生活中可見一斑。礙於亨利八世的殘暴不仁，摩爾同情人民的苦難卻有口難言。《烏托邦》的書寫正好為他提供一個媒介，讓他在這不存在的社會中宣洩他心中的正義、公平和秩序，讓他在這不存在的社會忠實於自己所有的信念。

四、與《烏托邦》作比較：梁啟超等人對新中國的想像

從以上種種的分析可見，《烏托邦》的內容與作者摩爾的需要層次有很高的關聯性。可是，到底這現象是出於偶然，還是同類型的寫作確實與作者的需要層次有關呢？筆者希望就此繼續進行探索。如果作者身處的是一動盪不安，人人自危的年代，那麼作者與作品之間會呈現一種怎樣的形態呢？作品之中是否可以見到作者的需要層次呢？基於以上的問題，筆者特意選取了中國近代的烏托邦文學去進行探討。經過筆者初步研究後，發現一如摩爾與《烏托邦》之關係，中國近代的烏托邦文學與作者們的需要

---

86 詳細可參考：托瑪斯・摩爾著，戴鎦齡譯：《烏托邦》，頁98-104。
87 詳細可參考：同前註，頁148。
88 詳細可參考：同前註，頁160-161。
89 詳細可參考：同前註，頁176。
90 詳細可參考：同前註，頁176-180。

層次有很高的關聯性，尤其反映出作者們均以安全需要為中心需求。為能作出有意義的比較，下文亦由三點作出探討：一、書中所涉的主題；二、故事中人的需要層次；三、烏托邦文學書寫與作者的需要層次。

第一、書中所涉的主題：以筆者曾閱覽的作品而言，在中國近代的烏托邦文學中有三個常見的主題：一、平定內憂；二、尋求秩序；三、戰勝外侮。

（一）在平定內憂方面：

在梁啟超的《新中國未來記》中，有一位偉人名叫黃克強，他建立了憲政黨。故事中的演說者孔覺民指：「其實我新中國的基礎，哪一件不是從憲政黨而來？」[91]。故事不少地方其實就是描述黃氏的經歷以及他與友人間的辯論。當中涉及過的主題有義和團[92]、中國被瓜分為別國的勢力範圍[93]、一味媚外崇洋的朝廷[94]等。當然，敘事借孔覺民一角色之口，在演說中講述黃氏往事。在孔覺民演說的時空中，一切的內憂已被平定。碧荷館主人在1908年出版了一部晚清科幻小說，名為《新紀元》。小說中所寫的是1999年的中國。在第一回之中可見，那時的中國沒有衰落的王朝，而是「久已改用立憲政體」、「不是從前老大帝國可比」。雖仍有皇帝，然而亦「有中央議院，有地方議會，還有政黨及人民私立會社甚多」。在第四回中又指出中國當時「已沒有人迷信神權」。在吳趼人的《新石頭記》之中，故事的第十四回至第十六回就描寫了義和團大鬧北京的情

91　梁啟超：〈飲冰室專集之八十九　新中國未來記〉，《飲冰室合集》（上海：中華書局，1936年），頁12。

92　同前註，頁16。

93　同前註，頁17。

94　同前註，頁19。

況。例如，在第十四回焙茗道：「……聽得有一位甚麼『壇』中堂帶領『義和團』去打使館」；第十五回中曾描述道：「……那些拳匪，更是毫無忌憚，成群結隊的，在街上橫衝直撞……」。吳氏一書沒有寫那些內憂到最後變得如何，賈寶玉就進了「文明境界」了，為故事開展新的一頁。在蔡元培的《新年夢》中就有以下的敘述：「現在史拉夫人、支那人，都是有家沒有國的……」[95]、「正逢日俄兩國為著支那人的土地開戰」[96]。另外，借一場壇上的演說，蔡氏提出「恢復東三省」、「消滅各國的勢力範圍」、「撤去租界」等[97]。

（二）在尋求秩序方面：

無獨有偶，在中國近代的烏托邦書寫中，除了在平定內亂的情節著墨外，作者們都不約而同地在故事中描寫新中國是如何建立其秩序。在梁啟超的《新中國未來記》中，他在第二回花了不少篇幅去講述新中國的基礎——憲政黨——的黨中綱領[98]和立憲期成同盟黨治事條略[99]。不僅如此，在第三回中梁氏用了極大的篇幅描寫黃克強和李去病在新中國建立前，二人遊歷時的辯論。該場辯論涉及了重建中國的政治和社會秩序的議題。在《新年夢》中，蔡元培亦有類似的內容。故事主人翁收到一本小冊子，裡面寫了些公舉議員應辦之事，如調查、區劃建築、教育等事。其後，主人翁又收到另一本小冊子，裡頭寫了要處理的外交事宜三款。作品

95　蔡元培：〈新年夢〉，蔡元培著，高平叔編：《蔡元培全集　第一卷》（北京：中華書局，1984年），頁231。

96　同前註。

97　同前註，頁235-236。

98　梁啟超：〈飲冰室專集之八十九　新中國未來記〉，《飲冰室合集》，頁7-8。

99　同前註，頁9-12。

在最後亦不乏描述新中國秩序之內容，當中寫道：「講到風俗道德上面，那時候沒有甚麼姓名，都用號數編的。沒有君臣的名目，辦事到很有條理……」。內容包括君臣和夫婦的關係，談及對長者和病人的處境，還有涉及法律、交通、語言、文字等[100]。

（三）在戰勝外侮方面：

　　不論是梁啟超的《新中國未來記》、碧荷館主人的《新紀元》還是蔡元培的《新年夢》，它們全都有涉及戰爭並且戰勝的內容。在《新中國未來記》中，梁啟超寫孔覺民講新中國的歷史可分為「六箇時代」，其中有兩個時代涉及了戰爭，包括「第一預備時代：從聯軍破北京時起，至廣東自治時止」和「第五外競時代：從中俄戰爭時起，至亞洲各國同盟會成立時止」[101]。在蔡元培的《新年夢》中，故事就寫有一個情節，指各國約定日期聯手進攻新中國。最後，結局當然是「各國的海陸軍，既被中國敗。把從前叫做勢力範圍的，統統消滅了。兼且從前佔去的地方，也統統收回了」[102]。至於有關碧荷館主人的《新紀元》，整部作品更是圍繞因新中國提出使用黃帝紀元及保護友邦匈耶律國而發動的戰爭。到了最後，當然亦以西方國家不敵而「請於中國政府，情願講和」（第二十回）。

　　由綜合得來的特徵可見，求安穩、求秩序以及免侵略等事，在作者們的心目中有著舉足輕重的位置。

　　第二、故事中人的需要層次：有關國內秩序、國家地位和戰事處理三方面，其實摩爾的《烏托邦》也有描寫。不過《烏托邦》與中國近代的烏

100　詳細可參考：蔡元培：〈新年夢〉，《蔡元培全集 第一卷》，頁241。

101　梁啟超：〈飲冰室專集之八十九　新中國未來記〉，《飲冰室合集》，頁6。

102　詳細可參考：蔡元培：〈新年夢〉，《蔡元培全集 第一卷》，頁239-240。

托邦文學其中最大的分別，就是《烏托邦》對於其國人較高層次需要有較詳盡的描述。不論是《新中國未來記》、《新紀元》還是《新年夢》，均沒有如《烏托邦》般詳細描述國民對社交、快樂、幸福、婚姻、宗教、金錢觀等的看法。梁啟超等作者的描寫其實是十分類近的。國民生活在新中國都很快樂，主要原因是新中國強大了，洗淨了舊政的腐敗，擺脫了列國的瓜分和欺侮。摩爾筆下的烏托邦人都很快樂，那並不獨出於生活在安穩的烏托邦中。更主要的原因是，他們對追求幸福快樂有明確的信念，他們對個人的美德及善行有追求，他們重視人的宗教及靈性生活。他們的自尊感並不依賴外在的華服美飾。人與人之間有緊密友好的社交生活，互相幫忙又互相尊重。這些層次的描述是不見於梁啟超等人的作品之中。

第三、烏托邦文學書寫與作者的需要層次：為甚麼中國近代的烏托邦文學都不約而同地出現同一個現象，就是極為重視平定內憂、建立新秩序和免去侵略呢？不論是梁啟超、碧荷館主人、蔡元培，還是吳趼人，他們都有同一種的寫作傾向。根據馬斯洛的說法，他認為：「在存在著對法律、秩序、社會權威的真實威脅的社會環境中，對安全的需要可能會變得非常急迫。混亂或極端的威脅會導致大部份人出現退化現象：從高級需要向更加急迫的安全需要退化」[103]。中國自晚清開始，一直面對著大大小小不同的混亂情況，例如清廷腐敗、列強入侵、國境被瓜分、軍閥割據、戰火不斷等。據此而言，安全需要可謂當時中國人最匱乏的。缺乏安全需要的人，大多尋求的是「一個安全、可以預料、有組織、有秩序、有法律的世界」[104]。因此，不難理解，何以在不同的作品之中均出現平定內憂、建立新秩序和免去侵略的書寫。原因是作者們面對同樣的匱乏和需要，那就

---

103 馬斯洛：〈第二章　人類動機理論〉，《動機與人格》第三版，頁26。

104 同前註，頁24。

是安全需要，而他們這種匱乏正反映於作品之中。在現實生活中他們所匱乏的，他們就在書寫中尋求滿足，亦寄望國內的同胞都無此欠缺。他們書寫的作品正正反映出作者們最中心的需要層次，也反映出當代人目下最需要的東西。

五、本文的目標和限制

行文至今，是次研究希望達到的目標主要有二：第一，彌補現有研究忽略的一環、第二，指出文藝心理學可以有多元化的研究進路。

現存有關烏托邦寫作的研究較多從宏觀角度，以一種「有某種時代背景▷有某種寫作特徵」的邏輯切入討論。可是，作家本人的成長經歷、家庭背景、教育學養等都會使其有與眾不同之個性，這種主體性令作家遇事時有其獨特的反應。回應這個問題，筆者透過是次研究指出以往研究指「歐洲的文藝復興▷《烏托邦》一書面世」還是「資本主義思想的誕生▷《烏托邦》一書面世」這些說法應改為「摩爾的生活背景▷摩爾的心理狀況▷《烏托邦》的特質」。經過初步的考查後，筆者發現摩爾出生於一個富裕家庭，接受良好的教育，有順遂的事業和美滿的婚姻；加上摩爾友人對其個性的描述，他應該有著十分健康的成長。正因如此，是次研究特意選取馬斯洛的理論去分析摩爾，並解釋其良好成長與他寫作之關係。馬斯洛的理論長於研究健康心理的人，用以分析摩爾尤其適合。經過研究之後，馬斯洛所指出健康成長的人之特質確實出現在摩爾之上，而且摩爾這些特質處處顯露在《烏托邦》一書之中。對摩爾的個人成長加以考慮，乃本文希望可以補上的被忽略一環。

第二，若翻查文藝心理學眾多研究，不少論著都取精神分析學的視角進行研究。精神分析學無疑是學界不可少的重要支柱。可是，吾人亦不該

忽視心理學理論之多樣性。難道在芸芸眾多作家之中，就只得有童年創傷、戀母情結、欲望壓抑的人物，而沒有心理健康的作家嗎？當然不是。是次研究希望達到的另一個目標，係帶出文藝心理學研究亦可資取心理學不同學派的研究成果，從新的研究進路去了解作家及其創作。

當然，是次研究亦有一些不足之處，以期各位前賢先進賜正，和在未來進行更深入探討。心理學研究重視證據，因此受限於作者生平資料的可得性。文中所考的作家均為已故人物，故可搜集的資料始終有限。當然，按照心理學研究的精神，筆者是樂意見到自己的結論被推翻。由個案描述到選取適合理論進行解釋，心理學的分析工作是環環緊扣的。基於有新資料被發現，論者或能指出現有分析未有建基於準確的描述之上，故有不夠周全之弊；如此一來，這代表了吾人對摩爾、對《烏托邦》有更深入的理解。

文藝心理學固然是一門仍有待完善的學科。可是，筆者仍以之作為本文的研究進路。那是因為筆者相信如果恰當地運用這套進路，可以為文學研究帶來莫大的好處。運用文藝心理學的進路並不是提倡一種「一元解讀」的「作者中心論」立場。心理學是一種力求嚴謹的研究模式。那是一種「調查課題──理論假設──資料收集（檢驗假說）──解釋性理論」的邏輯[105]。由對作家生平作出準確描述，到選擇合適理論形成假說，在檢驗假說後再運用所得分析作品，這種研究模式為文學研究提供分析及解讀的準繩，避免論者間出現各執一辭的爭議。如果「一元解讀」是一種負面現象，相反「多元而毫無準則的解讀」亦是一種負面現象。文藝心理學不會導致「一元解讀」，更是提供準繩以免「多元而毫無準則的解讀」之情況出現。

105　李莉、黃振輝編著：《實用社會調查方法》（廣州：暨南大學出版社，2010年），頁30。

六、結論：烏托邦書寫與作者需要層次

　　以往有關烏托邦寫作的分析均由較宏觀的角度進行探討，例如「歐洲的文藝復興」[106]、「資本主義思想的誕生，資本主義生產方式的出現」[107]、「憤恨於晚清社會的黑暗與落後，有感於西方社會的現代與富足」[108]、「（中國）政治體改革遠遠跟不上其他領域的發展速度」[109]等。前賢諸說固然為吾人了解烏托邦的寫作，提供了非常有用的參考。然而，作家的主體性卻是常常被忽略的一環，這樣令推論有欠周詳。回應「有某種時代背景➤有某種寫作特徵」的過簡邏輯，本文提出較完備的論述應要顧及「有某種時代背景➤對作家有某種影響出現某種寫作特徵」三者之關係。考查作家們及其時代背景後，筆者發現摩爾生活在一個相對安穩的環境，個人生活順遂；反之，眾所周知，近代中國的狀況非常混亂，如清廷腐敗、列強入侵、國境被瓜分、軍閥割據、戰火不斷等。按照馬斯洛的「需要層次論」作出分析，摩爾極有條件去追求自我實現的需要，而近代中國的作家們之中心需要則較可能滯於安全需要之上。經過分析和比較後，本文發現在《烏托邦》寫作中，具有健康發展的摩爾將烏托邦人的生活描寫得極為仔細，而當中可見烏托邦人都有整全和健康發展；在中國近代的烏托邦文學中，作家們都不約而同地出現滿足安全需要的內容，主要是求安穩、求秩序以及免侵略等事。可見，烏托邦文學與作者們的需要層次有很高的關聯性。筆者認為這個現象或與烏托邦文學的性

---

106 張隆溪：〈烏托邦：世俗理念與中國傳統〉，《二十一世紀雙月刊》，頁97。
107 劉欣：〈中西小說缺類比較之烏托邦小說研究〉，《長沙大學學報》，頁79。
108 宋師亮：〈論晚清政治小說中的烏托邦敘事〉，《渤海大學學報（哲學社會科學版）》，頁81。
109 王曉崗：〈超越古典烏托邦——晚清政治小說新論〉，《華北電力大學學報（社會科學版）》，頁93。

質有關。由於烏托邦文學的書寫，在性質上是作者們理想社會的想像，因此他們會有意無意地將自己最想滿足的需要投射於作品之內。故此，在作者與作品兩者之間出現了這種關聯。

礙於筆者識見有限，是次研究未有對烏托邦研究領域的不同作品進行全面分析，如《烏托邦》前期的理想國度寫作、惡托邦或反烏托邦、古典桃花源式烏托邦等。然而，筆者希望以有限的學力，為烏托邦文學研究指出以往被忽略的一環：作家的主體性。本文提出以馬斯洛的「需要層次論」去分析作者及其作品，繼而發現兩者具有很高的關聯性。筆者唯望本文能收拋磚引玉之效，未來能有更多的專家學者就此方向繼續進行探索和驗證，助吾人更進一步了解烏托邦文學。

參考資料

專書

1. 弗蘭克‧G‧戈布爾著，呂明、陳紅雯譯：《第三思潮——馬斯洛心理學》，上海：上海譯文出版社，2007年。
2. 托瑪斯‧摩爾著，戴鎦齡譯：《烏托邦》，臺北：志文出版社，2000年。
3. 李莉、黃振輝編著：《實用社會調查方法》，廣州：暨南大學出版社，2010年。
4. 梁啟超：《飲冰室合集》，上海：中華書局，1936年。
5. 杰拉德‧吉列斯比著，胡家巒、馮國忠譯：《歐洲小說的演化》，北京：三聯書店，1987年。
6. 周黎燕：《烏有之義：民國時期的烏托邦想象》，杭州：浙江大學出版社，2012年。
7. 莊耀嘉：《馬斯洛》，臺北：桂冠圖書股份有限公司，2000年。
8. 蔡元培著，高平叔編：《蔡元培全集　第一卷》，北京：中華書局，1984年。
9. 亞伯拉罕‧馬斯洛著，許金聲等譯：《動機與人格》第三版，北京：中國人民大學出版社，2007年。

論文

10. 孟二冬，〈中國文學中的「烏托邦」理想〉，《北京大學學報（哲學社會科學版）》第42卷第1期，2005年1月，頁41-50。

11. 杜敏，〈托馬斯·莫爾和《烏托邦》的思想形成關係探微〉，《西安電子科技大學學報（社會科學版）》第18卷第4期，2008年，頁133-136.。

12. 李瑩，〈中國文學中的「烏托邦」思想起源與歷史簡述〉，《文藝生活：下旬刊》第1期，2012年，頁23。

13. 劉欣，〈中西小說缺類比較之烏托邦小說研究〉，《長沙大學學報》第21卷第4期，2007年，頁78-79。

14. 于云玲，〈文學烏托邦定義探討〉，《學習與探索》第2期，2010年，頁201-203。

15. 張隆溪，〈烏托邦：世俗理念與中國傳統〉，《二十一世紀雙月刊》2月號，1999年，頁95-103。

16. 宋師亮，〈論晚清政治小說中的烏托邦敘事〉，《渤海大學學報（哲學社會科學版）》第32卷第1期，2010年，頁72-75。

17. 王曉崗，〈超越古典烏托邦──晚清政治小說新論〉，《華北電力大學學報（社會科學版）》第1期，2011年，頁93-97。

10

....

多瑪斯‧摩爾《烏托邦》
與老子《道德經》的比較
研究

藍世樂

香港科技大學人文學部講師

一、理想國的描述

《烏托邦》第二部中對烏托邦這個理想國度的面貌，從城市規劃、法律和社會制度，以至文化、風俗、人民的生活習慣都有仔細的描繪。簡而言之，烏托邦是一個全民勞動、以農務為本的富裕國度[1]，有以人民代表為基礎的選舉制度和議事規則[2]，而烏托邦最大的特點則是其財產公有制度[3]。相對於以拉斐爾的「所見所聞」為藍本的大篇幅描述，以講述聖人之治為主的《道德經》只在第八十章對聖人治下的理想社會作如下簡短描述：

> 小國寡民，使有什伯之器而不用，使民重死而不遠徙。雖有舟輿，無所乘之；雖有甲兵，無所陳之；使民復結繩而用之。甘其食，美其服，安其居，樂其俗。鄰國相望，雞犬之聲相聞，民至老死，不相往來。[4]

老子在第八十章中對其心目中的理想社會作出了四個方面的描述，將之與摩爾筆下的烏托邦比較，不難發現兩者有著不少相似之處。

（一）「小國寡民」

老子之學並非不能用以治理大國[5]，之所以舉小國為例，原因有二。

1　[英] 托馬斯・莫爾著，載鎦齡譯：《烏托邦》（北京：商務印書局，2011年），載序頁4-5。

2　同前註，頁53-54。

3　同前註，載序頁3-4。

4　[魏] 王弼注，樓宇烈校釋：《老子道德經注校釋》（北京：中華書局，2008年），頁190。

5　《道德經》第60章曰：「治大國若烹小鮮。」同前註，頁60。

其一，如王弼所述「國既小，民又寡，尚可使反古」[6]，因為老子身處的時代已經與其心目中的理想社會所參照的時代相距甚遠，故以小國作為無為之治實行的開端，較為可行和貼近現實。另外，亦正如七十五章所述「民之難治，以其上之有為，是以難治」[7]，無為而治之所以能落實，很大程度取決於在上者的治國方針是否真能以「無為」為本，以及施政過程中對人民所起的潛移默化作用。故以在上者身教為翼[8]的無為而治，「小國」與「寡民」是較合理推行無為之治的客觀條件。

烏托邦同樣有一套明確的人口管制方法以避免國家人口過盛。烏托邦中，若一戶人口過多，即把過多的人口抽出來填補人口不足的戶口；若一個城市人口過盛，則將超出數字的成年人充實人口不足的城市；如果烏托邦島總計人口過盛，則會安排過盛人口移居外地。[9]可見烏托邦人的豐衣足食，並非因其國家地理上建於自然資源取之不盡的福地，而是因為嚴格的人口控制保證了生產力與物資消耗間的平衡，這也是烏托邦之所以長久繁盛的基石。可見無論是烏托邦，還是無為而治下的小國，理想社會之所以能夠落實，皆取決於人口、地理般的客觀因素。

（二）「使有什伯之器而不用」、「雖有舟輿，無所乘之；雖有甲兵，無所陳之」

「什伯之器」一語雖有歧義，但無論是取其「十百倍效能之器具」還

6　同前註。

7　同前註，頁184。

8　宋洪兵：〈老子、韓非子的「自然」觀念及其政治蘊含〉，《江淮論壇》2015年第2期（2015年2月），頁82。

9　[英] 托馬斯・摩爾著，戴鎦齡譯：《烏托邦》，頁60。

是「上千人之軍隊」的意思 [10]，其實皆不出後面一句「雖有舟輿，無所乘之；雖有甲兵，無所陳之」之意，即旨在表達理想國度中物資雖然充裕，但無論是上至國君，還是下至人民，均不以此為榮譽，以及一種明確的反戰傾向。這兩點在烏托邦中也找到相似之處。依《烏托邦》書中所述，烏托邦是「世界上飲食最豐產、牲畜最興旺的國家」[11]，別國雖欠下烏托邦不少債務，但烏托邦人卻因「用不著這些財富」而從不索償[12]。同樣地，烏托邦人雖然不分男女都會定期鍛鍊，為突如其來的戰爭作準備，並且有著出色的戰爭策略[13]，但他們卻視戰爭為不光榮的野獸活動[14]，只有在不得已的情況下才參與戰爭。有用兵之道[15]，而無興兵之心[16]，這也與《道德經》所述不謀而合。

（三）「使民重死而不遠徙」、「使民復結繩而用之。甘其食，美其服，安其居，樂其俗」

老子的理想社會中，人們都是過著知足簡樸的生活。王弼云「使民不用，惟身是寶，不貪貨賂，故各安其居」、「無所欲求」[17]，正正體現了

10　王弼本記「使有什伯之器而不用」；馬王堆帛書老子甲記「使十百人之器毋用」，老子乙則記「使有十百人器而勿用」。馬王堆帛書老子文本參見Lau D.C.,trans., *Tao Te Ching* (Hong Kong: The Chinese University Press, 1989), pp.238-240.

11　[英] 托馬斯・莫爾著，載鎦齡譯：《烏托邦》，頁81。

12　同前註，頁66。

13　同前註，頁94-96、99-100。

14　同前註，頁93。

15　《道德經》第六十九章曰：「用兵有言，吾不敢為主而為客，不敢進寸而退尺。是謂行無行，攘無臂，扔無敵，執無兵。禍莫大於輕敵，輕敵幾喪吾寶。故抗兵相加，哀者勝矣。」見[魏]王弼注，樓宇烈校釋：《老子道德經注校釋》，頁173。

16　《道德經》第三十章曰：「以道佐人主者，不以兵強天下，其事好還。」；第三十一章也有「夫佳兵者，不祥之器。物或惡之，故有道者不處。」之言。同前註，頁77-80。

17　同前註，頁190。

《道德經》其他章節中聖人治下的面貌——第十九章中的「見素抱樸，少私寡欲」[18]、第四十四章[19]所強調的身體（生命）價值比之於名利更為重要的知足、知止之理。烏托邦人雖然衣食充足，但選擇過著簡樸的生活。烏托邦人穿的都是材料粗陋的衣服[20]，國家中沒有一間酒館或妓院[21]，除為了滿足生活基本所需的勞動外，烏托邦人都把時間用於精神上的自由與開拓。[22]相對於老子理想社會中人民安於純粹樸素的生活並樂在其中的景象，烏托邦人給人的感覺則是一種有紀律、努力求進的生活態度。兩者的分別，在後段會作進一步討論。

（四）「鄰國相望，雞犬之聲相聞，民至老死，不相往來」

無為而治之下的國度，與鄰國相距雖不遠[23]，但國與國之間人們的往來卻不多，除了因前面所述，無為國度的國人都安於現狀而少生向外探求之心外，亦正如老子自嘲其玄之又玄的「道」一樣，在其他國家眼中，無為而治是不明所以，甚或是可笑之極的[24]，故這理想國雖不是閉門自封，卻在別國眼中毫不起眼。相比之下，地理上是「人工島」[25]的烏托邦卻不如其地貌般封閉，就算與別國生活方式大不相同，還是保持著正常的國與

18　同前註，頁45。

19　《道德經》第四十四章曰：「名與身孰親？身與貨孰多……知足不辱，知止不殆，可以長久」同前註，頁121-122。

20　[英] 托馬斯・莫爾著，載鎦齡譯：《烏托邦》，頁59、68。

21　同前註，頁65。

22　同前註，頁59。

23　[漢]河上公注：《老子道德經》，《四庫全書》第1055冊（上海：上海古籍出版社，1987年），頁74。

24　《道德經》第四十一章曰：「上士聞道，勤而行之；中士聞道，若存若亡；下士聞道，大笑之。不笑不足以為道。」見[魏]王弼注，樓宇烈校釋：《老子道德經注校釋》，頁111。

25　[英] 托馬斯・莫爾著，載鎦齡譯：《烏托邦》，頁49。

國貿易[26]，以及外交關係[27]。相比無為而治下毫不起眼的小國，烏托邦卻因其強大國力和人民富足的生活，成為了大多數外邦人眼中的理想國度。

二、理想國得以實現的原因

摩爾與老子眼中的理想國，在城市規劃與人民生活上有著不少的共通點，但兩者的管治理念上卻大不相同。簡而言之，烏托邦的成功有賴於一套行之有效的制度，而老子眼中的理想國則取決於在上者是否能貫徹「無為」的治國理念。

摩爾筆下的理想國度，雖然是和平繁榮，島內一切皆井井有條，但卻明顯缺乏一種現代民主社會提倡的價值——自由。除了是因為公有財產制度下「失去」私有財產權以外，言論、工作、旅遊等等的自由都受到一定的限制。若以今日自由主義的視角去看，當然可以說烏托邦是一個沒有自由的國度[28]，但這種批評對於活躍於十六世紀英國的摩爾來說未免過於嚴苛，至少烏托邦人的生活在摩爾眼中並不如現代人目光下的受到過多的限制。[29] 再者，烏托邦的制度並非獨裁者的治民工具，反之種種制度與法令皆是出於讓烏托邦人能世世代代得享和平溫飽，摩爾在書中亦為每一條目都加以解釋。例如，禁止私議國家公事，是因為要避免權貴私下共謀改變

26　同前註，頁65-66。

27　同前註，頁94。

28　Robert M. Adams, trans. & eds., *Utopia* (N.Y.: W.W. Norton & Company, 1992), p.218.

29　John C. Olin, eds., *Interpreting Thomas More's Utopia* (New York: Fordham University Press, 1989), p.8.

烏托邦體制和壓迫人民；[30]官員必須給予合理理由才能阻礙國人旅行；[31]財產公有的制度，一方面是為了更有效物資充裕，另一方面也是避免人們心生貪念和避免人們因擁有更多財富而心生虛榮。[32]再加上烏托邦人所享有的宗教自由[33]，以及因為了解法令對人的約束而盡量避免立法的習慣[34]，皆可見烏托邦人雖沒有現代人視如至寶的權利與自由，但實施上還是以一種基於理性規範[35]而非政治權力管制的方式，在相對自由的環境下生活。

　　老子的理想國度之能實現，大體上取決於在上者是否能「處無為之事，行不言之教」[36]。《道德經》第三章大致上總結了無為而治的治民綱要：「虛其心，實其腹；弱其志，強其骨。」[37]實其腹、強其骨，指的是讓人民得到溫飽；虛其心、弱其志，指的則是透過「不尚賢」、「不貴難得之貨」、「不見可欲」[38]等手段以淡化人們以機巧智謀相互爭奪。老子學說雖有「愚民」[39]之言而無愚民之實，但與烏托邦人對知識的熱衷卻是截然不同。烏托邦議事會不就當天提出的議案討論，好讓成員有足夠時間思量，可見烏托邦人對思辯的肯定；[40]只有做學問的人能免於生產勞

30　[英]托馬斯・莫爾著，戴鎦齡譯：《烏托邦》，頁54。

31　同前註，頁64。

32　同前註，頁61。

33　同前註，頁72。

34　同前註，頁90-91。

35　J.H.Hexter, *More's Utopia: The Biography of an Idea* (Connecticut: Greenwood Press, 1976), p.51.

36　《道德經》第二章。見[魏]王弼注，樓宇烈校釋：《老子道德經注校釋》，頁6-7。

37　同前註，頁8。

38　同前註。

39　《道德經》第六十五章曰：「古之善為道者，非以明民，將以愚之。民之難治，以其智多。」見前註，頁167。

40　[英]托馬斯・莫爾著，戴鎦齡譯：《烏托邦》，頁54。

動；[41]烏托邦人對未知的知識的渴求。[42]這些恰恰都是老子所批判的「為學日益」[43]，但烏托邦人的例子正好表明了，就算人民普遍具備智慧[44]，也不一定如老子所想般終會導致人與人之間的機巧爭奪。這裡可見老子與摩爾在人性問題上持不同見解，兩者的分歧，以及因而導致的兩套不同治國之法，將會是下一節的討論焦點。

老子與烏托邦人一樣，都否定繁多的法令有利於國家的管理。五十七章云：「法令滋彰，盜賊多有。」[45]老子否定繁多的法令，並不如烏托邦人所說般過多的法令只會成為對人的約束，老子是從法令對社會治亂的負面影響立論。進一步說，烏托邦人還是肯定某些法令的必要性[46]，只要在人的自由與社會管理間取得平衡，這些法令還是可取的；但對老子來說，一個理想社會的運行甚至不需依賴半點法令，而僅依靠聖人處無為之事、行不言之教即可實現[47]。換句話說，只要聖人能提供一個良好的環境讓人民自由生活[48]，一個人與人之間沒有半點爭鬥的社會就能自然而然地確立。故十六章言：「致虛極，守靜篤，萬物並作，吾以觀復。夫物芸芸，各復歸其根。」[49]

由此可見，兩個理想國度所反映的是兩套截然不同的價值觀。雖然烏托邦人並不提倡個體自由，但大體上這個理想國度的富強、對理想思辯的

41　同前註，頁58。

42　同前註，頁81。

43　《道德經》第四十八章。見[魏]王弼注，樓宇烈校釋：《老子道德經注校釋》，頁127-128。

44　[英]托馬斯・莫爾著，載鎦齡譯：《烏托邦》，頁49。

45　[魏]王弼注，樓宇烈校釋：《老子道德經注校釋》，頁150。

46　例如此節第二段提及的各種制度與規定。

47　如第三章所述「為無為，則無不治。」見[魏]王弼注，樓宇烈校釋：《老子道德經注校釋》，頁8。

48　宋洪兵：〈老子、韓非子的"自然"觀念及其政治蘊含〉，頁81。

49　[魏]王弼注，樓宇烈校釋：《老子道德經注校釋》，頁35。

推崇、人們的生活規律與態度都是符合一般人的期望，因此摩爾在書中形容烏托邦為外邦人的樂土。但這些一般人所追求所認可的價值取態，卻是老子思想主要的批判對象。為什麼「富強」、「理想」、「積極求進」就是值得推薦和追求？第七十八章的一段話「弱之勝強，柔之勝剛，天下莫不知，莫能行。是以聖人云，受國之垢，是謂社稷主；受國不祥，是謂天下王。」[50]正好表現了老子學說中，那種對一般人心中習以為常的價值判斷的反思精神。因此，老子心中的聖人，不會以國家的富強、人民的文化修養為治國的方針，而是透過貫徹「無為」以避免紛爭滋生。

三、對人性的理解及相應的管治之法

從《道德經》的內容可見，老子並沒有對先秦時期其中一個重要哲學課題人性論作其論述。如果視莊子思想為某一方面對老子思想的繼承，或至少說兩者具有一定相似和聯繫的話，大概可以說以老莊為代表的道家學說，在人性問題上所持的立場是一種對於社會制度和規範的反思[51]。道家思想論及人性時，並非如孟子、荀子、告子般提出並肯定人類的共性，而是強調每個個體都應該回歸各自本真的性情[52]。至於人與人之間是否除生物上的共同點，就沒有道德層面上，甚或是美學判斷的共通點，老子對此

50　同前註，頁187。

51　例如《莊子・馬蹄》開首對世人所謂善治馬和木者的反思：「然且世世稱之曰：「伯樂善治馬，而陶、匠善治埴木。」此亦治天下者之過也。」見[晉]郭象注，[唐]陸德明釋，[唐]成玄英疏，[清]郭慶藩集釋：《莊子集釋》（臺灣：中華書局，1973年），頁179-181。

52　宋洪兵：〈老子、韓非子的「自然」觀念及其政治蘊含〉，頁82。

著墨不多，而莊子則加以否定[53]。

人性是善是惡，老子並沒有直接給予答案，但從《道德經》中可知，他強調了物欲對於人類行為的影響。第十二章曰：「五色令人目盲，五音令人耳聾，五味令人口爽，馳騁田獵令人心發狂，難得之貨令人行妨。」[54]人類對物欲的好求，老子並不全盤否定，因此他主張「寡欲」[55]而非禁欲。「寡欲」當然可理解為減少對於五色、五音、五味等形形式式的物欲的渴求，但更深一層，也更貼近《道德經》中其他篇章的解釋的意義，則是將「寡欲」理解為「滿足於貼近自己真切需要的欲望」。因此老子主張「為腹不為目」，物質上止於滿足人們飽腹的需要，而反對擁有過多的財富；[56]精神上教人欣賞和發展自己的才能，而不是強求跟隨社會「共識」下的賢能和美善。[57]因此，除了如上節末段所述，老子心目中的理想社會，除了是一個沒有爭鬥的地方外，也是一個讓每個個體能各自發揮才能的多元化社會。

至於摩爾，他所理解的人性大體為善，雖然他不否定人類有發展為殘忍的可能[58]，但相對而言，他更為肯定人的惻隱之心[59]。為了保持人的善

---

53 例如《莊子‧齊物論》中曾反問人類的道德判斷是否只是如審美觀一樣沒有判準的通則：「猨，猵狙以為雌，麋與鹿交，鰌與魚游。毛嬙、麗姬，人之所美也，魚見之深入，鳥見之高飛，麋鹿見之決驟。四者孰知天下之正色哉？自我觀之，仁義之端，是非之塗，樊然殽亂，吾惡能知其辯！」見見[晉]郭象注，[唐]陸德明釋，[唐]成玄英疏，[清]郭慶藩集釋：《莊子集釋》，頁52-54。

54 [魏]王弼注，樓宇烈校釋：《老子道德經注校釋》，頁27-28。

55 《道德經》十九章曰：「見素抱樸，少私寡欲。」同前註，頁45。

56 《道德經》第九章曰：「金玉滿堂，莫之能守。富貴而驕，自遺其咎。」同前註，頁21

57 《道德經》第二章曰：「天下皆知美之為美，斯惡已；皆知善之為善，斯不善已。」同前註，頁6。

58 [英] 托馬斯‧莫爾著，戴鎦齡譯：《烏托邦》，頁77。

59 同前註，頁61。

性，他強調不能放任人類的行為。無論是法令，或是以死後的賞罰[60]來管束人的行為都是必須的。烏托邦人雖是人類中最好的一群，但他們的美與善卻不是因為他們天生的材質比別國的人們要好，而是因為烏托邦人無論是具體法令還是宗教信仰，都對人有著一定程度的規範。這是因為他們相信人類並非一種全然至善，永不做惡的存在。[61]失去了這些規範，人們輕則愚蠢的迷戀空虛無益的名利[62]，更甚者是走上損人不利己的驕狂之路。[63]但觀乎第二部的內容，烏托邦人卻沒有半點步向墜落的傾向，可見摩爾是如此肯定自己建構的理想國度中種種規範，就是解決他眼下現實社會問題的不二法門。

四、法令與教育

如前段所述，法令在老子的理想社會中並非必需。那麼除了「無言之教」外，如何保證社會得到有效的管治呢？蕭無陂對老子思想中的自然與規範作以下論述：「為」指的是所有行為的抽象概況，「無」則表示對「為」的一種否定、制約與規範；老子反思人類的生存狀況後，認為人類應該理性地規範與制約自己的行為而不應放縱以致損害內在本性，因此提出無為。[64]以此思路去詮釋《道德經》，則無為之治可以作如此理解：聖人了解為「善」與「美」定調，終會導致人民為此「善」與「美」爭

60　同前註，頁105。

61　J.H.Hexter, *More's Utopia: The Biography of an Idea*, p.59.

62　[英] 托馬斯・莫爾著，載鎦齡譯：《烏托邦》，頁75。

63　同前註，頁117。

64　蕭無陂：〈老子的政治哲學與當代政治實踐〉，《深圳大學學報》第32卷第1期（2015年1月），頁75-76。

奪，導致社會紛亂，因此透過不尚賢、不貴難得之貨、不見可欲等「無為之法」制約與規範人們的作為。故聖人雖然實際上是有所作為，但這作為卻不能視為「為」這概念下的一般行為，故老子曰：為而不恃，功成而弗居。

如果聖人的作為是一種不得不為，而又能保守人的自然本性之舉，那麼烏托邦人的法令雖然在嚴格意義上並未符合老子「無為」的精神，但也不至於成為烏托邦人生活上的枷鎖。因為這些法令的設立，完全是因其符合人生而具有的理性，而不會讓人身感自由受到限制。它不讓人感到是一種外力約束，因為它恰巧符合人們的心理預期。烏托邦人並非不相信個體自由，而是他們經過理性思考後，確信放任人類行為會導致不良效果——安穩的生活和烏托邦標誌性的公有財產制度都會隨著人性的放任而崩潰，因此為了合乎每個人的利益，他們都樂於受到一定的規範。[65]

烏托邦人的行事動機是基於自身利益的考慮，這自身利益是中性的、合於人性所求[66]，同時也不妨礙烏托邦人幫助他人的道德行為，因為助人之舉在烏托邦人眼中是合乎自身利益所求的。[67]這是因為烏托邦人認識到構成幸福的並不是所有讓人感受到快樂的行為，而只是正當高尚的快樂，也就是德行。[68]德行使人幸福的原因有二。其一，人人相互幫助能達到更愉快的生活[69]，這是合乎互惠原則。其二，烏托邦人把德行解釋為遵循自然的指示而生活。[70]這既是合乎人的理性，也合乎上帝所默許的生活

65　John C. Olin, eds., *Interpreting Thomas More's Utopia*, pp. 30-31.

66　同前註，頁23。

67　同前註，頁24。

68　[英]托馬斯‧莫爾著，載鎦齡譯：《烏托邦》，頁72。

69　同前註，頁73。

70　同前註。

方式。[71]

　　除了制度上的規範，理想社會的平治亦有賴於教育。老子主張「不言之教」，一方面是因為「生而不有」、「功遂身退」等都是聽之或能懂，卻難於實行的抽象條目，故老子以身教代言教，使人明白「無為」之可取。另一方面，若從語言不足以充分描述「無為」的內容的立場來看[72]，「言」的運用也正違反了「無為」的原則，或使人執著於聖人之「言」而忘卻自己本然之性。大概沒有多少人真能從聖人的「不言之教」中明白何為自身的自然之性和其重要性，這既使理想社會實行上必以小國較為可行，而教育上的功效亦成疑。這個老子非沒有注意，而是只有這樣才能充份表達其學說的精髓——肯定每個個體的自然之性和肯定其自覺的可能。故五十七章曰：「我無為而民自化，我好靜而民自正，我無事而民自富，我無欲而民自樸。」[73]

　　老子無形的「不言之教」，卻能在烏托邦人風俗中找到有形的例子。烏托邦人對金銀的態度，正正符合了老子思想中的「不貴難得之貨」。對於別國珍而重之的金銀，烏托邦人卻把它用以製造糞桶，或是用以製造罪犯服刑時所配帶的飾物，對於珍珠寶石，烏托邦人也是用作小孩玩具，到孩子長大後扔掉也不覺可惜。[74]相對於老子「不貴」的態度，烏托邦人做的是透過廢棄貨幣經濟來促成公有財產制，不僅是消滅貨幣，而是進而消滅貨幣所代表的價值體系。[75]雖然，烏托邦人的方法並未完全合

71　同前註，頁72-73。

72　《道德經》第一章曰：「道可道，非常道；名可名，非常名。」見[魏]王弼注，樓宇烈校釋：《老子道德經注校釋》，頁1。

73　同前註，頁150。

74　[英]托馬斯‧莫爾著，戴鎦齡譯：《烏托邦》，頁67-68。

75　同前註，頁60。

乎老子所想[76]，但卻展現「不貴難得之貨」具體操作的可能。

五、結語

　　本文旨在初探老子與摩爾眼中的理想社會的異同。生於不同年代與文化之下的兩位先哲，筆下的理想國度卻有不少相似之處，足見進一步更深入地比較兩者思想的價值，尤其是摩爾提出的公有財產制度，是否可以被老子的政治思想所融納，並成為「不貴難得之貨」的無為社會中可行的經濟體系。總而言之，《烏托邦》與《道德經》兩書所表明的，都是對其時社會狀況的一種反思，《烏托邦》是對當時新的政治與經濟思維的反抗[77]，《道德經》則是從根本上反省先秦亂世的根源，並透過打破世間中的諸種錯誤觀念，進而展示「世界」以外的真理與治道。[78]這種反思精神，值得學者深究細味。

參考資料

1. 王強：〈「治世」之在與「在世」之治：共同體生活的哲學的哲學路徑 － 從《道德經》追問政治哲學的基底〉，《南昌大學學報（人文社會科學版）》第42卷第1期，2011年1月，頁26-32。
2. [魏] 王弼注，樓宇烈校釋：《老子道德經注校釋》，北京：中華書局，2008年。

76　烏托邦人或許消滅了以貨幣為核心的價值體系，卻未能有效讓人們淡忘人與人比較的心理。例如烏托邦人會恥笑穿著「華衣美服」的外邦使節。

77　Robert M. Adams, trans. & eds., *Utopia*, p.142.

78　王強：〈「治世」之在與「在世」之治：共同體生活的哲學的哲學路徑 － 從《道德經》追問政治哲學的基底〉，《南昌大學學報（人文社會科學版）》第42卷第1期（2011年1月），頁27。

3. [英] 托馬斯·莫爾著、載鎦齡譯：《烏托邦》，北京：商務印書局，2011年。

4. 宋洪兵：〈老子、韓非子的「自然」觀念及其政治蘊含〉，《江淮論壇》2015年第二期，2015年2月，頁80-86。

5. [漢] 河上公注：《老子道德經》，《四庫全書》第1055冊，上海：上海古籍出版社，1987年。

6. [晉]郭象注，[唐]陸德明釋，[唐]成玄英疏，[清]郭慶藩集釋：《莊子集釋》，臺灣：中華書局，1973年。

7. 蕭無陂：〈老子的政治哲學與當代政治實踐〉，《深圳大學學報》第32卷第1期，2015年1月，頁73-78。

8. Adams, Robert M., trans. & eds. *Utopia*. N.Y.: W.W. Norton & Company, 1992.

9. Hexter, J.H.. *More's Utopia: The Biography of an Idea*. Connecticut: Greenwood Press, 1976.

10. Lau, D.C.,trans.. *Tao Te Ching*. Hong Kong: The Chinese University Press, 1989.

11. Olin, John C., eds. *Interpreting Thomas More's Utopia*. New York: Fordham University Press, 1989.

....

「淨土」烏托邦概念在東亞
文學傳統的形成*

魏寧 Nicholas Morrow Williams

香港大學中文學院助理教授

*　本論文為香港特別行政區大學資助委員會優配研究金（General Research Fund）資助
項目成果之一（RGC Ref. No. 12407714），謹此致謝。另外鳴謝陳劍鍠教授、王小林
教授、陳竹茗先生指點校正。

「烏托邦」在西方語言中經常用作貶義詞。「烏托邦」的本意是「不可能存在的地方」，雖然想像中看起來很美，但事實上不可能實現。烏托邦和現實相隔很遠，而且試圖達到烏托邦的時候經常會以失敗告終，以致引起很大的損害。然而，東亞「極樂淨土」概念相比起來不是那種很抽象的、離現實世界很遠的烏托邦，而是經過淨化、純化和美化的現世，跟現實世界密不可分；而且到達淨土的方法比較簡單，在淨土宗看來我們只要一心念佛即可實現。

　　這種文化和宗教背景對中國和日本的文學傳統產生了很大的影響。對很多佛教徒來說，「西方極樂淨土」並非遙遠的烏托邦，而是接近現實生活的、平民也可以掌握的一種精神資源。淨土概念在表面上類似於一種烏托邦，同樣也是一種世外桃源，在想像中被純淨化的境界。但淨土概念在東亞文學與文化中的實際表現卻跟烏托邦不一樣。第一，淨土並非抽象的、缺乏具體地理位置的概念，地點顯然在「西方」。第二，淨土並非不能實現，理論上一般教徒通過宗教修行、沿著菩薩的道路就能抵達。第三，實現淨土不需要社會的轉形或者人類本性的改革，僅僅需要教徒改變自己的心理狀態，開始信佛、念佛，就能實現。

　　從淨土和烏托邦的對比，很容易瞭解淨土概念如何對東亞文學產生深厚的影響。不同作家、不同時代對淨土的理解存在很大的差異，但中古世紀篤信佛教的作家基本上擁有一種淨土概念，他們的淨土也離現實世界觸手可及。這種思想也反映在文學作品中。描寫自然世界或者個別人生，都可以用淨土作為文學創作的反襯。不僅現實環境能看到類似於淨土的風景，日常生活中也能感受到淨土的美麗。

有關中國與日本淨土宗的成立和發展的研究成果不勝枚舉。[1]而這種宗教信仰如何影響文學作品的現象卻很少得到關注，有鑑於此，本文擬探討淨土概念從印度傳到中國和日本之後在文學傳統裡的反映，繼而對這種精神資源給文學傳統帶來的啟發進行介紹。

一、印度佛經中的淨土

「極樂淨土」（梵文 *sukhāvatī*）本來是指無數「佛土」（梵文 *buddhakshetra*）之一。指涉「佛土」概念的漢語同義詞頗多，如「佛剎」、「佛土」、「佛國」、等等。[2]在大乘佛教的主要經典中，「佛土」並非地名，而是比較抽象的概念，意為世尊或大菩薩居住的境界。梵文 *buddhakshetra* 音譯為「佛陀之剎多羅」，剎多羅的本意是土產或田地，語意範圍比較狹窄。每位佛都有他自己的一種佛土。「往生佛土」在印度佛教本來是教徒共同的、比較抽象的目標。[3]在西元100年左右已形成了一種特殊佛土的崇拜，即是阿彌陀佛的佛土，西方極樂淨土，梵文叫 *Sukhāvatī*。[4]早期漢譯佛經將 *Sukhāvatī* 譯成安樂國或極樂，不過印度佛經

1　比如對早期淨土思想見藤田宏達著《原始淨土思想の研究》（東京：岩波書店，1970年）；關於中國淨土宗的形成見Kenneth K. Tanaka, *The Dawn of Chinese Pure Land Buddhist Doctrine: Ching-ying Hui-yüan's Commentary to the* Visualization Sutra (Albany: State University of New York Press, 1990) 等；關於日本淨土新宗見D.T. Suzuki, *Shin Buddhism* (New York: Harper and Row, 1970)、James C. Dobbins, *Jōdo Shinshū: Shin Buddhism in Medieval Japan* (Bloomington: Indiana University Press, 2002) 等。

2　基本介紹可以見釋慧嚴著：《淨土概論》（臺北：東大圖書，1998年）。

3　Robert E. Buswell Jr. and Donald S. Lopez Jr., eds., *The Princeton Dictionary of Buddhism* (Princeton: Princeton University Press, 2014), 867, s.v. "*sukhāvatī.*"

4　Tanaka, *The Dawn of Chinese Pure Land Buddhist Doctrine*, 7–9.

似乎沒有將淨土和安樂國看成同一個概念，這是中國佛教的創新。[5]

在印度佛經中，最典型的淨土論述是《無量壽經》（*Sukhāvatī-vyūha-sūtra*）。[6]所謂淨土三部經還包括《觀無量壽經》和《阿彌陀經》，但關於淨土的主要傳說基本上在《無量壽經》都能看到。[7]阿彌陀佛給弟子阿難描述佛土的時候，說彼處有無數菩薩居住，風景超越人間的美麗，比如樹枝都是不同金屬和寶石做的：[8]

> 如目連等於百千萬億那由他劫，計彼初會聲聞菩薩，所知數者猶如一渧，其所不知如大海水。又其國土，七寶諸樹周滿世界——金樹、銀樹、琉璃樹、頗梨樹、珊瑚樹、瑪瑙樹、車樹——或有二寶、三寶乃至七寶轉共合成。或有金樹，銀葉、華、果；或有銀樹，金葉、華、果；或琉璃樹，玻梨為葉，華、果亦然；或水精樹，琉璃為葉，華、果亦然……。

這一段中描述的佛土好像是一種烏托邦，一種想像中的國土。這種華美的描寫已具有明顯的文學色彩，會讓我們想到漢朝司馬相如和揚雄的大賦所列舉皇家苑囿中可見到的寶石、鳥魚、花木等。佛土好像是通過想像美化出來的地方。

但大乘教的佛國本來就不是唯一的：[9]

> 東方諸佛國，其數如恒沙，

5　Tanaka, *The Dawn of Chinese Pure Land Buddhist Doctrine*, 2.

6　高楠順次郎、渡邊海旭編：《大正新脩大藏經》（以下簡稱《大藏經》）（東京：大正一切經刊行會，1924–1932年），第360號，第11冊。此處用曹魏康僧鎧譯本，其它翻譯參看第361–64號經。

7　《觀無量壽經》也許寫作於中亞或中國。見藤田宏達著《原始淨土思想の研究》，頁121–36。

8　《大藏經》，第360號，第11冊，頁270c。

9　《大藏經》，第360號，第11冊，頁272c。

彼土諸菩薩，往觀無量覺。

　　南西北四維，上下亦復然，

　　彼土菩薩眾，往觀無量覺。

不僅不是唯一的，而且佛國本來就無比豐富，可能相當於佛的數目，而且每一個佛陀都有自己的佛國。同一篇也提到「諸佛世界」，這一點可以印證每一個佛土相當於一個世界。[10] 不僅如此，淨土三部經最強調淨土的獨特性，其他大乘佛經均清楚顯示，淨土或佛土不是一種固定的烏托邦，而是修行的一個方面，是整個宇宙的一個層次。比如《華嚴經》有佛偈說明：[11]

　　一切廣大剎，億劫不思議，

　　菩薩三昧中，一念皆能現。

　　·一·切·諸·佛·土·，·一·一·諸·菩·薩·，

　　·普·入·於·佛·身·，·無·邊·亦·無·盡·。

在這裡，無數佛土只是無邊無盡佛身的成份之一。它們的諸種面貌只是表面上的不同，實際上都可以通過集中的澄思靜慮（所謂三昧 samadhi），在瞬息之間呈現並歸納在超越的統一體（佛身 buddhakāya）之中。正如一方佛土僅是眾多佛土之一，眾多佛土也包容在一個佛身之內。因此，佛土可以看成似是而非的烏托邦：修行者如果以為佛土即是大悟所在，就說明他未曾體悟更深一層的道理。

　　佛經很清楚地顯示，淨土不是獨立的存在，而是教徒在修禪過程中遇到的階段。佛經甚至表明淨土只是一種「識」（vijñapti），一種心裡意

10　《大藏經》，第360號，第11冊，頁278a。

11　《大藏經》，第279號，第10冊，頁31a。

象而已。[12]淨土也可以看成一種「方便」（*upāya*），即是修行成佛的一種階段。這種含意其實在《無量壽經》的梵文原名*Sukhāvatī-vyūha-sūtra*中亦能看到。梵文*vyūha*翻譯成中文「莊嚴」，後來法賢重新翻譯這部佛經的時候，將題目改成《佛說大乘無量壽莊嚴經》。[13]「莊嚴」的本義為「美麗裝飾」，佛教徒一直認為佛國具有各種美麗的裝飾。佛國本身好像一種大規模的莊嚴，因為佛陀本來只是一個凡人，不過他意識到了超越輪迴的方法，即涅槃而即身成佛。佛國概念可以說是這種道理通過意象的表現。

淨土在亞洲所有的佛教傳統裡具有多樣而深厚的意義。[14]佛教傳到中國以後，佛國的想像立即為中國文人和藝術家提供了很多新的意象和資料，這些與「莊嚴」概念有一定的關係。《無量壽經》所列舉的華美意象都屬於「莊嚴」一類，可以給東亞佛教提供新的美學詞彙。

二、六朝和唐代文學的淨土

從中國早期的淨土論述中，能看到傳統的意象與新的佛學概念如何互相融合。在中國建立淨土信仰的人物中，首先要提到釋慧遠（334–416）。他是有名的淨土崇拜者，於402年率領122位弟子們在廬山阿彌陀佛像前發誓道：[15]

12　Paul J. Griffiths, *On Being Buddha: The Classical Doctrine of Buddhahood* (Albany, N.Y.: State University of New York Press, 1994), 130–31.

13　《大藏經》，第363號。

14　本文題外的西藏佛教裡，淨土概念發生了一些很有趣的轉變，比如教徒可以用*phowa*傳心方法見到阿彌陀佛。見Georgios T. Halkias, *Luminous Bliss: A Religious History of Pure Land Literature in Tibet* (Honolulu: University of Hawai‘i Press, 2013), 150–54.

15　《高僧傳》，第六卷，載《大藏經》，第2059號，第50冊，頁359a。

今幸以不謀而**僉心西境**，叩篇開信亮情天發。乃機象通於寢夢，欣歡百於子來。於是雲圖表暉，影伴神造。……是以慨焉胥命整衿法堂。等施一心亭懷幽極，誓茲同人俱遊絕域。其有驚出絕倫首登神界，則無獨善於雲嶠。……**飄雲衣於八極**，泛香風以窮年。體忘安而彌穆心超樂以自怡。臨三塗而緬謝，傲天宮而長辭。紹眾靈以繼軌，指太息以為期。究茲道也，豈不弘哉。

這篇誓文很長，但上述引用的部分對理解淨土概念的發展有特殊意義。慧遠一行「僉心西境」，同心嚮往西方樂土。文中用「絕域」一詞為佛國指定了一個地理位置，視為世上最遙遠的地方，但依然還在人寰之中。慧遠還使用了「雲衣」這個很特殊的詞彙：「雲衣」語出劉向的〈九嘆・遠逝〉，[16] 後來發展為道教術語，似可說明在某種意義上他們將成佛和成仙視為同一事物。淨土在中國教徒眼裡立即呈現為以中國為中心的宇宙裡的某個遠方、為穿著道教色彩的服裝的跨國界文化符號。

慧遠是大思想家，從事宣教的工作，對佛經的本意有很深的理解；其思想通過弟子謝靈運（385–433）也影響了當時的文壇。謝靈運以山水詩著稱，同時也是熱心的佛教徒，撰寫了不少涉及佛理的作品。其〈無量壽頌〉就直接提到淨土：[17]

法藏長王宮，懷道出國城。
願言四十八，弘誓拯群生。
淨土一何妙，來者皆清英。
頹年欲安寄，**乘化必晨征**。

16　〔宋〕洪興祖：《楚辭補注》（北京：中華書局，1983年），第十六卷，頁293。

17　〔唐〕道宣：《廣弘明集》，第十五卷，載《大藏經》，第2103號，第52冊，第200a頁。另見李運富編注：《謝靈運集》（長沙：嶽麓書社，1999年），頁343–45。

特別值得注意的是，這篇詩作並非隨意寫成，如題目「和從弟惠連」所顯示，乃應和從弟謝惠連（407–433）而寫。[18] 由此可知這是謝氏文人集團的一種社交活動。這一點可以幫我們理解佛教在南朝文士心目中的重要性，並從側面瞭解謝靈運的佛教信仰在當時並非特殊事例。這篇頌也提到「誓」，四十八誓（或願）是阿彌陀佛立誓只有全人類得到解脫的時候，他才會完全覺醒。[19] 雖然謝靈運的目的是讚頌阿彌陀佛的淨土，這裏也運用具有道家色彩的說法「乘化」，意思是順隨自然的變化。

事實上，謝靈運雖然內心嚮往西方淨土，但他同時在神州赤縣的山水中也能找到一種樂趣和安慰。這種現象應與中國道教傳統有關。儘管題目為〈無量壽頌〉，謝靈運在結尾依然遵守了自然規律。慧遠希望身著仙人的雲衣前往淨土。法國漢學家戴密微（Paul Demiéville, 1894–1979）甚至認為六朝人對山的崇拜還是以本土道教為起點，佛教的作用只是「催化劑」而已。[20]此論是否妥當，筆者不敢妄斷，但我們可以確定六朝文人的言說（discourse）受到釋道兩種思想系統的深層啟發。謝靈運的淨土當然是阿彌陀佛的淨土，但同時也是中國山嶺的化身。例如其傑作〈山居賦〉中寫道：「山中兮清寂，群紛兮自絕。」在山上遨遊能令他脫離所有的煩憂。[21] 謝靈運也很喜歡爬山，〈山居賦〉對始寧別墅的描述細緻入微，如山陵的崔巍、山中小路的曲折等等。有學者甚至認為，對他來說爬山就是拜佛的一種方式。[22] 然而，他也認識到中國畢竟離淨土很遠，例

18　關於陳郡謝氏昆仲的文學合作和親情，參看Nicholas Morrow Williams, "A Conversation in Poems: Xie Lingyun, Xie Huilian, and Jiang Yan," *Journal of the American Oriental Society* 127.4 (2007): 491–506.

19　《大藏經》，第360號，第11冊，頁267c。

20　見Demiéville, "La Montagne dans l'art littéraire chinoise," *France-Asie* 183 (1965): 20.

21　《謝靈運集》，頁273。

22　Richard Mather, "The Landscape Buddhism of the Fifth-Century Poet Hsieh Ling-yun," *Journal of Asian Studies* 18.1 (1958): 67–79.

如，在另一篇贊裏他也有過：「孰視娑婆盡，寧當非赤縣？」之類的表達。[23]

此後淨土崇拜在中國佛教史中一直佔有重要位置，對中國文人最大的啟發乃主張「佛法在世間」、「平常心是道」等現世性概念的禪宗。謝靈運以後的著名文人較少談及淨土；然而，在平民階層中，淨土概念一直沒有失去吸引力。這一點從敦煌出土資料，如敦煌莫高窟有名的《西方淨土變相圖》中即可瞭解。[24]

雖然文人的作品一般不會直接提到淨土，但也有例外。詩人王維（701–761）即有文字描寫淨土，其〈西方變畫贊〉中有一段形象如畫的描寫：[25]

> 不寶纓絡，資於繪素，圖極樂國，象無上樂。法王安詳，聖眾圍繞。湛然不動，疑過於往來；寂爾無聞，若離於言說。林分寶樹，七重繞於香城；衣捧天花，六時散於金地。**迦陵欲語，曼陁未落**，眾善普會，諸相具美。於是竭誠稽首，隕涕焚香，願立功德，以備梯航。得彼佛身，常以慈悲為女；存乎法性，還在菩提之家。

在西方文論中，這種對藝術品所作的文字描寫屬於修辭手法，專稱為 *ekphrasis*。因為王維也是畫家，所以這種作品寫得特別生動，能完美地再現一種永遠和諧的佛國形象：「迦陵欲語，曼陁未落」，整個大自然都生

---

23 〈維摩經十譬贊‧夢〉，《謝靈運集》，頁339。

24 相關研究頗多，比如八木春生著，李梅譯：〈敦煌莫高窟第220窟南壁西方淨土變相圖〉，載《敦煌研究》，2012年第五期，頁9-15；王惠民：《敦煌淨土圖像研究》（高雄：中山大學博士論文，2000年）。

25 陳鐵民校注：《王維集校注》（北京：中華書局，1997年），第八卷，頁735–48。

生不息，不曾衰落。

現代人談論王維和佛教時，都會強調禪宗的關係，認為王維詩描述的是一種「頓悟」經驗，偏向於形而上學的「空」和「無」。這種詮釋有其合理性，但王維也很關注佛教文化中的視覺美。這是作為偉大畫家的某種必然。在其著名山水詩作如〈山居秋暝〉中有如下描述：[26]

> 空山新雨後，天氣晚來秋。明月松間照，清泉石上流。
> 竹喧歸浣女，蓮動下漁舟。隨意春芳歇，王孫自可留。

從詩中我們能夠感覺到他看見「空山」的風景，在意識到「萬物都空」的同時，又能欣賞到人世間淨土的影子。特別是對最後一聯，古代文學的傳統說法是相反的，認為是「王孫兮歸來，山中兮不可以久留」之意。[27]然而，王維實際所描寫和察覺到的現象世界，雖然貌似空虛，仍然包含著永不衰落的極樂淨土的痕跡。

如上所述，雖然中古文人作品對淨土的描述未必純粹，最熱情的淨土崇拜還是可以從老百姓的通俗文學作品中看到。比如，敦煌願文往往提到「往生西方」的追求。敦煌願文是中古通俗文學的重要文體之一，可謂中國佛教很特殊的表現，即佛教徒最熱切希望的文本成形。[28]下面這篇〈患文〉即為一例：[29]

26　《王維集校注》，第五卷，頁451。

27　《楚辭補注》，第十二卷，頁234。

28　在梁朝，沈約等名家也作過願文。後來朝廷文人已不創作這種宗教作品。參見Jan Yün-hua, "Transformation of Hope in Chinese Buddhism," in Daniel L. Overmyer and Chi-tim Lai, eds., *Interpretations of Hope in Chinese Religions and Christianity* (Hong Kong: Christian Study Centre on Chinese Religion and Culture, 2002), 133–53.

29　黃征、吳偉校注：《敦煌願文集》（長沙：嶽麓書社，1995年），頁664。

……又持勝福，次用莊嚴持爐施主及內外親姻等，惟願身如藥樹，萬病不侵，體若金剛，常堅常固，今世後世，莫絕善緣，此劫來生，道芽轉盛。然後先亡遠代，承念誦**往生西方**，見在宗枝，保禎祥而延年益（受）〔壽〕。摩訶般若，利樂無邊；大眾虔誠，一切普誦。

通過敦煌資料的研究，可以發現唐人已經將極樂淨土的地點定在西方（印度）。祈禱重生於彼方，並奉獻最為華美的贊頌。[30] 然而中國士階級的文人一直沒有完全接受佛教思想，諸如王維的佛教徒也只會在很有限的場合寫到淨土。因此中國的高層文學傳統只間接地、隱約地體現淨土的影響，比如我們可以從謝靈運的山水詩或王維的〈輞川集〉等作品中來想像。閱讀他們的作品，彷彿一些具體的自然現象背後蘊蓄著一種富於佛教色彩的想像力，但這樣的詮釋或嫌牽強。可能只有日本文學傳統才真正體現出淨土崇拜與貴族文學的結合。

三、日本平安時代的淨土

日本最早的宮廷文學總集《萬葉集》（編於759年以後）收入了一首很有趣的漢詩：[31]

愛河波浪已先滅，苦海煩惱亦無結。
從來厭離此穢土，本願託生彼淨剎。

30　Jan Yün-hua, "Transformation of Hope in Chinese Buddhism," in Daniel L. Overmyer and Chi-tim Lai, eds., *Interpretations of Hope in Chinese Religions and Christianity* (Hong Kong: Christian Study Centre on Chinese Religion and Culture, 2002), 133–53.

31　《萬葉集》，第九卷，第794首之後。

這首詩出自山上憶良（660–733?）的手筆，他是奈良時代的遣唐使和大官員。雖然體例接近於純粹的佛偈，但憶良能藉以寫出自己對生死的感想。憶良著作的特點在於他廣泛徵引儒釋道三教的各種典故，包括《遊仙窟》等通俗文獻。奈良時代日本文人和朝臣已經將「淨土」等佛教術語摻入漢詩於和歌之中。後代文學創作更加如此。相較於中國的士人文學傳統，佛教在日本文學發展中發揮了很明確的作用。我們在一些日本文學傑作中很容易發現「淨十」論述。

在平安時代，淨土信仰對無論朝野上下的日本人均具有重大的意義。平安時代末年和鎌倉時代初，法然（1133–1212）和親鸞（1173–1263）所開創的淨土真宗成為日本佛教主要的派別之一。法然認為只要教徒念頌佛陀的名稱，阿彌陀佛就會施以同情，讓頌者在淨土重生。因此他主張「專修念佛」，意思為念佛以外的修行都無意義，念佛就可以成佛。親鸞繼續發揮這種思想，在《教行信證》中論證「信」在佛教中的主要價值。覺悟不是教徒自己可以達到的，而全靠阿彌陀佛的「他力」。淨土真宗屬於日本中世紀宗教史的研究範疇，但至少可以說明平安時代佛教的趨向是將淨土視為越來越接近人間，越來越方便達成的目標，最後發展成只要念佛，就能成佛。

在平安時代文學傳統中也能看到作家們對淨土的嚮往。然而，與中國文化不同的是，最高層的貴族文學中圍繞淨土題材的文學作品極為豐富。一個很有趣的例子是願文。儘管唐代文人也寫過願文，但大多沒有傳世。日本的情況則不同，釋空海（密號遍照金剛，謚號弘法大師，774–835）和菅原道真（845–903）兩位重要作家都寫過願文，提到重生淨土的願望。比如空海有一篇〈有人為亡親修法事願文〉：

> ……以此功德，奉資為二所禦靈等，阿彌陀如來，示得道於六八

之廣津，觀世音太士，開攝化於九品之正路，**早遊極樂之剎，令生蓮臺之上**雲々，檀主樹罰之德等須達雲々，西洞之九千命，每人令招，蛇佶之八萬壽，各令受之雲々，不入黃泉之九途，不掌焰魔之二使，**直向安養之寶剎，必升兜率之天宮**雲々。

中國現存唐代願文是敦煌出土的一些無名氏通俗的作品，主要是作範本之用；而在日本平安時代的文獻中，我們卻能看到名家撰寫的作品，極其寶貴。[32]

　　儘管如此，平安朝的佛教也有其獨特之處。特別是淨土的概念有所創新開拓。釋空海是日本密教的教祖。密教本來不太重視淨土信仰，[33] 空海也同樣未將淨土納入其思想體系的中心。他提出「即身是佛」，認為我們可以通過真言（*mantra*）和陀羅尼（*dhāraṇī*）達到涅槃。換言之，解脫之道已經在我們的身體之中。空海同時也曾試圖對整個佛教系統作出重新思考，[34] 因此他的密教系統自然而然地改變了淨土崇拜的傳統意義。比如他在〈一切經開題〉中寫過：[35]

　　心無妄念，不染六塵，佛即常在。心為萬法之主，故名心王，法界為國，色身為舍。今既受得人身，心王處中，故名為舍。此名佛止住處。迷即濁惡之處，**悟即清淨之處，無染境。亦名淨**

32　日本願文可以幫助我們了解古代東亞文學與宗教關係的另一面向，即小峯和明教授所謂「法會文藝」。見Komine Kazuaki, "The Ganmon as an Example of the 'Ritual Arts and Literature': The View from East Asia," *Acta Asiatica* 105 (2013): 35–55.

33　柴田泰：〈中国における密教系浄土思想〉，《印度學仏教學研究》，第38期（1971年3月），頁282–87。

34　Ryūichi Abé, *The Weaving of Mantra: Kūkai and the Construction of Esoteric Buddhist Discourse* (New York: Columbia University Press, 1999); Yoshito S. Hakeda, *Kūkai: Major Works, Translated, with an Account of His Life and a Study of His Thought* (New York: Columbia University Press, 1972).

35　勝又俊教編修：《弘法大師著作全集》（東京：山喜房佛書林，1994年），第二冊，頁446–47。

土。眾生自性，本來不生不滅，同虛空。修行之人，須了本
源，若不了本源，學法無益，所謂本源者，自性清淨之心。本無
起滅。起滅者即是妄心。妄心如龜毛兔角，了諸妄念來自無性名
諸佛……。

以上內容顯示，空海否定淨土是某一個實際存在的地點。他認為心裏沒有
污染塵垢就是清靜，覺悟的場所就是淨土。因此空海認為沒有必要談論淨
土概念本身，他更為強調的是清淨之心。

平安朝的作家往往更多提到淨土，但仔細分析起來，平安朝人的淨土
好像也受到空海這種思想的影響。平安文學裏的淨土已不再是遙遠的佛國
土地，而是很親近的一個境界，是內心裏的一種狀態。比如淨土在平安時
代的和歌中常常出現。一首和歌只有三十一個音節，每個字都很重要，因
而在有限的文體空間之內談及淨土概念並不容易。這一點可以說明當時歌
人已經對淨土很熟悉，彷彿隨時就能到達淨土的境界。比如仙慶法師曾經
寫過這首和歌：[36]

雖然曾聽過
淨土是遠方，
還知是明日
即能到彼鄉。

極 ははるけきほどとききしかどつとめていたるところなりけり

這首和歌有雙關語（沒有翻譯出來），「つとめて」除了「明朝」的意思

36　《拾遺集》，第二十卷，第1343首。參看Edwin Cranston, *A Waka Anthology*, Vol. 2, Part A: *Grasses of Remembrance* (Stanford: Stanford University Press, 2006), 432.

也可以指「儘量、竭力」。因此整個作品委婉地遷涉到佛教思想中頓悟和漸悟之間的辯證關係，[37]但重點畢竟在描述淨土隨處可尋。由此可以發現在平安時代的文人心目中，極樂淨土已經由飄渺難尋的遠方變成隨時可以抵達的場所。這種思想背景對平安時代文學和美學產生了重大影響。平安朝人一直想在自己所處的環境內發現淨土的痕跡，認為極樂淨土並非遙不可及。

淨土在日本古典文學的影響隨處可見。因為篇幅的關係，很多有趣的例子只好省略。日本文學的奠基傑作《源氏物語》裡涉及到淨土思想的篇章不少。例如，源氏愛戀的女性中，有幾位想離開「此穢土」，剃髮修行，準備去極樂淨土。整個《源氏物語》的主題之一就是現世的魅力和彼岸的開悟之間的衝突。但這方面的問題不是一篇小論文能澄清。

四、小結

研究文學和宗教的關係極其重要、又極其複雜。馬積高教授曾指出：[38]

> 文學既然有自身的特點和發展的要求，因而文學雖然不能不受到其他意識形態的影響，卻是有限度的。也就是說，它是按自身的特點發展的要求來接受影響的，否則就加以抗拒和抵制。即使暫時接受了，終究也要擺脫出來，尋求適合於自身特點的出路。……文學同宗教、哲學等意識形態的相互影響、滲透的程

37　參看Peter N. Gregory, ed., *Sudden and Gradual: Approaches to Enlightenment in Chinese Thought* (Honolulu: University of Hawai'i Press, 1987).

38　馬積高：〈論宮體與佛教〉，《求索》1990年第六期，頁91–92。

度，不僅取決於宗教、哲學等是否能根據文學的特點去指導和影響文學⋯⋯還取決於宗教理論家、思想家和文學家對彼此的認識。

就是說，東亞文學家接受佛教形象時並不是被動的，而是一般根據本國文學傳統的特點去接收宗教因素。中國和日本處理「淨土」和相關的佛學概念便是很好的證明。即使原來的佛學概念一樣，詩歌和和歌、駢文和願文等文體在中國和日本的發展也截然不同。而且淨土宗在中日兩國的發展又不一樣，我們應該懷疑不同國家的作者提到的「淨土」在「一切諸佛土」中，究竟是不是指同一個佛土？

馬教授在下文也舉例：

> 以佛教為例，東晉以來神滅與神不滅的問題是佛教徒與反佛教者論爭的重要問題，通過論爭，佛教業報輪迴說同中國傳統的鬼神論相結合，在社會上得到廣泛的傳播，故較早地侵入文學的領域，與道教神仙故事結合而產生許多神怪小說。而從佛學對境界的分析所形成的在我國古代詩論中影響很大的意境說或境界說，則要到唐代才形成。又禪宗形成於唐，而以禪喻詩則在宋。這雖與我們討論的佛教與宮體似已沒有關係，然亦可見宗教、哲學等同文學的關係較復雜，不可一概而論，故附及之。

文學和宗教都有自己的發展規律，不見得是同時在同方向發展的。同時，淨土、輪迴、禪定之類的外來佛學概念都對一般人的生活和思想極有意義，一傳入東亞文化圈就開始影響到一切文化現象，這點不容忽略。

本文所提出的看法只是「淨土」概念如何在中國和日本文學傳統裡以不同面貌來展現。六朝和唐代文人的創作中，有排斥佛教術語的傾向，所以明確提及「淨土」的作品較少。雖然如此，謝靈運和王維等偉大的作家

也有直接描述淨土的作品。而他們其他著作多少受到淨土思想的影響也不能否認。日本文學中，談到淨土等佛教術語比較普遍，但另一個問題就很突出，即淨土在日本文化中的語意轉變。我們研究佛教與東亞文學的時候，不應該認為「佛教」是固定的、外來的宗教系統。其實「淨土」是很靈活的概念，在六朝時代已經脫離了印度 *sukhāvatī* 的範圍，是中國人在道教和本地山水欣賞的基礎上重新想像出來的烏托邦。而在日本，淨土則變得越來越親密可近，甚至「明日」就能去的地點。

　　針對淨土在中國和日本文化中的不同發展路徑我們也可以從哲學史角度進行研究。在中國的儒家傳統中，人與大自然往往呈現出一種對立關係，如果淨土真實存在，它也只能是由聖人建立起來的政治倫理性烏托邦。道教的烏托邦雖然是個人能以升仙的方法實現，仍然帶有一些儒家色彩，因為升仙也是通過一種自我修養達到的。日本對淨土烏托邦的想像就很不同。日本宗教本來是泛神論，認為草木山水都各自有神。日本佛教受到日本傳統思想的薰染，佛教徒相信植物也可以成佛。無論植物還是人類，只要開悟就可以達到涅槃。圍繞我們的大自然跟我們同樣可以成佛，大自然本來就距離淨土非常之近。[39]日本文學傳統歷來特別重視四季的變化，推崇大自然的無常才是真正的美，均與這種思想有緊密的關係。[40]

　　研究「淨土」在亞洲的不同文化系統中的各種轉變，除了宗教學以外，還需要運用歷史、文學、藝術史等等不同學科的方法。當我們閱讀佛經或佛經的注疏時，由於這些論述多屬於理論的範疇，因而很難瞭解到在

39　見王小林：《日中比較思想序論：—「名」與「言」》（東京：汲古書院，2016年），頁113。

40　Haruo Shirane, *Japan and the Culture of the Four Seasons : Nature, Literature, and the Arts* (New York: Columbia University Press, 2012).

日常生活的具體意義。只有在閱讀詩人的作品之後，才得以發現淨土對古人多麼重要、多麼親近。同樣，研究文學的人也不能忽視文學作品背後的宗教因素。即使某一個作家沒有直接提到淨土或相關的術語，我們也能找到很多間接的證據說明淨土的想像給他的啟發。文學和淨土的關係也極其自然，至少在中國文化，因為文學本來不但是「經國之大業」，也是「不朽之盛事」。除了極樂淨土以外，只有文學能讓人「不朽」。

12

人權與烏托邦：悲
觀主義vs樂觀主義

關啟文

香港浸會大學宗教及哲學系教授

一、前言

　　摩爾（Thomas More）的《烏托邦》（*Utopia*）在五百年前出版，[1]但這個概念一直影響著人類的歷史。[2]有些人認為對摩爾，烏托邦只如這字的意義所言，是一個「不存在的地方」，並不一定代表甚麼理想國。事實上，書中的摩爾對烏托邦也提出一些批評。然而無論如何處理這個論爭，我們都知道一個辭語的意義是可以超越原創者的理解的（作者已死？），「烏托邦」一辭就是一個好例子——今天這已成為我們跨文化的辭語和概念，代表著人類對理想世界的追尋。事實上，我相信烏托邦的存在源自人性不能遏止對理想世界的渴求，這也是歷史進步的動力。然而一旦理想演變成烏托邦主義（utopianism），卻可能釀成歷史的悲劇，因為烏托邦主義者會為了實現烏托邦不顧一切，不惜摧毀所有現存體制，甚或挑戰所有道德底線。在摩爾的《烏托邦》裡，平等和大同就是當時人們嚮往的理想，然而當共產政權企圖以暴力實現這些理想時，卻在二十世紀釀成大災難。正如多爾殊（T. S. Dorsch）所言：「今天對我們而言，烏托邦生活的枯燥的千篇一律和嚴厲的限制，一定使我們感到抗拒，特別因為我們已熟知現代極權政府所顯現的許多特性，我們更加會如此。」[3]

　　因此，亦有反烏托邦主義（anti-utopianism）的興起，他們反對過於理想化、忽略現實和人性的限制的社會改造計劃（social engineering project），認為社會改良需要循序漸進，按步就班，且要接受一些妥協的

1　Thomas More, *Utopia* (Cambridge: Cambridge University Press, 1989).

2　參A. D. Cousins & Damian Grace, eds., *More's Utopia & the Utopian Inheritance* (Lanham, Maryland: University Press of America, 1995)

3　T. S. Dorsch, "A Detestable State,"in *Twentieth Century Interpretations of Utopia*, ed. William Nelson, (Englewood Cliffs, N.J.: Prentice-Hall, 1968), pp. 88-99 at 98.

方案。那些相信自己能看通歷史規律和終極方向的人，只反映他們的狂妄。不少人相信，二十世紀歷史給我們最大的教訓是，我們已經嘗試過共產主義，而它已失敗了！自由主義是與共產主義對立的陣營，也往往以烏托邦主義批評共產陣營，且為自己推動的民主和人權自豪。面對共產主義集團的崩潰，一些自由主義者（如福山）甚至宣告，民主和人權的來臨，就意味著歷史的終結（Fukuyama 1989）。[4]然而，弔詭的是，這種心態會否反映另一種烏托邦主義呢？我也是廣義的自由主義者，也堅決捍衛民主的理念和基本的人權，然而自由主義若演變成另類烏托邦主義，會否使自己忘記這些理想也有其限制，並掩蓋我們的盲點呢？人權無疑是抵擋極權的利器，但踏入廿一世紀，人權運動卻愈來愈有爭議性，且引起社會分化。有些人認為，其中一個原因就是人權運動也沾上烏托邦主義的色彩，且把過度的理想主義與強制手段結合起來。究竟「人權烏托邦」是否就是歷史的終結，還是新夢魘的開始？本文會探討這課題。

二、斯庫魯頓的反烏托邦主義與適度的悲觀主義

斯庫魯頓（Roger Scruton）是英國著名的知識分子和保守主義者（conservative），在他的近作《悲觀主義的用途和虛假希望的危險》中，[5]他對烏托邦主義和其背後的樂觀主義提出精闢的批評，很值得引介。他並非提倡一種全面的悲觀主義，不否認人類社會和歷史都有進步的

---

4   Francis Fukuyama, "The End of History?" *National Interest* 16 (Summer 1989): 3-18. 不同學者對福山的回應集於Arthur M. Melzer, Jerry Weinberger, & M. Richard Zinman, eds., *History & the Idea of Progress* (Ithaca & London: Cornell University Press, 1995)。

5   Roger Scruton, *The Uses of Pessimism and the Danger of False Hope* (Oxford: Oxford University Press, 2010)

空間，只是認為面對那些樂觀主義者，適度的悲觀主義（moderate pessimism）確是糾正種種弊端的良方。他詳細分析了樂觀主義的問題，歸納為七種謬誤，烏托邦謬誤（utopian fallacy）就是其中之一，另外六個是：最佳情況謬誤（best case fallacy）、生而平等謬誤（born free fallacy）、零和謬誤（zero sum fallacy）、計劃謬誤（planning fallacy）、移動精神謬誤（moving spirit fallacy）和累加謬誤（aggregation fallacy）。

斯庫魯頓這樣定義烏托邦：「烏托邦是關於未來狀況的遠景，在其中人類生活的衝突和問題都已完全解決，人們團結一致、和諧地一起生活，而且每樣事情都是按照單一的意願安排——這就是社會整體的意願。」[6]烏托邦希冀的是價值與存有無張力的統一，尋求一種終極方案，不是在這裡或那裡小修小補，而是一種徹底和一勞永逸地解決所有問題的方案。按照不同的診斷，也有不同的烏托邦。假若認為衝突的根源是權力，那烏托邦裡沒有一個人能對另一個人行使權力。假若認為衝突的根源是不平等或私有產權，那烏托邦就是徹底平等或廢除私有產權的社會。而納粹黨的烏托邦則是一個種族純淨的世界。斯庫魯頓一針見血指出烏托邦主義的問題在於「合理化暴力」——為了一勞永逸地解決問題，我們需要以暴力去「把財產充公、去強制實現平等和去剷除那些阻擋烏托邦來臨的陰謀分子和異類。」[7]納粹黨和共產黨的例證眾人皆知，不贅了。

斯庫魯頓亦指出烏托邦謬誤的特徵是「拒絕否證」，以法國左翼知識分子沙特為例，他認為為了達成革命，一切暴力都可合理化，甚或極權主義的國家也是必須的。縱使他知曉了蘇聯的集中營對人民的殘害，他仍然「義無反顧」地站在蘇聯一方。為何如此呢？一個理由就是因為烏托邦本

---

6   Scruton, p. 65.

7   Scruton, p. 66.

來就是不可實現的，所以任何現實發生的悲劇都可視為與烏托邦的理想無關，而可歸咎於現實與烏托邦的距離。烏托邦主義者永遠可這樣說：現實的失敗與偏差，只意味著他們要更加努力。斯庫魯頓亦有提到六十年代西方的毛澤東主義者，他們歌頌中國的文化大革命，卻忘記他們「所享有的自由、教育和繁榮，是在毛澤東治下的中國是不能想像的。……毛澤東使數以千萬的人民成為受害者，他宣稱去代表農民，卻為他們帶來難以訴述說的痛苦。這些事實他們都懵然不知。」[8]

然而，「所有企圖達成目標的永恆統一或條件的絕對平等的嘗試，都與陌生人和平共處所需的自由是不相容的。」[9]這裡點出了平等與自由的張力，也與累加謬誤相關。斯庫魯頓指出自由、平等與博愛單獨來看都是值得追尋的，但法國大革命把三者結合起來，儼然一個理想累加於另一個理想，就必然得出更美好的理想，但問題是：假如兩者之間有衝突呢？假如是這樣，把理想累加起來只會產生不能疏解的矛盾和麻煩。就以法國大革命為例，對自由、平等與博愛的追尋，演變成「自由的專政」（the despotism of freedom），以及以斷頭台為標誌的恐怖統治，據法國歷史學家斯迪洛特（Rene Sedillot）估計，人命傷亡高達二百萬。[10]其實這張力在摩爾的書中已有彰顯，他筆下的烏托邦是秩序井然與重視平等的社會，然而自由卻欠奉了。例如那些未經準許擅自離開自己區域的人會當作逃犯被抓回來，且「會被嚴厲處罰。若他有膽量再次逃跑，他就會成為奴隸。」[11]對當代社會而言，這種做法可是侵害了一種基本人權——出入境

---

8   Scruton, p. 56.

9   Scruton, p. 69.

10   Scruton, p. 43. 華人學者對法國大革命的弊端探討不多，其中一個例外是朱學勤：《道德理想國的覆滅》（上海：三聯，1994年）。

11   More, *Utopia*, p. 60.

自由！

　　斯庫魯頓論到的「生而平等謬誤」與人權的課題息息相關，盧梭（Rousseau）的一句名言是：「人生而平等，卻到處都被鎖鏈綑綁。」這意味著人類的先天、自然狀態是自由，而導致綑鎖的卻是社會的建制、架權和層級。盧梭把基督教的原罪論由個人層面搬移到社會的層面，他的理論是「個體“性善論”與類體“性惡論”的綜合。」[12]所以，若要恢復我們生而擁有的自由，就要改革、甚或剷除一切建制、架權和層級。簡而言之，自由和社會秩序變得勢成水火，二者不能並存。反映這種思想的包括精神分析家蘭格（R. D. Laing），他認為精神病根本不存在，因為精神病院只是一種權力的控制。精神病人其實是在執著他們自由的真我，社會卻在壓制他們，剝奪他們原初的自由。他甚至說：「家庭、學校和教會是我們孩子的屠宰場」！[13]斯庫魯頓認為這只帶來很多病人、家庭和社會的痛苦。

　　問題的關鍵在於：自由真的生下來就擁有嗎？社會就只是自由的否定？斯庫魯頓認為兩者都是神話，「建制、法律、限制和道德紀律都是自由的一部分，而不是自由的敵人；把自由從這些事物中解放出來，只會迅速令自由消失。」[14]沒有法律和外在限制的「自然狀態」真的是自由嗎？不是的，因為我們永遠要面對其他人的威嚇——他們的渴求和欲望都可能與我們衝突，在資源稀有的情況下，大家會成為競爭者甚或敵人。在沒有制度調節的情況下，我們只餘下赤裸裸的武力鬥爭。再者，「真正的自由不單牽涉作你想作的事，還包括珍惜你得到的事物的價值。這牽涉計

12　朱學勤：《道德理想國的覆滅》，頁67。

13　引自Scruton, *The Uses of Pessimism*, p. 59.

14　Scruton, p. 44.

劃、意圖、為你的行動提供理由，和達成你開始時所意圖的。……這些特徵都倚賴人際關係——我們的行動和情感都包含在這處境中。脫離了一個使用語言的社群所提供的規則和習俗的處境，我們的行動和情感都不可能。」[15]

事實上自由並非生而擁有，反而是「教育過程的結果，是我們需要透過紀律和犧牲努力去獲得的東西。」[16]這也意味著把自由與社會制度對立起來，是巨大的錯誤。法國大革命的例子正說明，若過分急促摧毀那時存在的社會體制，到後來只餘下砍頭的方法去維持秩序——這不是解放而是自由的喪失。「若解放運動成功地摧毀國家，接著而來的是無政府狀態，然後是專政，再導向極權恐怖統治。」[17]

總結而言，烏托邦主義反映對人性和歷史的樂觀主義，在理論和實踐上都有不少弊病，所以我們要覺察烏托邦主義的限制。這不足以支持我們採納一種絕對的悲觀主義或反烏托邦主義——對所有理想都持犬儒和否定的態度，但斯庫魯頓的適度悲觀主義確有可取之處。烏托邦主義也有很多版本，我認為「人權」的理念也可演化為一種烏托邦主義，以下我就以適度悲觀主義的精神去檢視人權烏托邦的問題。

三、當代人權運動的烏托邦？

人權的問題異常複雜，但對現代社會又非常重要。不少人對「人權」的論述又愛又恨。面對極權政府侵害公民人權的暴行時，我們會祭起

15　Scruton, p. 46.

16　Scruton, p. 54.

17　Scruton, p. 55.

人權的大旗，提出譴責，然而當我們看到一些極端自由主義者和泛人權論者以人權的名義把「傷風敗德」之事（從傳統社會道德看）美化和合理化，心中也不禁疑惑。自從大學時期，我一直都是支持人權的，且「堅決譴責任何以『亞洲價值』作侵犯人權的借口或擋箭牌的姿態」。[18]然而由西方到亞洲社會關於仇恨罪行（hate crime）、仇恨言辭（hate speech）和同性戀社運[同運] 與及LGBT的激辯，卻令我有不少反思。

今天我仍持守人權理念，反對專制或威權政府對平民百姓的壓制，然而最近十年我不斷反思世界性人權運動的趨勢、西方社會和本地社會的發展，及世俗自由主義的霸權，漸漸發覺人權理念的極端化也會帶來危機，如人權訴求的氾濫。我更憂慮，一些激進的政治運動（如性解放運動）一旦騎劫了人權運動，就會以勢如破竹之勢改造社會，一般市民不單無力扭轉乾坤，更可能被極端人權思想洗腦而不自知。一切的關鍵似乎在於，人權理念儼然成為二十和廿一世紀的烏托邦，人權活躍分子為了達成這烏托邦，甚麼都在所不惜。要防止人權運動演化成破壞性的烏托邦政治，還是需要慎思明辨，一方面肯定基本人權的重要性，另一方面也要理解人權語言的限制，和批判性地反思人權的內涵，和當今人權運動的去向，並建立全面的人權觀。下面初步提出一些問題，由於所牽涉的道德和社會議題眾多，我有討論過程中難免有一些簡化和假設——這些都需要進一步詳細論證。[19]然而我相信我的綜合討論最少能指向「人權烏托邦」富爭議之處，那麼證立的責任不單在批評者，也在提倡人權烏托邦者身上。

18　關啟文：〈人權：神學的反思與教會的承擔〉，《思》第58期（1998年11月），頁14-19。

19　感謝一位評審員指出這點。

（一）「人權」的無限擴張

現在所有人無論爭取甚麼都愛說這是他們的人權，而不理會這種所謂人權在法律、國際公約和道德原理上有沒有基礎。本來人權是指一些人生而有之、極度重要的東西，但今天人權的語言無限擴張，人權的範圍無所不包，反而令基本人權的重要性模糊，令人權的概念更難獲共識，令人權的界定成為社會各利益團體的戰場。[20]

人權可說是現代政治的皇牌，有如倚天劍、屠龍刀，「人權一出，誰與爭鋒」，但正正因此每個人都喜歡說自己的訴求是人權。而且好像甚麼人說甚麼是人權都可以，可見的將來也有人說賣翻版光碟、藏毒、吸食大麻、駕車時用手提電話交談、駕車時不披戴安全帶都是人權，少年人會說不上學、不交功課也是人權。為甚麼不是？有甚麼標準去釐定？若全無標準，人權也沒有固定意義。前幾年在蘇格蘭，就有一位十五歲的女生控告地方教育局，認為學校要求她在午飯時留堂是侵犯她的人權，違反了歐洲人權公約，要學生留堂不是絕對不可以，但要先申請法庭手令！[21]學生不喜歡留堂可以理解，學校的紀律方法是否合宜也可以討論，但說這是侵犯人權會否有點誇張呢？

（二）如何區分冒牌人權和真實人權？

今天大陸社會的一個嚴重問題，就是甚麼都有足以亂真的冒牌貨，使市民的信心大失。我們要處理這問題，正是希望能保障真貨的價值。同樣，在人權的領域，當大量冒牌人權在社會流通，市民對「人權」的信心也會大失，而貨真價實的人權也會貶值。自由主義學者寇特茲（Steven

---

20　參江宜樺：〈現代社會中的個人權利〉，《當代》第129期（1998年5月），頁38-47。

21　Roger Ruston, *Human Rights and the Image of God* (London: SCM Press, 2004), p. 6.

Kautz）也承認所謂人權往往只是經過掩飾的關於利益的爭吵，「權利的要求以前所未有的速度蔓延，這標誌著我們愈來愈沒有能力分辨真正的權利與冒牌的權利。」[22]人權學者威爾曼（Carl Wellman）寫了一本書叫《真實的人權》（*Real Right*），裡面指出要區分真實的人權與冒牌的人權殊非容易。他指出現在的法哲學未能提供合理的人權理論，讓我們清楚確立那種是人權，那種不是。他認為人權的膨脹和相互衝突值得關注，而人權語言的絕對性也會產生流弊，所以我們對每種人權的宣告都要以批判的理性去檢視，不是每種貼著「人權」品牌的東西都是貨真價實的。[23]要這樣做，不是因為忽略人權，而是要保護真實的人權。

（三）人權語言激化社會矛盾

人權的訴求氾濫，久而久之，市民都會明白原來人權的語言只是赤裸裸的利益的包裝而已，大家都不會再尊重人權的概念，及鼓勵一個只講權利、不講責任的社會。濫用人權語言也會使爭論更激烈、更難解決和更感情用事。政治這妥協的藝術也難以實現。如布朗寧（Don Browning）就指出，今天的人權的功能就像「一張沒有制衡的願望清單，裡面的各種權利似乎愈來愈自相衝突，並在世界各國中散播不信任和不尊重的種子，它們且在世界各地被不同的利益集團利用來作操縱[別人] 的工具，以達成他們自己的特殊政治和法律目的。」[24]

如今很多前衛人士把所有他們爭取的東西叫做人權，而所有與他們意見不合的人都被扣上「反人權」的帽子。這不單對參與辯論的人不公

---

22 Steven Kautz, *Liberalism & Community* (Ithaca: Cornell University Press, 1995), p. 25.

23 Carl Wellman, *Real Rights* (Oxford: Oxford University Press, 1995), p. 244.

24 Don S. Browning, "The United Nations Convention on the Rights of the Child: Should it be Ratified & Why?" *Emory International Law Review* 20 (2006): 172-73.

平，也容易製造對立的局面，使平心靜氣的討論很困難。

（四）「人權」愈先進，道德愈敗壞？

現在我們看到的趨勢是，一些極大爭議性的道德概念本來是備受質疑的，但現在藉著對人權的任意詮釋，反客為主，甚至以人權的名義提倡，反對者就變成反人權的反動分子！一些人認為，所有性愛生活方式（sexual lifestyle）或性喜好（sexual preference）都是必須受法律保障的「人權」——或作「性權」，如多元性愛（一夜情、濫交、3p、多p）、性虐——被虐狂和亂倫等。例如中央大學教授甯應斌（卡維波）否定變態與常態的分野，認為所有「性少數」都應平反，他們包括：「同性戀、雙性戀、第三者、濫交者、賣淫者或其他性工作者、豪放女、群交者、易裝戀、變性戀、家人戀、跨代戀、物戀、動物戀、排泄戀、屍戀、SM、綑綁戀、窺視或觀淫戀、露陰或展示戀、追求情慾滿足的老人和青少年、愛滋病患、私生子……等等。（口交者、肛交者、裸體模特兒、受性侵害者、殘障戀、婚前性行為、不倫的性幻想等，在保守的性文化中可能是性少數）」。[25] 甯應斌的「家人戀」就是亂倫，「跨代戀」是戀童，「動物戀」是獸交，而「屍戀」則是姦屍。這是性解放的觀點，往往與人權的理念和運動掛鉤，但人權理念真的可和性解放意識形態等同嗎？

若各種各樣的性愛生活是人權，那為甚麼吸毒的生活方式又不是人權呢？2005年加拿大的卑斯省選舉，就有一個「大麻黨」參選，他們就認為吸食大麻是人權，不應受法律規管，別人也不應歧視。2005年12月，加拿大的最高法院又裁定去經營「換妻俱樂部」是人權，反而是規管這種生意

25　卡維波：〈一場性革命正在發生〉，收入何春蕤編：《呼喚臺灣新女性——《豪爽女人》誰不爽？》（臺北：元尊文化出版公司，1997年），頁354。

的法例違憲！[26]難道我們就應毫不猶豫地跟從這些發展？「先進」的人權思想就真的是不容否定的金科玉律嗎？抑或我們應承認人權的範圍是有限制的，更不應騎劫「人權」的語言去顛覆道德標準和良好社會風氣？[27]這些都是不能迴避的問題。

（五）混淆了「人格尊嚴的平等」與「生活方式的平等」

我認為以上發展是因為忘記了一個關鍵，就是普遍人權建基於*人性的尊嚴*，而不是*某種行為*，所以普遍人權不代表要對所有行為一視同仁。例如煙民與非煙民都有平等的人格尊嚴，在現實生活裡他們都同樣有言論自由、結社自由、領取綜援等權利，然而因為吸煙的行為對自己和別人的健康都有風險，所以是社會不鼓勵的行為，因此，煙民比非煙民在各方面受更多的限制，這是合理的，也不意味著社會或法例否定了煙民的平等尊嚴。

同樣道理，前衛性愛方活方式者與其他人都有平等的人格尊嚴，有同樣的基本人權，然而前衛性愛生活方式與一般生活方式本就有差異，在價值上有很多爭議，所以社會人士對這種行為有不同的看法和評價，是非常自然的，我們也不能假定前衛就一定對。贊成和反對前衛性愛方活方式的

26　一評審員提到：「性愛與毒品」等問題，說：作者「似乎也應該檢視支持與反對者各自的立場與引用的論述」。若我是在寫倫理學的論文，這要求是對的。然而，我文中的主旨正是：自由性愛與毒品的使用最少是有爭議的課題，但一些人把這些通通視作人權，卻沒有「檢視支持與反對者各自的立場與引用的論述」，我正正是批評這種使用「人權」的做法。

27　一評審員批評我「欠缺思想辯證的道德預設隨處可見」，一方面我上面承認了這論文的限制，但這批評也有點誤解。例如以上部分的標題以問號結尾，而結語也不是絕對肯定一些傳統價值觀是絕對正確，只是反問為何要把性解放與人權掛鉤，要求提倡者承擔證明的責任。筆者當然知道這牽涉複雜的價值辯論，也在其他地方作出詳細的「思想辯證」，可參我的臉書專頁（關啟文facebook專頁：http://www.facebook.com/challengepoliticallycorrect），和網誌（「關懷・啟示・文化」：http://kwankaiman.blogspot.hk）。

雙方都有權持守自己的意見，這也是良心自由的人權。強求不認同者改變看法，不單不是人權，更似乎是不尊重別人的良心自由。所以，以「平權」的理念去合理化前衛性愛方活方式，其實是混淆了「人格尊嚴的平等」與「生活方式的平等」。把「人權」視作唯一有效的理念，而把其他道德與價值理念棄之如敝履，正正反映一種烏托邦主義。

（六）過分重視人權會架空了民主原則

　　一個看法認為人權應成為民主社會的憲法，國家的最高法院可根據人權憲法審核（甚或廢掉）被立法機關通過的法例，但英國University of Reading的政治系教授貝拉美（Richard Bellamy）就認為這種機制會削弱民主政治。一旦甚麼都取決於法院的裁決，民主程序就會被無止境的訴訟所取代。權利的衝突便很易演變成你死我活的鬥爭，也使民主制度中尋求妥協的優點不能發揮。而且制定人權憲法這種做法太僵化和欠靈活性，相反，民主程序則能保障不同市民的自主權，給他們空間去解決人權之間的種種衝突。這也可說是斯庫魯頓的累加謬誤，人權未必這麼容易與民主累積而成更大的美善，因為人權與民主也可能有衝突。

　　從很多例證看到，寥寥數個法官就可透過人權憲法的制度，推行世俗主義和性解放的價值觀。近年美國科羅拉多州曾以州際全民投票的方式，通過了州憲法的修正案，不准許地區政府透過性傾向歧視法例，賦與同性戀者受特殊保護的地位。但1996年12月，美國聯邦最高法院判這決定是違憲的，不少人質疑法院是否以中立的名義，強加自由主義的標準於市民，並剝奪了他們民主自決的權利。2003年5月加拿大安大略省最高法院和2016年6月美國聯邦最高法院有關同性婚姻的裁決，顯示只是幾位法官的決定，就令整體社會的制度和人民的生活改變，這種程序真的符合民主精神嗎？特別在2015年，美國五位聯邦最高法院法官裁決美國憲法要求所

有州接受同性婚姻為基本人權，但之前已有五千萬美國公民在各州公投投票支持一夫一妻制，而且法官的判決被質疑難以在美國憲法找到基礎。[28] 五個非民選的法官就可凌駕五千萬美國公民在公投所投的票，這真的是公平嗎？真的是民主嗎？

（七）如何培育自由社會的公民？

人權是自由社會的基石，然而要維持任何社會的秩序和進步，我們還需要有責任感和獻身精神的公民，而這視乎市民對社會整體的認同感，而認同感的建立又往往需要共同的價值觀。人權的文化不足以培育公民的責任感、獻身精神、認同感和共同價值觀。若只是任由市民自由地選擇自己的價值觀，又如何確保他們會自動選擇一個勇於負責和樂於奉獻的人生呢？如哥斯頓（William Galston）觀察，很多美國人熱衷權利，卻不肯履行義務，如「堅持有使用陪審團作審訊的權利，但卻不願意作陪審員。」每個人都希望政府提供更多福利，但沒有幾個願交多些稅。李強也同意「這種批評確實擊中了自由主義的要害。客觀而言，假定組成一個社會的人們是一群……毫無道德感、責任感、只追求個人權利、罔顧社會利益的人們，那麼，一個保障個人自由又有穩定秩序的社會便難以形成。自由主義在西方近代之所以能夠大行其道，與西方深厚的文化與道德傳統、尤其是基督教傳統有相當關係。」[29]

（八）如何預防和阻止文化的庸俗化和道德的敗壞？

我們要正視人性易於陷溺的事實，若國家對道德理想中立，凡事只講

---

28 對這判決的批評，參Ryan T. Anderson, *Truth Overruled: The Future of Marriage & Religious Freedom* (Washington, D.C.: Regnery Publishing, 2015)。

29 李強：《自由主義》（北京：中國社會科學出版社，1998年），頁258。

個人權利，那實在沒理由預期大多數人會*選擇*利他的生活方式。在自由社會中，庸俗的往往會驅走高雅的，無價值的會取代有價值的。只要看看香港流行的報紙和雜誌便可明白，最暢銷的是「八卦」和色情雜誌，而時事雜誌（如《百姓》和《九十年代》）及文學雜誌根本沒生存空間。電視也一樣，煽情和千篇一律的劇集永遠比香港電台的教育性節目受歡迎。

雖然人性有陷溺傾向，但假若文化中有一種對崇高價值的嚮往和共識，這或多或少可制衡這種傾向，但在人權當道的社會，不單道德價值相對化、私人化，你若強調崇高價值，別人會質問你：「你是誰，竟有膽量認為自己的價值觀比別人崇高？」甚或直斥你是用道德去壓制別人。在這種情況下，還有甚麼可制衡人性的陷溺呢？這樣，文化的墮落便自然不過了。

（九）如何建設有凝聚力和美善的社群？

從理念上看，人權與責任不是對立的，但事實上尊重人權的社會常有濫用人權的問題。把人權推到極端，只會產生種種問題：社會的解體（家庭被削弱、社鄰的混亂、志願團體的衰落、市民倚賴性強、對法律不尊重等）；和政治的功能失調（市民感到無能、與政府疏離和被操控等）。

（十）以人權之名壓制人權

在加拿大，人權委員會近年產生了不少爭議，他們做很多審查的工作，一些批評少數族裔、回教和同性戀者的言論被視作仇恨言論被封殺，當事人且被懲罰。在美國，不給同性伴侶弄結婚蛋糕的店主被罰一百萬港元，且被禁止談論此事。我們不禁問：一般市民的言論自由、宗教自由和良心自由，不都是所有人權公約都承認的普世人權呢？在紐約，市長

宣佈「跨性別人士」（縱使完全沒進行變性手術），也可隨意選擇進入自己心理性別認同的洗手間，因為這是他們的基本人權。然而，其他人的隱私權和安全權（特別是女士和女童），又是不是人權呢？

我們看到，當代人權運動與早期人權運動是有差別的，後者主要是針對政府作出限制，所以人權的應用範圍是有限制的。然而當代人權運動卻是以法律維護少數人人權之名去限制或剝奪其他人的人權，甚或加以刑罰。這種轉向把人權當作全面改造社會和文化的工具，也是很多爭議的源頭。

四、人權觀的反思

人權觀與人觀和社會觀息息相關，我認為要重視一種雙重人觀：人既是有尊嚴的個體；同時也擁有脆弱、甚或有缺陷的人性，這也是一種適度的悲觀主義吧！再者，人是關係的存在（relational being），可參東正教神學家薛斯奧拉斯（Zizioulas）的說法：「存在就是相交」（being as communion）和哲學家麥梅利（John Macmurray）所強調的「在關係中的位格」（persons-in-relations）。這與個人主義與集體主義都不同，個人主義把群體純粹理解為多個完整的個體偶然性的組合，而集體主義則把個體消解為整體的零件。一個較平衡的觀點是：個體與群體既不可分，但誰都不可以吞噬誰，我們要同時保障個人權利和社群的不可還原的價值。最後，社會是多元性的，包含不同種類或層面的體制和秩序：國家（state）只是其中之一，其他還有公民社會的家庭、工作、學校、教會等。它們的使命都不盡相同，不能都還原為單一的模式。其中一個表達這理念的方法就是天主教的輔助原則（principle of subsidiarity）——我們要盡量發揮每個層次的功能，不能凡事依賴國家。

按照以上理念，我對人權的改造和轉化有以下反思，因這題目相當困難，我的意見難免粗疏，實在需要各方高明指正。

（一）正視人權理念的限制──人權的非意識型態化

一些人傾向把人權偶像化和意識型態化，這有幾方面的表現：

1. 人權的神聖化：「神聖」者不可侵犯也，所以某些人權的捍衛者認為他們的理念是不可批評的，他們會對批評有情緒化的反應，也會對批評者有負面的評價（如懷疑他們的人格和動機）

2. 人權的絕對化：有傾向把所有他們認可的人權都視為至高無上的價值，是完全普遍，沒有例外的，應用時也不用考慮處境。

3. 人權的整全化：將人權理論理解為羅爾斯（John Rawls）提到的整全性教義（comprehensive doctrine），宗教就是典型的整全性教義，對人生宇宙有一整套解說，也提出個人和社會應遵循的規範和目標。換言之，人權的整全化也是把人權變成世俗宗教。人權就是指導社會所有發展的方向，與人權相違的當然不可接受，而人權沒有提及的則沒有重要地位。

4. 人權的自足性：認為使用人權的觀念指導社會政策已完全自足，並不需要道德和共善（common good）等考慮。[30]

「人權」的論述也是人類在歷史過程中的產物，與人類一樣也難免是有限的，所以我們需要提防把人權無限化的傾向。人性既是脆弱的，我們也預期「人權」會被濫用或利用，所以我們不能把所有對所謂人權的批評

30　有關公共道德的重要性，請參Harry M. Clor, *Public Morality & Liberal Society: Essays on Decency, Law & Pornography* (Notre Dame & London: University of Notre Dame Press, 1996)。

（理論上和實踐上），都抹煞為私心的表現。當然，我們不是說反「人權」的人都對，只是說：無論是撐「人權」或反「人權」的人，都可能被私心蒙蔽。從社會的多元性出發，我們有理由先假設人權有其獨特的功能，並不能涵蓋一切。總結而言，我們並不接受以上四種形式的人權偶像化。然而這裡要澄清，這並不表示我贊成另一個極端：把所有人權都相對化或全盤否定人權的價值和功能。正視人權的限制，也可以同時肯定某些基本人權在某些領域的價值，特別是基於人格（person）有崇高和客觀的價值，甚至可說是神聖不可侵犯的。若人權能表達和保護這種價值，則也應肯定。這裡的關鍵是，不能把我們對人權的詮釋就絕對等同人權本身。

其實不少人權學者都對人權的整全化有保留，例如納高爾（James Nickel）就指出現存的人權共識沒有詳細交待背後的整全性哲學，所以人權的焦點應放於一個「起碼像樣的生活」（Minimally Good Lives），而不是去建設一個偉大的社會和美好的人生。他認為「把人權理解為最低限的國際標準有兩個好處。第一，由於我們把人權的角色限制於『提供一組共同的最低要求』，它有助繞過很多文化相對性的問題。第二，這種人權觀使一些較窮的國家更有可能有足夠資源[實現人權]。」[31]他接著指出這種人權觀與《世界人權宣言》的內容也是吻合的。

這意味著用人權理念去進行龐大的社會工程是有問題的，他不是說不能進一步批評已符合起碼人權標準的社會，但批評的標準不必用「普世人權」的語言：「假設一個安定繁榮的政府一般而言符合人權標準，這不就代表它就可免於道德和政治的批評。我們可以陳構和維護一些更嚴格的標

31　James Nickel, *Making Sense of Human Rights: Philosophical Reflections on the Universal Declaration of Human Rights* (Berkeley: University of California Press, 1987), p. 51.

準，然後用這些標準批評那些政府。然而我認為，我們有好的理由不用普遍人權的語言去陳構這些標準。」[32]

（二）對核心人權的肯定

我重申：「人權的確立需要一些普遍的標準及一個能賦予人類尊嚴的世界觀。……雖然「人權」思想易被濫用，但我們不須因此便放棄使用這種語言。」總結而言，我們可肯定人有尊嚴和人的平等，而這可支持核心人權的存在（這大概可理解為以常識和在當時處境中理解的《世界人權宣言》的內容）。而且個人與社群實不可分，所以第一、第二代人權也不宜分開和對立了。我的結論是：「應肯定人權的普遍性，也應支援人權運動。」然而要小心和合理地理解人權的內容與範圍，我所提倡的是一種最低度普遍主義（minimal universalism），應把人權的範圍限制在一些與基本人性尊嚴和有廣泛共識的項目內。當然，人權以外還有許多美好事物可以追尋，但不用把這些事物都稱為人權。

（三）當代人權觀的死穴——個人主義人觀

如何詮釋當代人權運動的危機呢？關鍵在於人觀。我們當維護個體的崇高價值，但不必贊成個人主義（individualism），為了區別兩者，我們可區分個體（individual）與位格（person）。[33]個體從抽離於群體的角度看人，但這種角度並非事物的全相，因為人的本質同時包含個體性與群體性，這種角度看的人可稱為位格，而由這些位格組或的社會可稱為位格化群體（personalistic community）——這種群體既尊重人的個體性，亦強調

32　Nickel, p. 52.

33　參Jacques Maritain, *The Rights of Man and Natural Law* (London: Geoffrey Books, 1944)。

人要在群體中找到自己的位格實現，同時肯定人有超越的精神性。所以一個原子式個體所湊合而成的社會，或壓抑個體的集體主義社會，都並非位格化群體。一個理想的位格化群體既要保證個體的自由、權利和福祉，亦要實現共同（體）的善（common good）。

　　或許在早期人權語言的孕育階段，就算倡導人權者使用個體化的語言，但事實上他們大多假設了人的社群性和超越性，因為這些東西在當時的基督教文化中是沒有異議的。然而隨著西方社會和人權語言的世俗化，人權語言漸漸與自由主義的個人主義掛鉤或結盟，一切都要從抽象的個體出發，共同（體）的善就被拋諸腦後了。「我們所能假設的就是所有個體都有一組欲望，他們為了能實現自己欲望，並且不受他人暴力傷害和不受政權任意干擾，所以就與其他個體組成一個政治群體，這樣做是合理的。……雖然在現代開始時自由主義先驅中殘餘的基督教信仰把這情況掩蓋了，但他們已製造了一個『計時炸彈』，因為他們已啟動了一個進程，最終會產生的就是那有無限主權的個體，他們並不受與自然的聯繫或自然道德律所規限。」[34]

（四）當代自由社群主義（Liberal Communitarianism）

　　甚麼是社群主義呢？俞可平這樣對比自由主義與社群主義：「社群主義無論在方法論上還是在規範理論上都與自由主義形成了明顯的對照。從方法論上說，自由主義的出發點是個人，而社群主義的出發點則是社群；從價值觀方面看，自由主義強調個人的權利，而利群主義則強調公共

34　Ruston, *Human Rights and the Image of God*, p. 9.

的利益。」[35]自由主義傾向將個體的權利當作基石，而在歷史上這是因為它傾向一種抽象、普遍的自我觀，如把自我看成可自由選擇其目的（包括是否去認同某社群）的理性主體。既然自我是優先於其目的，那權利也優先於善。而社群主義則不單否定這種先驗的自我人格，更認為這種人觀是很多問題的根源。[36]如貝爾（Daniel Bell）便相信自由主義的最深問題就是它「對自主主體的啟蒙理想繼續奉若神明，這主體成功地擺脫歷史的直接糾纏，及因這些糾纏而來的價值。」[37]社群主義認為要以社群的歷史傳統，說明自我人格的生成。個人所屬的社群，在一定程度上構成個人的自我身分和認同。[38]

社群主義並不反對人權，根據貝拉（Bellah），社群主義的基本價值觀有四個：1）個體的神聖價值（但強調並不是存在於真空之中）；2）共同體（solidarity）的中心價值；3）*多種*居間團體的重要性；4）公民的參與是權利也是義務；社會問題應盡可能用較小規模的社群去解決。所以社群主義不否定個體的權利，但它認為要「以社群的共同實踐和交往活動，說明個人權利的產生和基礎。」[39]社群主義者認為自由主義通常只注目個體所實現的善，其實是忽略了我們道德經驗的豐富性。這些經驗告訴

35　俞可平：〈從權利政治學到公益──新自由主義之後的社群主義〉，收入劉軍寧等編，《自由與社群》，頁66。參Michael J. Sandel, "Morality and the Liberal Ideal," *The New Republic*, 7 May 1984, p. 16.

36　社群主義者對自由主義的批評，可參Michael J. Sandel, *Liberalism & the Limits of Justice*, 2nd edn. (Cambridge: Cambridge University Press, 1998); Michael J. Sandel, *Democracy's Discontent: America in Search of a Public Philosophy* (Cambridge, Masachusetts: The Belknap Press of Harvard University Press, 1996).

37　Daniel Bell, *Commuitarianism and its Critics* (Oxford: Oxford University Press, 1993), p. 29.

38　保守主義者亦對自由主義提出精闢的批評，參約翰‧凱克斯：《為保守主義辯護》（南京：江蘇人民，2003年）。

39　R. N. Bellah：〈宗教與美利堅共和國的正當性〉，《道風──漢語神學學刊》，復刊號第七期（1997年秋），頁9-34。

我們社群本身就是一種善，對社群主義者來說，「現代的自由社會像是一個『失舵的集合體』，由於過份渲染了個人的自由和權利，導致人們只顧自己的私利，喪失了對所屬社群的承諾。」[40]它也特別強調多*種*居間團體的重要性，如家庭、社鄰、教會等。

因此，社群主義並不是否定廣義理解的自由主義，如著名社群主義者泰勒（Charles Taylor）所言，他所提倡的只是另類的自由主義，所謂自由主義與社群主義的爭辯，其實只是一群相信國家應對不同美善人生的概念保持中立的自由主義者，與另一群相信民主社會需要共同價值的自由主義者，之間的爭論。[41]近年他更清楚表明自己的立場：「今天沒有任何頭腦健全的人會否認[普遍權利]是任何自由社會的一個重要向度」，「我所提倡的是一種更複雜和多重元素的自由主義」。[42]

因此，這裡提倡的社群主義與傳統的集體主義（collectivism）有所不同，基本已吸收了當代民主社會和廣義自由主義的基本價值，所以可稱為*自由社群主義*。新社群主義者的綱領也說明他們不是否定人權，只是認為若忽略了社群主義的角度，人權本身也難以長期地維持。個體的確有尊嚴，但也有一種社群向度。人權語言在倫理學上是不完整的，而且有時會產生誤導：有些人認為當他們有權利做X時（they have the right to do X），即代表他們做X是正確的（it is right to do X），但這樣推論是錯謬

40　顧忠華，〈民主社會中的個人與社群〉，載劉軍寧等編，《自由與社群》，頁99。

41　Charles Taylor, "Cross-Purposes: The Liberal-Communitarian Debate," in Nancy L Rosenblum, ed., *Liberalism and the Moral Life* (Cambridge, Massachusetts: Harvard University Press, 1989), p. 165.

42　Charles Taylor, "Living with Difference," in Anita L. Allen and Milton C. Regan, eds., *Debating Democracy's Discontent: Essays on American Politics, Law, and Public Philosophy* (Oxford: Oxford University Press, 1998), pp. 213, 215.

的。我們需要一種更豐富的倫理詞彙，如責任、共善等。[43]

　　貝拉的第四點是源自天主教的社會思想的輔助性原則（Principle of Subsidiarity），它強調積極的政治參與就是維護自由、防止專制集權的最根本方法。[44]因此，市民應發揮主動性，過重的倚賴性不是良好的民主社會的特徵。所以社會問題也應盡可能用較小規模的社群去解決，這例如有些貧窮問題是家庭和志願團體就可以解決的，那就不應要求政府出手。換言之，社會好像有一個層級，最低的是個體，中間有公民社會的團體，最高是國家。自由主義往往忽略中間的層級，把所有問題還原為個體與國家的關係，古典的自由主義較重視自由，所以積極提倡防止個體自由受國家侵害的人權，而現代自由主義則較重平等，所以大力提倡國家直接干預貧窮、不公平和歧視等問題，認為這樣才是人權的精髓。但兩者思考問題的方式還是一致的，然而輔助性原則提出另一種角度，指出個體與國家之間還有一個重要的領域。

（五）自由社群主義與國際人權標準

　　事實上我認為社群主義的觀念更符合奠基性的國際人權文件的精神，這種說法可能叫不少人驚奇，但這只是因為有一些人權條文備受忽略而已。事實上《世界人權宣言》提倡的是一種平衡的人權觀，而不是純粹偏向個體的人權觀。如29條說，當我們考慮任何權利訴求時，要同時考慮我們對社群的責任，只有在社群裡，人格才可以自由及完整地發展——這點基本上與個人主義矛盾，而與社群主義不謀而合。此外，任何權利的行

43　"The Responsive Communitarian Platform: Rights & Responsibilities," in Amitai Etzioni, ed., *The Essential Communitarian Reader* (Lanham, MD: Rowman & Littlefield, 1998), pp. xxv-xxxix.

44　人權的起源與宗教的關係，請參John Witte, *The Reformation of Rights: Law, Religion, & Human Rights in Early Modern Calvinism* (Cambridge: Cambridge University Press, 2007)。

使，都要與其他人（或其他種類）的自由和人權平衡，要與合理的道德要求平衡，及與公眾秩序和社會的整體利益平衡。[45]因此，無論評價任何權利的訴求，我們都要思考那種所謂權利應如何與道德的要求、他人的權利和社會的整體利益達致平衡，這才是整全的人權觀。

此外，《世界人權宣言》還論到家庭的權利——這意味著不單是個體，一個群體也有人權。維護家庭與重視人權往往被對立起來，但這是錯誤的。《世界人權宣言》第16條毫不含糊地宣告：「家庭是天然的和基本的社會單元，並應受到社會和國家的保護。」這不單肯定家庭的首要地位，更清楚指出政府有責任去保護家庭，但人權組織很少提到這種人權。[46]

既然如此，為何人權分子大多對維護家庭的人權隻字不提呢？這是因為現時流行的人權觀傾向個人主義，所以對社群的人權抱懷疑的態度（所謂弱勢社群的權利除外）。根據諾瓦克（Manfred Nowak）權威性的《民權公約評注》，第23條是《公民權利和政治權利國際公約》中惟一規定制度保障的條款，與其他保障個人人權的條文好像有點「格格不入」。一般而言，泛民主派追求自由、民主、人權和公義，其焦點放在個人與國家的關係上，希望用自由人權理念捍衛個人不致於被國家壓逼。除了政治外，他們亦會提到民生和社區的問題，然而重點還是在經濟方

45　英文原文是：ART 29: "1. Everyone has duties to the community in which alone the free & full development of his personality is possible. 2. In the exercise of his rights & freedoms, everyone shall be subject only to such limitations as are determined by law solely for the purpose of securing due recognition & respect for the rights & freedoms of others & of meeting the just requirements of morality, public order & the general welfare in a democratic society."

46　不單《公民權利和政治權利國際公約》第23條第1款採納了以上條款的原文，《美洲人權公約》第17條第1款，《經濟、社會和文化權利國際公約》第10條第1款，《歐洲社會憲章》第16條，及《非洲人權和民族權利憲章》第18條第1款都強調家庭的重要性。《香港人權法案條例》第383章第19條也如是。

面，至於公民社會的危機（如家庭的解體、道德文化的衰落）則基本上視若無睹。

社群往往被認為是壓逼個人人權的根源，如家庭就被極端女性主義者視為壓逼女性、提倡父權的罪魁禍首，特別是所謂「天然」的架構，往往都是社會用權力建構出來排斥差異性的工具。從這種人權觀出發，的確難以理解為何對家庭的保護也可以是人權，何況《世界人權宣言》還認定家庭是天然的社會單位呢！但把人權與社群對立，不單偏離了國際人權公約的精神，更在概念上是死胡同，這與斯庫魯頓對生而平等謬誤的批判不謀而合。就以家庭為例，若缺乏了健全家庭的培育，一個能夠同時持守權利和承擔責任的現代公民又如何能產生呢？關注家庭不排斥其他關注（如公義、貧窮），社會更不能對現在因著種種家庭問題而受苦的市民（特別是婦女和孩子）漠不關心。其實家庭制度與貧窮問題（甚至和整體經濟）分不開，家庭破裂所導致的單親家庭，往往使女性和孩子陷入貧窮的循環裡，也使社會的生產力下降。因此，家庭（和公民社會）不是孤立議題，而是與整體民主社群的建設息息相關。

又如家長對子女的教育權，亦是少人提及的。但《世界人權宣言》第二十六條（三）這樣說：「父母對其子女所應受的教育的種類，有優先選擇的權利。」這就是說不單是個體的欲望應受保障，家庭中父母與子女的關係亦是基本權利。[47]總結而言，雖然國際人權文件沒有很清楚和完整的人權哲學，卻並不吻合純粹個人主義的人權觀，裡面有平衡人權的理念，不單是人權與人權之間的平衡，更是人權與道德和社群的平衡。或者說，人的社群性本就是人權的部分內涵。再大膽一點說：「能參與一個位

---

47 另參《經濟、社會及文化權利國際公約》第13條，《香港人權法案條例》第383章第十五條亦肯定「父母或法定監護人確保子女接受符合其本人信仰之宗教及道德教育之自由，得受尊重。」

格化的群體就是一個基礎的人權（right to participate in a personalistic community），這且能整合較偏向個體和較偏向社會的人權。」[48]

（六）人權、自由與道德的平衡

從上面論到各種人權運動的危機看來，以人權為唯一社會倫理的基礎是不正確的，人權倫理與責任倫理是互補的[個人倫理與群體倫理也如是]。（當然我也不贊成取消人權倫理，人權的語言提醒我們不可動輒以對「大我」的責任去打壓「小我」，換言之，人權語言的獨特價值在於指向尊貴的位格。）若我們不接受非道德化的人權觀，那我們就看到不是所有「人權」都有同樣絕對的價值，例如說謊「權」只是一種自由，雖然我們不適宜用法律制止它，卻不代表「大炮王」（愛撒謊的人）有權要求我們的支持。若把容讓說謊的自由先用人權的概念粉飾，然後再衍生不可歧視「說謊者」的人權，不是明顯對人權的扭曲嗎？因此，我們要提防人權文化演變成反道德主義的文化。但怎樣去做呢？

我想可參考新社群主義者代表愛茲安尼（Amitai Etzioni）在他的《新的金律》（*The New Golden Rule*）裡的討論。[49]自由主義者認為社會愈多自由就愈好，但他指出太多自由不一定是好事：市民要為此付上經濟和心理的代價，社會存在太多誘惑，人們就不能專注他們身負的責任。其實當我們要表達對某些人和事的委身時，往往要放棄某些選擇，單方面強調自由對委身精神的培育是不利的。再者，若社會過分自由化和多元化，人們

48　自由社群主義的思想與傳統中國文化其實相當吻合，從中國學者的角度反思人權，請參夏勇：《中國民權哲學》（北京：三聯書店，2004年）。

49　另外可參Amitai Etzioni, ed., *The Essential Communitarian Reader* (Lanham, MD: Rowman and Littlefield, 1998); Amitai Etzioni, *The Monochrome Society* (Princeton & Oxford: Princeton University Press, 2001); Philip Selznick, *The Communitarian Persuasion* (Washington, D.C.: Woodrow Wilson Center Press, 2002)。

缺乏共同價值，衝突就很容易發生，而且長遠來說，人們是厭惡道德和價值真空的，所以這種情況很易讓一些操縱人心的意識形態有機可乘。

社群主義的目標是去結合傳統的元素（如美德）和現代性的元素（如自主性），在個體權利和公共的善中找平衡。所提倡的社群的概念，不像某些批評者所言單單強調大一統的秩序，而是同時包含秩序與自由。美好的社會不能把任何一方面絕對化，保守主義太重秩序，自由主義太重自主性，都不是真正的平衡。至於具體的政策建議則要視乎在特定的歷史時空下，某社會的情況是怎麼樣。判定不平衡的方向是甚麼，再加以糾正。不察情況，盲目地應用某些放之四海皆準的價值（如人權和自由），只是教條主義。早年自由主義者強調自由可能沒錯，因為當時極權或威權社會危害個體自由，是那時最逼切需要糾正的不平衡。但將同樣的思想加於當代美國和香港社會，只會使自由與秩序對立起來。「愈多自由愈好」不是絕對真理。同樣道理，在極權社會（如中國）或威權社會（如日本）大談社會秩序的價值也是沒意思的，在那些情況下，社群主義者應提倡的就是人權和自由。

愛茲安尼提出新的金律：「你想社會如何尊重你的自由，也要怎樣尊重社會的道德秩序。」他建議用功能主義的角度作出分析：社會整體由不同部份組成，要各自發揮功能，互相配合，才能正常運作。某些社會的需要是有普遍性的，要建構良好社會，就不能忽略這些需要。例如社會需要一些共同目標和價值，為了達成這些目標我們需要一些集體的活動，是市民可共同參與的。個體當然能反叛、超越和挑戰這些價值，但它們始終是起點。就算從個體的角度看，某種秩序（縱使不完美）的存在總好過社會解體，但好的社會秩序應與成員的道德價值吻合，是建基於自願或自發的秩序。

要維持社會的秩序，主要的資源有三種：一，強制手段（警察、監牢

等）；二，功利因素（市場機制、經濟利益或支持）；三，道德規範（教育、領導、共識、朋儕壓力、榜樣、勸導、社會風氣）。極權社會主要倚賴強制性措施，資本主義社會多用功利性措施，社群主義社會則重視規範性資源，但這種資源能否發揮功能，是視乎社會有沒有核心價值的共識。愛茲安尼強調社群主義是和保守主義（conservatism）有分別的：後者太看重秩序，輕看自由；傾向把把共同價值的範圍擴大到差不多無所不包，尋求一元化的局面；喜歡用法律的強制手段推動他們的價值。社群主義則提倡秩序與自由的平衡；強調只有核心價值需要共識，其他非核心的規範應容許多元性；較重視用教育、道德對話等方法推動共識價值。

雖然社群主義作出澄清，個人主義者和自由主義者還是對「共同目標／價值／美善」等概念有保留，他們認為「社會」只是一個建構的概念，只有個體是真實的存在。他們也擔心價值觀的共識會產生歧視，摧毀個體的自主性，所以他們認為只可接受每個個體都能接受的社會秩序。當然他們也有底線，就是要禁止互相傷害，但在這底線之上他們認為不需要共識，讓個體自決好了。

然而以上的回應也存在很多問題。首先，傷害的概念其實相當含混，若身體的傷害才算傷害，那侵犯言論自由就不算傷害。若傷害也包括心理的傷害，那與情人分手也要禁止了！再者，多大程度的傷害才要禁止呢？若最輕微的傷害也計算，那差不多甚麼都不可以做，因為就算駕駛汽車也會產生廢氣，危害別人健康。其他提出的界線也難以有效地劃分應受禁止和不應受禁止的傷害。最後，不同組別受的傷害又該各自佔有多少比重？總而言之，其實傷害原則本身不能為社會和法律提供清晰和有效的指引，事實上很多法例和公共政策就是建甚於一些共同價值的，如環保、家庭、強逼教育、科技發展和自由貿易的重要性。

完全獨立的個體其實並不存在，每個人都被社會文化滲透，受著不同

的社會與道德影響。當我們去除公眾共識的限制，不一定增加人的自主性，反使他受很多無形影響的塑造，如傳媒文化。而社會共識的建構不一定與自主性對立，在過程中社會是容讓成員有表達價值與喜好的機會，這有助社會，令它更有適應能力，也使公民能善用能力於社會上。人的社會性是不能避免的事實，而且與社會的交往有助發揮個體的潛能和建立他的自主性。孤立的自我的自主性反而難以建立，例如他就不能成為能善用理性的公民。而與社群隔絕的個體的自主性更受到威脅，例如住在高樓大廈的人，假若又失業，沒有與社會的接觸，他們的精神狀態會趨向不穩定，性格衝動，易於自殺和患身心症。所以社會的過份原子化也會對自主性帶來危害，大都市的罪案、疏離和反社會行為就是好例證。社會解體的趨勢甚至會導致極權社會的出現，如二十世紀的俄羅斯與德國。

　　總而言之，秩序與自主存在著複雜的關係，在達到平衡點之前，秩序與自主是相輔相成，可共同增長，不是零和關係。但過了平衡點後，秩序與自由變得對立，此消彼長：過重自主，秩序被危害；過重秩序，自由則被壓制。社群主義者承認強調秩序會有滑坡的危險，但我們可在坡上設下可立足、停留的位置。為了防止社群主義社會演變成集體主義社會，我們可持守以下原則：若沒有清晰和逼切的危險，不訴諸強制性措施，盡量使用不限制自由的措施（如加香煙稅），盡量用溫和的措施，和盡量減低影響自主性的副作用。

　　然而話也說回來，自由化也有滑坡的危險，也要加一些立足點（如局部的限制、保護青少年的措施等）。自由主義單方面強調秩序的危機，似乎忽略了社會解體的危機。他們對個體存浪漫化的幻想，貶低核心價值共識的需要，但他們究竟能提出甚麼有效的策略維持社會的秩序呢？若缺乏共識，單靠強制性措施是難以維持社會秩序的。警力必然有限制，而警察也會有腐化的問題。若缺乏共識，社會政策也難以釐定和實行。而且我們

需要的共識是一種真誠的價值共識，單單有程序上的共識不足以解決問題，而不建基於共同價值的共識（如基於權宜和利益的考慮）也不會穩定。

說到底自由與道德之間有內在關係：自由主義認為「僅受一己之利益驅使的公民之行為當其通過合適的機制而得到組織時，便可產生一個良好的社會。」但「一個共和國若要長治久安，那麼，以教化其公民之方式積極地關切其自身，鏟除腐敗和獎掖德性，就成了她的當務之急。職是之故，共和政府具有道德、教育乃至精神的作用。只有在她能再生產出共和風俗與共和公民時，她才能長治久安。」[50]再者，「共和主義與自由主義這些政治觀念不僅是迥然不同的，而且也是深刻地對立的。不顧一切地關注自我利益是共和德性敗壞的最佳定義；注重自由國家中生活的個人方面尤其是經濟方面的趨勢，會損害對共和國來說至關重要的公眾參與；而自由社會生產的財富對一個共和國的基本政治平等則是致命的。而且，從最初直到今天，美國的政體一直都是共和政體與自由政體的混合物。」[51]

五、避開烏托邦主義的人權觀

以上論到人權運動的危機，但我無意否定人權運動的巨大貢獻，只是擔憂它被烏托邦主義騎劫，以致誤入歧途：它把平等和人權的觀念極端化，抽離於社群和文化的脈絡，更把「反歧視」的理念向反傳統道德的方向演繹。然而這樣理解人權的方法並非自明的真理，更可說流弊叢生。所以，要糾正人權運動的偏差，我們要重建平衡人權的基本理念。我文中論

50　Bellah，〈宗教與美利堅共和國的正當性〉，頁17。
51　Bellah，頁18。

證，這理念可在自由社群主義中找到支持，而且與基礎性的國際文件相符。（我想也可結合一些優良的亞洲價值[如強調德行和「同舟共濟」]等。）

我們要建立的是一個尊重個人權利、也同時鼓勵追尋美善的社群，因此，既要批評專制對個人尊嚴的否定，也要批評極端自由主義的泛人權思想：不理會道德和文化議題（或全採取解放的立場），忽略家庭制度的重要，虛假的多元主義（false pluralism），反歧視的迷思等等。我認為要尋找人權與道德的平衡，好讓社會避免專制主義和泛人權文化的兩個極端。人權烏托邦把人權絕對化、個人化和非道德化，這的確對社會有不良的影響。事實上，人權的理解在某層次也有多元性，所以審慎地釐定人權的範圍，在處境中確立人權的內容，而且把人權與其他價值平衡，亦是不可或缺的。這也可讓人權理念避開烏托邦主義的陷阱。

參考資料

1. 卡維波，〈一場性革命正在發生〉，收入何春蕤編，《呼喚臺灣新女性——《豪爽女人》誰不爽？》，臺北：元尊文化出版公司，1997。
2. 朱學勤，《道德理想國的覆滅》，上海：三聯，1994。
3. 江宜樺：〈現代社會中的個人權利〉，《當代》129期，1998年5月，頁38-47。
4. 李強：《自由主義》，北京：中國社會科學出版社，1998。
5. 俞可平，〈從權利政治學到公益——新自由主義之後的社群主義〉，收入劉軍寧等編，《自由與社群》。
6. 約翰·凱克斯：《為保守主義辯護》，南京：江蘇人民，2003。
7. 夏勇：《中國民權哲學》，北京：三聯書店，2004。
8. 顧忠華，〈民主社會中的個人與社群〉，收入劉軍寧等編，《自由與社群》。
9. R. N. Bellah，〈宗教與美利堅共和國的正當性〉，《道風——漢語神學學

刊》，復刊號第七期，1997年秋，頁9-34。

10. Anderson, Ryan T. *Truth Overruled: The Future of Marriage & Religious Freedom.* Washington, D.C.: Regnery Publishing, 2015.

11. Bell, Daniel. *Commuitarianism and Its Critics.* Oxford: Oxford University Press, 1993.

12. Browning, Don S. "The United Nations Convention on the Rights of the Child: Should it be Ratified & Why?" *Emory International Law Review* 20 (2006): 172-73.

13. Clor, Harry M. *Public Morality & Liberal Society: Essays on Decency, Law & Pornography.* Notre Dame & London: University of Notre Dame Press, 1996.

14. Cousins, A. D. & Damian Grace, eds. *More's Utopia & the Utopian Inheritance.* Lanham, Maryland: University Press of America, 1995.

15. Etzioni, Amitai, ed. *The Essential Communitarian Reader.* Lanham, MD: Rowman and Littlefield, 1998.

16. Etzioni, Amitai. *The Monochrome Society.* Princeton & Oxford: Princeton University Press, 2001.

17. Fukuyama, Francis. "The End of History?" *National Interest* 16 (Summer 1989): 3-18.

18. Kautz, Steven. *Liberalism & Community.* Ithaca: Cornell University Press, 1995.

19. Macmurray, John. *Persons in Relation.* London: Farber & Farber, 1961.

20. Maritain, Jacques. *The Rights of Man and Natural Law.* London: Geoffrey Books, 1944.

21. Melzer, Arthur M., Jerry Weinberger, & M. Richard Zinman, eds. *History & the Idea of Progress.* Ithaca & London: Cornell University Press, 1995.

22. More, Thomas. *Utopia.* Cambridge: Cambridge University Press, 1989.

23. Nelson, William, ed. *Twentieth Century Interpretations of Utopia.* Englewood Cliffs, N.J.: Prentice-Hall, 1968.

24. Nickel, James. *Making Sense of Human Rights: Philosophical Reflections on the Universal Declaration of Human Rights.* Berkeley: University of California Press, 1987.

25. Ruston, Roger. *Human Rights and the Image of God.* London: SCM Press, 2004.

26. Sandel, Michael J. *Democracy's Discontent: America in Search of a Public Philosophy.* Cambridge, Masachusetts: The Belknap Press of Harvard University Press, 1996.

27. Sandel, Michael J. *Liberalism & the Limits of Justice.* 2nd edn. Cambridge: Cambridge University Press, 1998.

28. Scruton, Roger. *The Uses of Pessimism and the Danger of False Hope.* Oxford: Oxford University Press, 2010.

29. Selznick, Philip. *The Communitarian Persuasion.* Washington, D.C.: Woodrow Wilson Center Press, 2002.

30. Taylor, Charles. "Cross-Purposes: The Liberal-Communitarian Debate," in Nancy L Rosenblum, ed., *Liberalism and the Moral Life (*Cambridge, Massachusetts: Harvard University Press, 1989).

31. Taylor, Charles. "Living with Difference," in Anita L. Allen and Milton C. Regan, eds., *Debating Democracy's Discontent: Essays on American Politics, Law, and Public Philosophy* (Oxford: Oxford University Press, 1998).

32. "The Responsive Communitarian Platform: Rights & Responsibilities," in Amitai Etzioni, ed., *The Essential Communitarian Reader* (Lanham, MD: Rowman & Littlefield, 1998), pp. xxv-xxxix.

33. Wellman, Carl. *Real Rights.* Oxford: Oxford University Press, 1995.

34. Witte, John. *The Reformation of Rights: Law, Religion, & Human Rights in Early Modern Calvinism.* Cambridge: Cambridge University Press, 2007.

國家圖書館出版品預行編目（CIP）資料

誰的烏托邦：500年來的反思與辯證 / 陳登武, 吳有能主編.
-- 初版. -- 臺北市：師大出版中心, 2017.08
　　面；　公分
ISBN 978-986-5624-36-1(平裝)

1.烏托邦主義 2.文集

549.807　　　　　　　　　　　　　　　　106013612

師大學術叢書

誰的烏托邦——500年來的反思與辯證
Whose Utopia? Reflections and Dialectics in 500 Years

作者｜吳有能、林巾力、張高評、張穎、梁孫傑、莊佳穎、
　　　黃涵榆、溫帶維、潘啟聰、藍世樂、魏寧、關啟文
出版｜國立臺灣師範大學出版中心
發行人｜張國恩
總編輯｜柯皓仁
主編｜陳登武、吳有能
執行編輯｜林利真、蔡欣如
封面設計｜蘇育萱
地址｜106臺北市大安區和平東路一段162號
電話｜(02)7734-5289
傳真｜(02)2393-7135
服務信箱｜libpress@ntnu.edu.tw
初版｜2017年8月
售價｜新台幣360元（缺頁、破損或裝訂錯誤，請寄回更換）
ISBN｜978-986-5624-36-1
GPN｜1010601156